УЧЕБНО-ТРЕНИРОВОЧНЫЕ ТЕСТЫ ПО РУССКОМУ ЯЗЫКУ КАК ИНОСТРАННОМУ

Выпуск 4. Аудирование. Говорение

Санкт-Петербург
«Златоуст»

2012

УДК 811.161.1

Авторы: А.И. Захарова, Е.Н. Лукьянов, М.Э. Парецкая, Г.Р. Шакирова

Учебно-тренировочные тесты по русскому языку как иностранному. Вып. 4. Аудирование. Говорение : учебное пособие / под общ. ред. А.И. Захаровой, М.Э. Парецкой. — СПб. : Златоуст, 2012. — 168 с.

Learning and training tests in Russian as a foreign language. Vol. 4. Listening. Speaking : a manual / under the general editorship of A.I. Zakharova, M.E. Paretskaya. — St. Petersburg : Zlatoust, 2012. — 168 p.

Зав. редакцией: *А.В. Голубева*
Редактор: *О.С. Капполь*
Корректоры: *И.В. Евстратова, М.О. Насонкина*
Вёрстка: *Л.О. Пащук*

Книга является завершающей частью комплекса «Учебно-тренировочные тесты по русскому языку как иностранному». Задания пособия созданы на основе современных тестовых технологий и традиционных приёмов обучения русскому языку как иностранному. Кроме того, авторы предлагают свою систему упражнений, которые помогут при обучении иностранцев речевому поведению на тестовых испытаниях. Предложенные разнообразные задания способствуют систематизации знаний учащихся и дальнейшему развитию их навыков и умений при восприятии речи и её продуцировании.

В качестве дидактического материала привлечены научные статьи и книги, статьи из газет и журналов, кинофильмы и видеосюжеты из электронных СМИ.

Пособие можно использовать самостоятельно, но максимально полезным оно будет при аудиторной работе, так как большинство заданий предполагает участие преподавателя.

Учебное пособие «Аудирование. Говорение» адресовано бакалаврам, магистрантам и стажёрам, длительное время изучающим русский язык как иностранный, и предназначено для подготовки иностранцев к сдаче сертификационных экзаменов по аудированию и говорению (ТРКИ-2 и ТРКИ-3).

ISBN 978-5-86547-537-8

Подготовка оригинал-макета: издательство «Златоуст».
Подписано в печать 09.11.2011. Формат 60x90/8. Печ. л. 21. Печать офсетная. Тираж 2000 экз. Заказ № 1201042.
Код продукции: ОК 005-93-953005.

Лицензия на издательскую деятельность ЛР № 062426 от 23 апреля 1998 г.
Санитарно-эпидемиологическое заключение на продукцию издательства Государственной СЭС РФ
№ 78.01.07.953.П.011312.06.10 от 30.06.2010 г.

Издательство «Златоуст»: 197101, Санкт-Петербург, Каменноостровский пр., д. 24, оф. 24. Тел.: (+7-812) 346-06-68; факс: (+7-812) 703-11-79; e-mail: sales@zlat.spb.ru; http://www.zlat.spb.ru

Отпечатано в типографии ООО «Лесник-Принт».
192007, г. Санкт-Петербург, Лиговский пр., д. 201, лит. А, пом. 3Н.

ОГЛАВЛЕНИЕ

ОБЩЕЕ ПРЕДИСЛОВИЕ

Данная книга входит в учебный комплекс, включающий в себя также пособия «Грамматика. Лексика», «Чтение», «Письмо». Между всеми пособиями существует преемственность, отражённая в темах, актуальных для второго и третьего сертификационных уровней общего владения языком: духовное и физическое совершенствование человека; развитие экологического сознания; укрепление общественных, научных и культурных связей между людьми. Основной целью комплекса является систематизация языковых знаний и коррекция навыков и речевых умений иностранцев, изучающих русский язык.

Задания каждого пособия представлены в тестовой форме в соответствии с государственными контрольно-измерительными материалами. Эти задания авторы предлагают использовать в качестве обучающе-тренировочных на этапе, когда возникает необходимость структурировать знания учащихся и проверить степень их готовности к итоговым экзаменам.

Все пособия комплекса предназначены для иностранных бакалавров, магистрантов, стажёров, аспирантов, готовящихся к итоговому тестированию по ТРКИ-2 и ТРКИ-3.

Материалы комплекса проходили апробацию в группах иностранных учащихся Южного федерального университета (г. Ростов-на-Дону) в течение пяти лет.

ПРЕДИСЛОВИЕ К УЧЕБНОМУ ПОСОБИЮ «АУДИРОВАНИЕ. ГОВОРЕНИЕ»

Данное пособие является четвёртой, завершающей частью комплекса «Учебно-тренировочные тесты по русскому языку как иностранному». При написании книги авторы ориентировались на требования по русскому языку как иностранному ТРКИ-2 и ТРКИ-3. Общая цель пособия — совершенствование коммуникативной компетенции учащихся в аудировании и говорении. Применительно к аудированию цель заключается в дальнейшем развитии навыков обучаемых воспринимать на слух информацию, необходимую для адекватного речевого поведения в научно-учебной, социально-культурной, социально-политической, художественно-публицистической сферах общения. Цель говорения – достижение более высокого уровня монологической и диалогической речи в этих же сферах коммуникативного подключения.

В пособии решаются задачи, для выполнения которых необходимо обобщение учебного материала, уже известного учащимся продвинутого этапа обучения: владение интонационными средствами русского языка; продуцирование речевых произведений определённых функциональных стилей; использование в речи различных функционально-смысловых типов текста; развёртывание информации на основе предложенной схемы; применение норм русского речевого этикета.

Продолжая традицию предыдущих выпусков, авторы и в данной работе предлагают материалы, несколько выходящие за рамки того, что необходимо для подготовки к тестовым экзаменам. Это расширяет лингвистические знания учащихся и может быть востребовано в любой сфере их коммуникативной деятельности.

Пособие включает в себя задания, сконструированные с учётом современных тестовых технологий и традиционных методик преподавания русского языка как иностранного. При этом авторы не стремились привести формулировки заданий одного типа к полному единообразию, чтобы подготовить учащихся к их вариативности. Задания, подобные сертификационным, отмечены значком Ⓒ, кроме того, к упражнениям по говорению в виде сносок приводятся количественные ориентиры (время на подготовку, время выполнения, время для ответа в определённой ситуации). Задания, соответствующие третьему сертификационному уровню, снабжены значком *.

Наиболее эффективно пособие может использоваться при аудиторной работе, так как в нём содержится большое количество упражнений творческого характера, предполагающих участие и контроль преподавателя.

В качестве учебного материала были использованы эпизоды из кинофильмов и видеосюжеты, взятые из электронных СМИ. В части заданий на говорение лежат фрагменты научных текстов, газетных и журнальных статей, поскольку авторы исходят из того, что текст может являться примером, демонстрирующим способность языка к функционированию в пределах конкретной речевой темы.

Пособие состоит из трёх разделов. Первый раздел включает две главы. В первой главе помещены краткие теоретические сведения о системных отношениях в лексике русского языка. Во второй главе излагаются основные законы речевой коммуникации; описываются два вида речевой деятельности — аудирование и говорение.

Во второй раздел входят три главы. В первой главе (§ 1 и § 2) пошагово рассматриваются тестовые технологии, даётся алгоритм создания устных высказываний; предлагается определённый подход к обучению русскому речевому поведению. Здесь представлены задания на наблюдение и восстановление информации и задания так называемого условно-речевого блока. В § 3–5 этой главы приводятся задания, в которых проверяется понимание теоретических сведений, а также задания, подобные сертификационным, которые проверяются по оценочным таблицам, помещённым в Приложении 2. Стоит отметить, что в § 6, обучающем ведению беседы (интервью), сертификационные задания не предусмотрены, так как в реальных ситуациях беседа всегда проходит по разным сценариям. Поэтому в шестом параграфе помещаются задания на наблюдение, которые учат находить языковые средства, необходимые для поддержания диалога. По этой же причине не даются оценочные таблицы, но их пункты повторяются в сценариях проведения беседы, помещённых в параграфе.

Распознавание запросов и употребление необходимых речевых клише и выражений в ответах отрабатывается в дальнейшем во всех параграфах третьей главы этого раздела. Кроме того, в параграфах второй и третьей главы помещены тексты по темам, которые включены в перечень тем, предлагаемых для говорения на втором и третьем уровнях общего владения русским языком. К части этих текстов даны задания по аудированию, соответствующие тестовым заданиям.

В третьем разделе излагается методика подготовки публичного выступления и его исполнения. Данный учебный материал является дополнительным, и владение им не проверяется на сертификационных испытаниях.

Во всех разделах пособия существует рубрика «Обратите внимание!», в которую вносится комплементарная информация теоретического или практического характера.

Комментарии к именам собственным приводятся в том случае, если цитируются или упоминаются учёные, классики русской и мировой культуры, известные современные российские писатели.

В Приложении 1 даются ключи к заданиям сертификационного типа, а также к другим заданиям, в которых ключи предусмотрены типом упражнений. Для заданий по подбору синонимов и антонимов в ключах приводится один из возможных вариантов ответа.

Аудиотексты, фрагменты из фильмов и видеосюжеты помещаются в Приложении 3, Приложении 4 и Приложении 5 соответственно. Задания с использованием аудио-, и видеоприложений снабжены условными обозначениями. К Приложениям 4 и 5 расшифровок фонограмм в книге не содержится.

Условные обозначения

 задание на аудирование

 задание на просмотр фрагментов фильмов и видеосюжетов

* задание, соответствующее третьему сертификационному уровню

 задание, подобное сертификационному

Раздел I
ОБЩИЕ СВЕДЕНИЯ О ЯЗЫКОВОЙ СИСТЕМЕ И РЕЧЕВОЙ КОММУНИКАЦИИ

*Всё, что казалось трудным нам сначала,
к концу обычно трудным не бывало.*
(Восточная мудрость)

Глава 1
ЯЗЫК, РЕЧЬ, СЛОВО

§ 1. Язык и речь. Функции языка и речи

1.1. Язык — знаковая система, возникшая в обществе естественным путём и организованная определённым образом. Являясь средством человеческого мышления и условием развития культуры, язык прежде всего предназначен для коммуникации.

1.2. Речь — целенаправленный способ реализации языка; под речью принято понимать как сам процесс говорения, который протекает во времени и пространстве, так и его результат, который фиксируется при помощи звуков и букв.

1.3. Взаимосвязь и различия языка и речи. Язык может выполнить своё коммуникативное назначение только посредством речи. Речь в свою очередь отражает деятельность человека, который с помощью языка взаимодействует с другими членами языкового коллектива. Тем не менее язык и речь — не одно и то же, между ними имеются различия.

Язык	Речь
абстрактная система, существующая в представлении определённого народа	материальный процесс, коммуникативно реализуемый в звуковой и графической форме
конечен (манифестирован в системе в виде норм и правил)	бесконечна (существующие нормы и правила многократно варьируются)
имеет уровневую систему	имеет линейную структуру, т. е. существует во времени и пространстве
система систем, зафиксированная в энциклопедиях, словарях, справочниках, грамматиках и т. п.	устная или письменная деятельность в социуме
объективен, отражает опыт коллектива	субъективна, отражает опыт индивида
не зависит от коммуникативной ситуации	коммуникативно обусловлена

1.4. Основными функциями языка являются: *коммуникативная* (язык — средство общения), *когнитивная* (язык — средство познания), *аккумулятивная* (язык — способ хранения и передачи информации). Их дополняют *эмотивная* функция (выражение чувств) и *волюнтативная* функция (воздействие на других членов языкового коллектива).

1.5. Основными функциями речи являются: *репрезентативная* (обозначение объектов действительности), *апеллятивная* (воздействие на адресата речи), *экспрессивная* (выражение чувств), *фатическая* (установление контакта между участниками коммуникации), *металингвистическая* (реализуется при изучении иностранных языков). В процессе *речевой коммуникации* эти функции могут проявляться в различных сочетаниях, с акцентом на одной из них.

§ 2. Элементы и уровни языка. Языковая норма

2.1. Язык состоит из множества элементов, которые называются **единицами** языка. Они всегда постоянны и связаны друг с другом, но отличаются назначением, строением и местом в системе. Единицы образуют *уровни* языка.

Уровни языка	Единицы языка	Иллюстрации
фонетический	звуки	*хорошо́* [х ъ р ʌ ш о́], где [ʌ] — краткий *а* в первом предударном слоге после твёрдых согласных; [ъ] — ещё более краткий звук во всех остальных безударных слогах после твёрдых согласных
морфемный	морфемы	*пере-чит-ыва-ющ-ий* (приставка) *вечер-н-ий* (корень) *охот-ник* (суффикс) *без-обид-н-ый* (окончание)
лексико-фразеологический	слова и фразеологизмы	*человек, город, репутация* *золотые руки, точка зрения, ни жив ни мёртв, водить за нос, сесть в лужу*
морфологический	формы слов	*человеку, городом, репутацию* *с человеком, у города, о репутации*
синтаксический	предложения	*Студент университета сдаёт экзамен.* *Солнце опускалось за горизонт, и облака розовели в его лучах.* *Когда теплоход подошёл к пристани, пассажиры решили погулять и сошли на берег.*

2.2. Языковая норма — это совокупность зафиксированных в словарях и грамматических справочниках правил, которые регламентируют употребление звуков, ударения, слов и синтаксических конструкций. Норма носит обязательный характер как для всех носителей языка, так и для тех, кто изучает данный язык как неродной.

Кроме обязательности, норма обладает такими свойствами, как единство, устойчивость и динамизм. Это означает, что норма должна быть понятна для разных поколений людей, единообразна в конкретный период жизни общества и исторически изменчива. Иными словами, язык, развиваясь и изменяясь, остаётся самим собой. Известный русский лингвист А.М. Пешковский писал: «Нормой признаётся то, что было, и отчасти то, что есть, но <...> не то, что будет».

Норма является обязательным признаком литературного языка, входящего в общенациональный язык. В свою очередь, общенациональный язык, помимо литературного, включает в себя:

• *термины* (слова и словосочетания, содержащиеся в языках различных наук, выражающие специальные понятия и обозначающие специальные предметы);

• *диалекты* (средство общения коренного населения определённой сельской местности);

• *просторечие* (внелитературный язык городского населения);

• *жаргоны* (языки отдельных социальных или профессиональных групп, созданные для языкового обособления от остальных слоёв общества);

• *ненормативную лексику,* или русский мат (грубые слова и выражения, имеющие оскорбительный характер).

Следует отметить, что данная часть общена-ционального языка значима не для всех членов языкового коллектива и ограничивается в употреблении различными факторами.

§ 3. Слово — основная лексическая единица языка

3.1. Слово, понятие и значение. Слово — это основная единица лексического уровня языка. Слово соотносится с другими языковыми единицами и уровнями, связывая их и поддерживая общеязыковую систему. Лексикой называется совокупность всех слов языка. При помощи слов в языке обозначаются конкретные и абстрактные понятия.

Понятие — это отражение в сознании людей основных представлений о реальном мире, причём не всех представлений, а только тех, которые помогают человеку отличать одни явления и предметы от других. За каждым понятием закрепляется слово, которое при выражении понятия выполняет свою основную функцию — номинативную. В русском языке не все слова номинируют понятия, например, предлоги, союзы, частицы понятия не называют. Однако все слова русского языка имеют значение.

Значение слова — это языковое отражение предмета или явления; их краткая характеристика, основанная на минимальном наборе характерных признаков понятия, которые позволяют «узнавать» различные предметы и явления.

3.2. Лексика как система. Лексика представляет собой систему, в состав которой входит большое количество различных элементов — лексических единиц. Системность лексических единиц может проявляться и в рамках одного слова, и во всём объёме языка. В пределах одного слова лексические единицы могут быть *однозначными* и *многозначными*. Если связь между значениями одного слова прерывается, то образуются слова-омонимы и слова-паронимы. Слова могут вступать в различные смысловые связи, на основе которых образуются слова-синонимы и слова-антонимы.

3.3. Однозначные и многозначные слова. В современном русском языке много слов, имеющих одно значение. Это, например, имена собственные (*Михаил, Елена, Таганрог, Нева*); слова с узкопредметным значением (*чемодан, трамвай*); названия деревьев, кустарников, грибов и ягод (*дуб, сирень, шампиньон, клубника*); термины различных наук (в лингвистике: *суффикс, глагол, подлежащее*).

Однако особенностью лексической системы русского языка является то, что многозначные слова преобладают над однозначными. Все значения многозначного слова связаны между собой на основе ассоциаций. Значения могут быть прямые, или первичные (*холодный ветер*), и переносные, или вторичные (*холодный взгляд*). Как правило, в речи используется только одно значение, иначе участники коммуникации могут не понять друг друга или понять неправильно.

ЗАДАНИЕ 1[1]. Определите значения однозначных и многозначных слов. Составьте с ними предложения.

аудитория, монитор, осложнение, пирамида, сосна, жаргон, шляпа, язык

ЗАДАНИЕ 2. Определите значение слова *глубокий (-ая, -ое, -ие)*, приведённого в словосочетаниях. Какие из этих значений прямые, а какие переносные?

глубокий ум	глубокое заблуждение	глубокая тарелка
глубокий человек	глубокое море	глубокие знания
глубокая яма		

---

[1] При выполнении заданий 1–5 рекомендуется использовать современные толковые словари русского языка (*Ожегов С.И.* Толковый словарь русского языка. М.: Оникс, 2010; *Ефремова Т.Ф.* Новый словарь русского языка. Толково-словообразовательный. М.: Рус. яз., 2000. Т. 1: А–О, т. 2: П–Я.).

ЗАДАНИЕ 3. С приведёнными словами составьте словосочетания, а затем предложения. Используйте прямые и переносные значения слов.

крутой, лёгкий, мягкий, сухой

блеснуть, идти, плавать

ЗАДАНИЕ 4. В предложениях найдите глаголы движения, употреблённые в переносном значении. Приведите примеры с этими же словами в их прямом значении.

1. Имя Ломоносова навсегда вошло в историю России, так как этот учёный внёс огромный вклад в отечественную науку и культуру.

2. На зачёте студент ответил на первый вопрос и перешёл ко второму.

3. Когда аспирант писал статью, он несколько отошёл от основной темы своего исследования.

4. Они слишком далеко зашли в своих отношениях.

5. Этот пациент перенёс несколько сложных операций.

6. В магазине столько красивой посуды — просто глаза разбегаются!

ЗАДАНИЕ 5. Используя разные значения слова *русский*, составьте диалоги или небольшие рассказы на следующие темы:

Я и мои друзья ходили на выставку картин Репина, Левитана и Серова.

Подруга приглашает меня посмотреть фильм по повести Пушкина «Барышня-крестьянка».

Мой брат просит прислать ему текст песни «Катюша».

3.4. Слова-омонимы. Омонимами называются слова, совпадающие по своему написанию, звучанию и грамматическому оформлению, но имеющие разные значения. Однако слова-омонимы невозможно перепутать в речи, поскольку они соотносятся с разными явлениями действительности, например: *свет* — освещение и *свет* — земля, люди. Омонимы относятся к одной части речи.

ЗАДАНИЕ 6[1]. Определите значения приведённых слов-омонимов. Подберите к ним однокоренные слова.

брак, вид, долг, ключ, нота

ЗАДАНИЕ 7. Подберите существительные к глаголам, учитывая их омонимические значения. Проверьте себя по ключам.

а) занести (что?)	1) дом, снег
б) занести (что? чем?)	2) формула
в) выжить (что сделать?)	3) край
г) выжить (откуда?)	4) лес
д) построить (что?)	5) раненый
е) построить (кого?)	6) здание
ж) вывести (откуда?)	7) коллектив
з) вывести (что?)	8) газета
	9) школьники

---

[1] При выполнении заданий 6–9 рекомендуется использовать «Словарь омонимов русского языка» О.С. Ахмановой.

ЗАДАНИЕ 8. Определите значение слов-омонимов в следующих словосочетаниях. Составьте с ними предложения.

мир науки   животный мир   заключить мир

духовный мир   мир во всём мире

ЗАДАНИЕ 9. Назовите омонимы, исходя из представленных значений. Проверьте себя по ключам.

1. Южноамериканское животное семейства верблюдов. — Буддийский монах в Тибете и Монголии.

2. Объединение, соглашение организаций или государств для каких-либо совместных целей. — Служебное слово, функция которого состоит в том, чтобы соединять слова или связывать предложения.

3. Трубка, в которую вкладывается пуля и насыпается порох. — Руководитель, покровитель.

4. Территориальная единица в составе некоторых федеральных государств. — Постоянный состав работников.

3.5. Слова-паронимы. Паронимами называются слова, близкие по звучанию и родству корней, но разные по значению. Несмотря на разность лексических значений, паронимы восходят к одному понятию, например, пара *горный — гористый* соотносится с понятием *гора*. В отличие от омонимов они имеют разное написание, но похожее произношение, поэтому их часто путают. Слова-паронимы относятся к одной части речи, например, *дистанция — инстанция, земельный — земляной, смириться — примириться*.

Паронимия — своеобразное явление русского языка, которое часто используется ораторами, писателями и публицистами для придания речи образности.

ЗАДАНИЕ 10[1]. Определите значения приведённых слов-паронимов. Составьте с ними словосочетания.

гуманизм — гуманность   оплатить — заплатить

воспоминание — напоминание   представить — предоставить

поступок — проступок   провести — произвести

искусный — искусственный

ЗАДАНИЕ 11. Составьте паронимические пары. Проверьте себя по ключам.

а) усвоение   1) осложнить

б) фактор   2) примириться

в) единый   3) понятливый

г) мелкий   4) стать

д) понятный   5) единственный

е) встать   6) освоение

ж) смириться   7) продление

з) усложнить   8) факт

                     9) мелочный

---

[1] При выполнении заданий 10–14 рекомендуется использовать «Словарь паронимов русского языка» О.В. Вишняковой.

ЗАДАНИЕ 12. В паронимических парах найдите правильное словосочетание. Проверьте себя по ключам.

а) абонемент не отвечает — абонент не отвечает

б) выбор профессии — выборка профессии

в) мелочная рыба — мелкая рыба

г) экономичная хозяйка — экономная хозяйка

д) короткий день — краткий день

е) пустынная комната — пустая комната

ж) эффектный наряд — эффективный наряд

з) осложнить задание — усложнить задание

и) охладеть сок — охладить сок

ЗАДАНИЕ 13. Прочитайте предложения, употребите подходящие по смыслу паронимы из скобок. Объясните свой выбор. Проверьте себя по ключам.

1. Наш сосед полный (невежа, невежда), он никогда ничем не интересуется.

2. Почему ты не здороваешься? Разве ты (невежа, невежда)?

3. (Дипломатами, Дипломантами) музыкального конкурса стали молодые исполнители.

4. (Дипломаты, Дипломанты) разных стран съехались на конференцию.

5. Мой брат защитил кандидатскую диссертацию по психологии; теперь он кандидат (психических, психологических) наук.

6. Этот врач специализируется на лечении (психических, психологических) заболеваний.

7. Зачем ты говоришь мне (обидные, обидчивые) слова?

8. Нельзя быть таким (обидным, обидчивым), это плохо скажется на твоём здоровье.

9. Чтобы научиться хорошо водить машину, необходимо прежде всего (усвоить, освоить) правила дорожного движения.

10. Их знание поможет (усвоить, освоить) и сам автомобиль.

ЗАДАНИЕ 14. Составьте предложения со словами-паронимами.

духовный — душевный — душистый   деловитый — деловой — дельный
классический — классный — классовый   единичный — единственный — единый
кожаный — кожистый — кожный   рыбий — рыбный

3.6. Слова-синонимы. Синонимы — это близкие или тождественные по значению слова, которые по-разному называют одно и то же понятие (*талантливый, одарённый*). Синонимы различаются дополнительными смысловыми оттенками (*красивый, великолепный, прелестный*) или стилистической окраской (нейтральное *красивый*; разговорное *миленький*; народно-поэтическое *красный*), что позволяет максимально точно выражать мысли и разнообразить речь.

Синонимия связана с многозначностью, следовательно, слово в разных значениях имеет различные синонимы. Например, глагол *составить* в значении «образовать что-либо целое, подобрав и соединив отдельные части» синони-

мичен глаголу *создать* (*составить узор, создать узор*); в значении «приобрести постепенно, по частям» синонимичен глаголу *собрать* (*составить коллекцию, собрать коллекцию*); в значении «убрать что-либо в другое место» синонимичен глаголу *переставить* (*составить стулья в угол, переставить стулья в угол*).

Способность слова сочетаться с разными словами также приводит к появлению синонимичных словосочетаний. Например: *холодный воздух — морозный воздух; холодный ветер — леденящий ветер; холодный климат — суровый климат.*

Два и более синонима образуют *синонимический ряд*. В начале ряда стоит наиболее общее по значению и стилистически нейтраль-ное слово, которое называется **доминантой**. Например: *глаза* (доминанта), *глазищи* (просторечное), *глазоньки* (народно-поэтическое), *гляделки* (грубое, просторечное), *очи* (устаревшее, поэтическое). Обычно синонимами являются слова одной части речи, но иногда в синонимический ряд могут входить фразеологизмы. Например: *обсудить, обговорить, разобрать по косточкам.*

Существует особый вид синонимов — контекстуальные; они становятся синонимами только в определённом контексте. Например: *Дождь пробежал по молодой листве, и она заметалась, затрепетала, зашумела под его упругими каплями.*

ОБРАТИТЕ ВНИМАНИЕ!

Синонимы бывают разнокорневыми (*бесполезный, напрасный*) и однокорневыми (*отличать, различать*).

ОБРАТИТЕ ВНИМАНИЕ!

Нередко в разговорной речи используются прилагательные и наречия с различными синонимичными суффиксами, выражающими оценку. Наиболее часто употребляются суффиксы *-оват-* и *-еньк-* (*белый — беловатый — беленький; плохо — плоховато, близко — близенько*). Суффикс *-оват-* выражает ослабленность качества, он употребляется как в книжной, так и в разговорной речи; суффикс *-еньк-* выражает ласкательность и обычно употребляется в разговорной речи.

ЗАДАНИЕ 15[1]. Определите значения приведённых многозначных слов. Подберите синонимы к разным значениям.

верность, круг, настоящий, жаркий, исправлять, падать, ясно

ЗАДАНИЕ 16. К словам из левого столбика подберите синонимы из правого. Проверьте себя по ключам.

а) желание	1) неинтересный
б) рассеянность	2) зарождаться
в) скучный	3) плохой
г) верный	4) соблазнительный
д) посредственный	5) невнимательность
е) привлекательный	6) стремление
ж) возникать	7) постоянный
з) оберегать	8) средний
	9) защищать

ЗАДАНИЕ 17. Распределите приведённые слова по синонимическим рядам, найдите в них доминанты. Проверьте себя по ключам.

печальный, неиспорченный, грустный, идентичный, безгрешный, тоскливый, одинаковый, нерадостный, равный, невинный, похожий, невесёлый, тождественный, чистый

ЗАДАНИЕ 18. Найдите лишнее слово в синонимических рядах. Проверьте себя по ключам.

множество, обилие, изобилие, море, река
независимый, самостоятельный, незаконнорождённый, свободный

---

[1] При выполнении заданий 15–21 рекомендуется использовать «Словарь синонимов русского языка» З.Е. Александровой.

наладить, нормализовать, уладить, устроить, построить, оздоровить

смешно, забавно, комично, уморительно, смертельно

*ЗАДАНИЕ 19. К словам из левого столбика подберите синонимы-фразеологизмы из право-го. Проверьте себя по ключам.

а) умеренность	1) на вес золота
б) умница	2) в глубине души
в) дорогой	3) рано или поздно
г) запоминать	4) золотая середина
д) внутренне	5) повесить нос
е) когда-нибудь	6) стиснув зубы
ж) мало	7) светлый ум
з) терпеливо	8) мотать на ус
	9) кот наплакал

*ЗАДАНИЕ 20. Найдите в примерах контекстуальные синонимы. Как вы думаете, с какой це-лью авторы использовали именно их?

1. Пространства России всё так же пустынны, грустны и безлюдны (Н.В. Гоголь[1]).

2. У Грушницкого такой гордый и храбрый вид (М.Ю. Лермонтов[2]).

3. Когда мы молоды, то поэтизируем и боготворим тех, в кого влюбляемся; любовь и счастье у нас синонимы (А.П. Чехов[3]).

4. Отцарствуют, отплачут, отгорят мои глаза (М.И. Цветаева[4]).

5. При любой попытке восстановить что-либо в памяти возникала только гнетущая, душная тем-нота (Д. Шидловский).

6. Лихо[5] не лежит тихо: либо катится, либо валится, либо по плечам рассыпается (пословица).

*ЗАДАНИЕ 21. Вступите в диалог, употребите прилагательные и наречия с суффиксами оценки. Проверьте себя по ключам.

А) с суффиксом -оват-

1. — Фильм скучный. Может быть, уйдём?

   — Ты прав, ... Уходим.

2. — Не хотела бы, чтобы такая картина висела у меня в комнате. Такие краски мрачные.

   — Согласна, ...

3. — Вино кислое, мне не нравится.

   — Да, ..., но пить можно.

Б) с суффиксом -еньк-

4. — Пиджак узкий, его трудно застегнуть.

   — В самом деле ..., не стоит его покупать.

5. — Посмотри, какой милый котёнок, давай возьмём его себе.

   — Действительно, ... Берём.

6. — Сегодня такой серый день. Хочется спать.

   — Ты права, день ... .

---

[1] Гоголь Николай Васильевич (1809–1852) — писатель.

[2] Лермонтов Михаил Юрьевич (1814–1841) — поэт и писатель.

[3] Чехов Антон Павлович (1860– 1904) — писатель, драматург.

[4] Цветаева Марина Ивановна (1892–1941) — поэт, автор эссе.

[5] Лихо (в народно-поэтической речи) — зло, беда, несчастье.

В) с суффиксом *-оват-*

7. — Написал резюме на полстраницы. Наверное, мало.

— Конечно, ...

8. — Хочу проехать на поезде от Москвы до Владивостока. Интересно, но далеко.

— Согласен, ...

9. — Представляешь, сегодня за вечер нужно перевести двадцать страниц. Для меня это много.

— Действительно, ...

10. — Что-то не получается эссе, выглядит бледно.

— Ты прав, получилось ... .

3.7. Слова-антонимы. Антонимами называются слова, которые имеют противоположные значения. Слова-антонимы должны называть только соотносимые понятия, например, *молодость — старость, кислый — сладкий, краснеть — бледнеть.* В русском языке антонимия, как и синонимия, связана с многозначностью слова. Например, прилагательное *мягкий* в значении «легко поддающийся сжатию, давлению» имеет антоним *твёрдый (мягкая глина — твёрдая глина)*; в значении «нестрогий, снисходительный» имеет антоним *суровый (мягкое обращение — суровое обращение)*; в значении «приятный для глаз, слуха, не раздражающий» имеет антоним *резкий (мягкий тон — резкий тон)*.

Слова-антонимы обычно относятся к одной части речи (*день — ночь, бездарный — одарённый, хвалить — ругать*), но иногда в антонимичные отношения могут вступать слова и словосочетания (*сразу — шаг за шагом*).

ОБРАТИТЕ ВНИМАНИЕ!

Антонимы бывают разнокорневыми (*любовь — ненависть; молодой — старый*) и однокорневыми (*информация — дезинформация; красивый — некрасивый, солнечный — бессолнечный; недоплатить — переплатить*).

ЗАДАНИЕ 22[1]. Определите значение приведённых многозначных слов. Подберите антонимы ко всем их значениям.

радость, грубость, движение, хороший, богатый, высокий, давать, наказывать, накапливать, быстро, весело

ЗАДАНИЕ 23. К словам из левого столбика подберите антонимы из правого. Проверьте себя по ключам.

а) добро

б) бездарный

в) однообразный

г) дневной

д) говорить

е) заснуть

ж) более

з) громко

1) тихо

2) ночной

3) короткий

4) молчать

5) менее

6) зло

7) разнообразный

8) проснуться

9) талантливый

ЗАДАНИЕ 24. Найдите антонимы в приведённых примерах.

1. Ученье — свет, а неученье — тьма (пословица).

2. Язык длинный, а мысли короткие (пословица).

---

[1] При выполнении заданий 22–28 рекомендуется использовать «Словарь антонимов русского языка» М.Р. Львова.

3. К старости зубы тупее, а язык острее (пословица).

4. Дома новы, но предрассудки стары (А.С. Грибоедов[1]).

5. Чем светлее представлялась ему судьба Андрея, тем мрачнее представлялась своя собственная (Л.Н. Толстой[2]).

6. То сердце не научится любить, которое устало ненавидеть (Н.А. Некрасов[3]).

7. Как мало пройдено дорог, как много сделано ошибок (С.А. Есенин[4]).

ЗАДАНИЕ 25. Замените выделенные слова антонимами. Проверьте себя по ключам.

1. В последнем номере этого журнала напечатан *остроумный* рассказ.

2. Его выступление было *ярким* и *правдивым*.

3. Эта книга читается *легко*.

4. На ней было платье *светлых* тонов.

5. Наш руководитель *смелый* человек.

6. В этом году на конкурсе оркестр выступил *сильнее*, чем в прошлом.

ЗАДАНИЕ 26. Подберите антонимы к разным значениям многозначных прилагательных. Проверьте себя по ключам (при подборе антонимов возможны варианты).

свежий творог, свежий взгляд

чёрствый хлеб, чёрствый человек

глубокий колодец, глубокий анализ

мягкий диван, мягкий характер

низкие потолки, низкие поступки

живой зверь, живой звук

*ЗАДАНИЕ 27. Восстановите текст. Проверьте себя по ключам (при подборе антонимов возможны варианты).

1. За всяким очарованием неизбежно следует ... — таков закон жизни (В.Г. Белинский[5]).

2. Я где-то читал, что бывает время тесное и ..., длинное и ..., доброе и ..., умное и ..., смирное и ... (С. Черепанов).

3. Написан Яго[6] ..., а сам отвратителен (С.В. Образцов[7]).

4. Умён ты или ..., велик ты или ..., не знаем мы, пока ты слово не сказал (Саади[8]).

5. Свет и ..., счастье и ..., слава и ..., потери и ... — лишь ноты вечной песни, имя которой — жизнь (И. Святославов).

ЗАДАНИЕ 28. Вступите в диалог, возразите собеседнику. Употребите в ответной реплике антонимичные прилагательные *прекрасный, замечательный, отличный.*

1. — У рыбы отвратительный вкус.
   — Как раз наоборот, ...

2. — Сегодня ужасная погода.
   — Напротив, ...

3. — У ребёнка безобразное поведение.
   — Я так не думаю, ...

4. — У тебя опять отвратительное настроение?
   — Вовсе нет, ...

5. — Какой ужасный день!
   — Напротив, ...

6. — Что за безобразный вид?
   — Скажешь тоже, безобразный, ...

---

[1] Грибоедов Александр Сергеевич (1795–1829) — писатель и дипломат.

[2] Толстой Лев Николаевич (1828–1910) — писатель, философ.

[3] Некрасов Николай Алексеевич (1821–1877) — поэт, литературный деятель.

[4] Есенин Сергей Александрович (1895–1925) — поэт.

[5] Белинский Виссарион Григорьевич (1811–1848) — литературный критик, публицист, философ.

[6] Яго — персонаж трагедии В. Шекспира «Отелло».

[7] Образцов Сергей Владимирович (1901–1992) — актёр и режиссёр.

[8] Саади (между 1203/1210–1292) — персидский писатель и философ.

Глава 2
ЧЕЛОВЕЧЕСКОЕ ОБЩЕНИЕ.
КОДИРОВАНИЕ И ДЕКОДИРОВАНИЕ ИНФОРМАЦИИ

§ 1. Речевая коммуникация, её формы и типы.
Разговорная и книжная речь

1.1. Речевая коммуникация — форма взаимодействия людей, в процессе которой происходит обмен различного рода информацией, при этом используются *вербальные* (слова) и *невербальные* (мимика и жесты) средства.

1.2. Формы речевой коммуникации. В вербальной речевой деятельности различают *устную* и *письменную* формы. В коммуникативной практике они занимают примерно одинаковое место и постоянно взаимодействуют, но при этом имеют характерные особенности и являются вполне самостоятельными.

Устная речь первична, так как она возникла раньше письменной. Материальное выражение устной речи — звук. Устная речь ориентирована на присутствие других людей. Её отличительное свойство — необратимый характер, то есть сказанное невозможно вернуть или изменить. Участник коммуникативного действия мыслит и говорит одновременно, поэтому устной речи свойственна фрагментарность, неплавность, деление предложения на несколько самостоятельных единиц (*Сестра прислала телеграмму. Приезжает. Кто пойдёт на вокзал?*).

Так же как и письменная, устная речь нормирована, но нормы у неё другие. Так, например, для успешной устной коммуникации не может быть большим препятствием нечёткая структура высказываний, наличие незаконченных предложений, пауз, отступлений и повторов.

Выделяется *монологическая* и *диалогическая* речь. **Монологическая речь** (монолог) представляет собой развёрнутое высказывание одного лица, почти не связанное с речью собеседника ни по содержанию, ни по структуре. Монологическая речь имеет, как правило, более сложное синтаксическое построение по сравнению с репликами в диалоге. **Диалогическая речь** (диалог) — это процесс общения двух собеседников, которые обмениваются репликами.

Разновидность диалогической речи — **полилог**, в котором принимают участие несколько человек.

Устная речь может быть *неподготовленной* и *подготовленной*. Неподготовленная речь (разговор, беседа) формируется параллельно с осознанием того, что уже сказано, и того, что следует сказать дальше; для неё характерна спонтанность. Такая речь характеризуется употреблением простых и сложных предложений (например, с союзами *если*, *когда*, *где*, *что*, *как*) и почти полным отсутствием причастных и деепричастных оборотов. Здесь также возможны некоторые отклонения от языковой нормы. Подготовленная устная речь (доклад, лекция, деловая беседа) отличается чёткой структурой и продуманностью, наличием причастных и деепричастных оборотов, сложных синтаксических конструкций (например, с союзами *оттого что, поскольку, ибо*) и соблюдением языковых норм. Однако при этом говорящий старается сделать свою речь непринуждённой, приближенной к непосредственному общению.

1.3. Типы речевой коммуникации разнообразны и зависят от ряда признаков, к которым относятся:

• условия общения (общение бывает непосредственным, при личном участии, и опосредованным — общение через третьих лиц или, например, по Интернету);

• цель общения (например, информирование, убеждение);

• количество участников (монолог, диалог, полилог);

• характер общения (деловая или бытовая ситуация).

Поэтому разговор подчинённого с руководителем можно охарактеризовать как непосредственное общение в диалоге с целью информирования в деловой ситуации, протекающее в устной форме. Приглашение друзей в гости посредством SMS-сообщения квалифицируется как опосредованное общение в виде монолога с целью информирования в бытовой ситуации, протекающее в письменной форме.

1.4. Разговорная и книжная речь. В зависимости от типа коммуникации речь может быть разговорной или книжной; каждая из этих разновидностей обладает определённым набором признаков.

Характеристика	Разговорная речь	Книжная речь
сфера общения	полуофициальная, бытовая	социальная, научная
форма	устная, письменная	письменная, устная
степень подготовленности	обычно не подготовлена	обычно запланирована и подготовлена
отношение к норме	функционирует в рамках нормы литературного языка, но допустимы отклонения	функционирует в рамках нормы литературного языка
лексика	общеупотребительная, разговорная	стилистически нейтральная, научная, официально-деловая, публицистическая
синтаксис	простой	сложный

ЗАДАНИЕ 1. Прочитайте предложения. Скажите, какое из них оформлено средствами разговорной, а какое — средствами книжной речи.

1. У технических работников в подсобном помещении находились моющие средства, инвентарь для уборки территории, электрические приборы.

2. У уборщиц в подсобке лежало мыло и стиральный порошок, стояли вёдра и швабры, пылесос и электрочайник.

ЗАДАНИЕ 2. Прочитайте текст. А. Определите стиль речи и скажите, соответствует ли он ситуации. Б. Перескажите текст в соответствии с ситуацией.

Я ускоренными темпами обеспечила восстановление надлежащего порядка на жилой площади, а также в предназначенном для приготовления пищи подсобном помещении общего пользования. В последующий период времени мною было организовано посещение торговой точки с целью приобретения необходимых продовольственных товаров (по К.И. Чуковскому[1]).

§ 2. Речевая коммуникация и её модель. Виды речевой деятельности

2.1. Речевая коммуникация — определённый вид деятельности человека, для успешного осуществления которой требуется наличие многих факторов. Каждая коммуникация имеет свою цель: установление контакта, информирование, убеждение, апелляция, развлечение. Предполагается также чёткое разграничение ролей автора речи и адресата. При этом очень важна характеристика участников общения по степени знакомства, заинтересованности и удалённости друг от друга. Необходимо также учитывать возраст и социальный статус, уровень образования и личные качества собеседников.

2.2. Модель речевой коммуникации. Любая речевая коммуникация осуществляется по единой модели: автор речи — информация —

---

[1] Чуковский Корней Иванович (1882–1969) — писатель, литературовед.

адресат. Автор речи кодирует информацию и передаёт её адресату, который декодирует это сообщение. Затем устанавливается обратная связь: участники коммуникации меняются местами. При этом модель речевой коммуникации остаётся прежней.

2.3. Виды речевой деятельности. С позиций кодирования/декодирования информации речевая деятельность может быть представлена четырьмя основными видами: *говорением*, *аудированием* (*слушанием*), *чтением* и *письмом*. Говорение и письмо являются *продуктив-*

ными видами речевой деятельности (действуют механизмы кодирования информации), а слушание и чтение — *рецептивными* (действуют механизмы декодирования информации). Все виды речевой деятельности связаны между собой. Человек в среднем тратит на говорение 22 % своего времени, на слушание — 30 %, на чтение — 38 %, на письмо — 10 %. Самым сложным считается слушание, которое требует от человека гораздо больше физических и психических усилий, чем другие виды речевой деятельности.

§ 3. Аудирование

3.1. Аудирование как процесс представляет собой восприятие речевых сигналов и их понимание. Слушатель получает информацию не только через звуковой, но и через зрительный канал: в процессе коммуникации мимика, голос и поза так же значимы, как и содержание самой речи. В ходе научных экспериментов было установлено, что в бытовой ситуации человек усваивает не более 70 % звучащей речи, а в ситуации официально-делового общения — до 30 %. Очевидно, люди не всегда внимательно слушают, не хотят анализировать услышанное и соотносить его с действительностью. Так, например, при аудировании текста: «*Синоптики обещают жителям столичного региона холодную снежную погоду. В ближайшие дни выпадет более двадцати сантиметров снега, а температура упадёт до минус двадцати. Только в конце февраля стихия немного успокоится. Будет морозно, но без ветра и сильного снега. К началу календарной весны Гидрометцентр России обещает потепление, местами до нуля, но снег растает не раньше начала апреля*» — слушающий может сделать следующие ошибки:

1) если не обратит внимания на слова *столичный*, *регион*, то распространит эту информацию на всю европейскую территорию страны;

2) если не заметит, что потепление не приведёт к плюсовой температуре, то не поймёт, почему снег не растает раньше апреля.

Чтобы избежать подобных ошибок, необходимо научиться слушать эффективно: связывать

получаемую информацию со своим жизненным опытом и анализировать слова говорящего.

3.2. Виды эффективного слушания. Выделяется несколько видов эффективного слушания: *активное*, *пассивное*, *глобальное*, *детальное*. В процессе активного слушания собеседник подтверждает, что он понимает говорящего, для чего используются слова: *да-да, конечно, согласен; не знаю — не знаю* и другие. Можно слушать собеседника молча, сосредоточенно, не вмешиваясь. Это пассивное слушание. Бывают ситуации, когда высказывание воспринимается в целом и определяется его основная идея. Это слушание глобальное. Кроме того, в некоторых случаях внимание слушающего акцентируется только на отдельных моментах речи. Такое слушание называется детальным.

Научиться правильно слушать можно с помощью некоторых несложных правил:

• слушать внимательно;

• прогнозировать, о чём дальше пойдёт речь;

• во время пауз мысленно обобщать услышанное;

• прослушивать всё от первого до последнего слова.

Для того чтобы выполнить все рекомендации на практике, необходимо уметь концентрировать внимание, то есть использовать преимущество, которое есть у слушающего перед говорящим. Человек говорит со скоростью сто двадцать — сто пятьдесят слов в минуту, а воспринимает на слух за это же время триста —

пятьсот слов. Разница между количеством слов даёт возможность выиграть время, сосредоточиться и проанализировать то, о чём говорит собеседник. Умение слушать является критерием коммуникабельности и интеллигентности человека.

ЗАДАНИЕ 1. Прочитайте высказывания. Согласитесь или не согласитесь с приведёнными мнениями. Используйте речевые клише: *Полностью согласен с ...; Не могу согласиться с ...; Это, конечно, правильно, но ... .*

1. Не огорчаюсь, если люди меня не понимают, огорчаюсь, если я не понимаю людей (Конфуций[1]).

2. Научись слушать, и ты сможешь извлечь пользу даже из тех, кто говорит плохо (Плутарх[2]).

3. Не расточай слова — вот мой тебе совет, выслушивай сперва, потом давай ответ (Фирдоуси[3]).

ЗАДАНИЕ 2. Прослушайте информацию. А. Запишите опорные слова, которые отражают её содержание. Б. Опираясь на свои записи, расскажите, какими достижениями техники пользуются животные.

ЗАДАНИЕ 3. Прослушайте информацию в двух темпах. А. При первичном прослушивании в нормальном темпе определите, о чём говорится в сообщениях. Б. При повторном прослушивании в «новостном» темпе восстановите текст. Проверьте себя по ключам.

1. Неожиданное ... сделали австралийские экологи: города в конце концов исчезнут, так как люди не смогут жить в ... уже во второй половине XXIII века.

2. Российские и американские учёные нашли способ использования в ... целях нанотитана — материала, который применяют в производстве оружия ... уничтожения. Теперь из него будут делать ... имплантаты.

3. Королева Великобритании Елизавета II в целях экономии отменила рождественский приём в Букингемском ... . В Кремле, по словам пресс-секретаря Управления делами президента, тоже ... расходы, в том числе и на приёмы. С начала кризиса бюджет управления сократился на пятнадцать процентов. Однако о ... отмене новогодних и рождественских торжеств в Москве пока не объявляли.

ЗАДАНИЕ 4. Прослушайте текст. Закончите предложения, используя полученную информацию. Проверьте себя по ключам.

1. К ФСЭГ проявляют внимание участники не только европейского и азиатского газовых рынков, но и ... .

2. Инициатором создания организации стал ... .

3. ФСЭГ действует с ... ... года, в него входят владельцы ... всего мирового запаса газа.

4. На сегодняшний день в организацию входят разные страны, в том числе и латиноамериканские — ... .

5. По мнению специалистов, вступление США в организацию улучшит ситуацию на газовом рынке, сделав его ... .

---

[1] Конфуций (551–479 гг. до н. э.) — древнекитайский мыслитель.
[2] Плутарх (ок. 45 – ок. 127 гг. до н. э.) — древнегреческий историк и писатель.
[3] Фирдоуси Абулькасим (935–1020 или 1026) — персидский и таджикский поэт.

*ЗАДАНИЕ 5. Прослушайте текст. В процессе слушания впишите подходящие по смыслу прилагательные. Проверьте себя по ключам.

Экстремальные погодные условия сложились на севере Чили, в самой … пустыне нашей планеты, которая носит название Атакама: здесь выпал снег. Для этих мест снег — … стихийное бедствие. Сугробами завалило несколько городов. Непогода нарушила … сообщение и энергоснабжение. Временно пришлось приостановить работу одной из … обсерваторий мира. Между тем … подарку природы обрадовались дети. Пока взрослые расчищали дороги, они лепили снеговиков.

ЗАДАНИЕ 6. Прослушайте текст, выберите правильный вариант ответа, отметьте его в матрице. Проверьте себя по ключам.

1. Использование лазерных принтеров оказывает влияние на … в помещениях.
    (А) температуру воздуха
    (Б) качество воздуха
    (В) освещение рабочих мест

2. Наибольший вред здоровью человека наносится при печатании … .
    (А) таблиц
    (Б) изображений
    (В) текстов

3. Учёные советуют … .
    (А) не использовать принтеры
    (Б) не печатать изображения
    (В) чаще проветривать офисы

1.	А	Б	В
2.	А	Б	В
3.	А	Б	В

ЗАДАНИЕ 7. Прослушайте текст рекламы. Какие из предложенных ниже высказываний соответствуют содержанию текста, а какие нет? Ответы отметьте в матрице, проверьте себя по ключам.

1. В мире существует почти сорок тысяч профессий.
2. Характер профессий изменяется вместе с развитием общества.
3. Центр «Анима» создан для преподавателей и школьников.
4. При подборе профессии учитывается тип личности индивидуума.
5. Услуги центра бесплатные.
6. Скидки предоставляются после третьего обращения в центр.

1.	да	нет
2.	да	нет
3.	да	нет
4.	да	нет
5.	да	нет
6.	да	нет

ОБРАТИТЕ ВНИМАНИЕ!
При аудировании текстов и обсуждении тем общественно-политического характера употребляются следующие выражения:

актуальные вопросы; визовый режим; во время беседы; в рамках визита; в ходе / по итогам переговоров; глава государства; деловые круги; деятель культуры / науки (но: политический деятель); международные / двусторонние отношения; на основе договорённостей; первые лица государства; поиск решения; представители общественности; руководящие круги; ситуация вокруг скандала; выразить убеждённость; дать пресс-конференцию; достичь соглашения; нанести официальный визит; нести ответственность; оказать влияние / помощь / содействие / давление; прибыть с визитом; провести референдум; представлять интерес; прийти к взаимопониманию; поставить подпись под договором; содействовать в решении; устроить приём / саммит; разразился скандал; состоялись выборы.

ЗАДАНИЕ 8. Прослушайте информацию. А. Запишите слова и словосочетания, обычно употребляющиеся в сообщениях на международные темы. Б. Опираясь на свои записи, расскажите, что произошло перед открытием саммита ЕС.

ЗАДАНИЕ 9. Прослушайте текст. Какие из приведённых утверждений соответствуют содержанию текста, а какие нет? Ответы отметьте в матрице, проверьте себя по ключам.

1. Переговоры лидеров двух стран состоялись в рамках дружественного визита президента России.

2. Лидеры России и Германии обсудили актуальные международные вопросы.

3. После переговоров президент и канцлер провели пресс-конференцию.

4. Главы России и Германии заявили, что не нашли взаимопонимания.

5. Президент России поставил вопрос о безвизовом режиме между Евросоюзом и Россией.

1.	да	нет
2.	да	нет
3.	да	нет
4.	да	нет
5.	да	нет

*ЗАДАНИЕ 10. Прослушайте информацию. В процессе слушания восстановите текст. Проверьте себя по ключам.

Агентство «Интерфакс» …, что власти Санкт-Петербурга приняли окончательное решение о переносе … комплекса «Охта» из центра города на его окраину, в Приморский район. На решение о переносе повлияло … …, политических деятелей и деятелей культуры. В течение двух лет в средствах массовой информации велась … … о целесообразности строительства подобных зданий в историческом центре города.

*ЗАДАНИЕ 11. Посмотрите видеосюжет «Дмитрий Медведев прибыл с официальным визитом в Южную Корею». А. Запомните некоторые факты, относящиеся к визиту. Б. Посмотрите сюжет ещё раз и восстановите текст. Проверьте себя по ключам.

Утром … … возложения цветов к мемориалу павшим защитникам страны. Затем встреча с корейскими бизнесменами.

Главным же событием дня станут … Дмитрия Медведева с его корейским коллегой — президентом Ли Мен Баком. Планируется обсудить … политическое, экономическое и культурное сотрудничество. Ещё одна тема — ситуация вокруг ядерной программы Северной Кореи.

… … … будет подписано свыше двадцати совместных документов. А по завершении визита Дмитрий Медведев примет участие в саммите «большой двадцатки», который открывается в Сеуле завтра. Мировые лидеры … … торгово-инвестиционного климата на планете.

*ЗАДАНИЕ 12. Посмотрите видеосюжет «В Индии пройдут переговоры премьер-министра РФ Владимира Путина с первыми лицами государства». А. Скажите, чему были посвящены переговоры. Б. Посмотрите сюжет ещё раз и восстановите текст. Проверьте себя по ключам.

Владимир Путин прибыл с … … в Индию. Сегодня в Нью-Дели глава российского правительства … … с президентом и премьер-министром этой страны. По итогам, как ожидается, … … целый пакет документов и контрактов на сумму более миллиарда долларов. Особое внимание уделяется … в атомной энергетике и оборонной промышленности, а также сотрудничеству в торгово-экономической сфере.

И сегодня же Владимир Путин примет участие в интернет-конференции с представителями индийской общественности, деловых кругов и … … .

§ 4. Говорение

4.1. Говорение представляет собой процесс общения посредством языка, при котором каждый участник проявляет себя как личность. Речь может быть как *подготовленной*, так и *неподготовленной* (спонтанной).

Подготовленная речь отличается от неподготовленной бóльшей продуманностью и чётким порядком в чередовании отдельных частей. В процессе работы над выступлением следует запоминать основные идеи, а не заучивать отдельные выражения и отрывки текста. Это позволит создать эффект непосредственного общения и сделает речь успешной. Следует также заинтересовать слушателей предметом речи и активно общаться с аудиторией. При этом оратору важно уметь быть самим собой. Ведь недаром Аристотель считал, что слушают не речь, а человека, который говорит.

Подготовленная речь имеет свои законы, правила и стратегии.

4.2. Законы и правила речевой коммуникации. *Первый закон* — закон гармонизирующего диалога — утверждает, что необходимо установить гармоничные отношения оратора со слушателями. *Второй закон* — закон продвижения адресата — предполагает, что в начале выступления оратор сообщает слушателям, о чём будет идти речь, а далее обращает внимание на переходы от вопроса к вопросу, периодически напоминая об основной проблематике своего выступления. *Третий закон* — закон эмоциональности речи — гласит, что выступающий не только мыслит, но и эмоционально переживает то, о чём он говорит. *Четвёртый закон* — закон интеллектуального удовольствия — констатирует, что речь доставляет слушателям интеллектуальное удовлетворение.

Оратору также следует соблюдать *этические правила* речевого поведения: быть дружелюбным и не категоричным, уметь выслушивать мнение других людей.

4.3. Стратегии речевого поведения. Умение грамотно общаться — сложная наука. Помимо перечисленных законов и правил, существуют *коммуникативные стратегии*, которые помогают поддерживать эффективную коммуникацию. Всего таких стратегий три:

• *близости* — коммуниканты настроены дружелюбно по отношению друг к другу;

• *отстранения* — коммуниканты сохраняют индивидуальность в речевой ситуации;

• *предоставления права выбора* — один участник позволяет другим коммуникантам определить, как сложатся их отношения.

Рассмотрим реализацию этих стратегий на примерах, взятых из художественных произведений А.П. Чехова:

а) стратегия близости:

Поздравив и поцеловав обе руки, он смерил её взглядом и поморщился.

— Не надо! — сказал он с искренним огорчением. — Я говорил, милая, не надо!

— Вы о чём, Виктор Николаевич?

— Я говорил: не надо полнеть. В вашем роду у всех несчастная наклонность к полноте. Не надо, — повторил он умоляющим голосом и поцеловал руку. — Вы такая хорошая! Вы такая славная! Вот, ваше превосходительство, — обратился он к Крылину, — рекомендую: единственная в свете женщина, которую я когда-либо серьёзно любил («Бабье царство»);

б) стратегия отстранения:

Чечевицын весь день сторонился девочек и глядел на них исподлобья. После вечернего чая случилось, что его минут на пять оставили одного с девочками. Неловко было молчать. Он сурово кашлянул, потёр правой ладонью левую руку, поглядел угрюмо на Катю и спросил: «Вы читали Майн Рида?» — «Нет, не читала. Послушайте, вы умеете на коньках кататься?» Погружённый в свои мысли, Чечевицын ничего не ответил на вопрос, а только сильно надул щёки и сделал такой вздох, как будто ему было очень жарко» («Мальчики»);

в) стратегия предоставления права выбора собеседнику:

Куда его вели, туда и шёл. <...> Ставили перед ним вино — пил, не ставили — не пил; бранили при нём жён — и он бранил свою, уверяя, что она испортила ему жизнь, а когда хвалили, то он тоже хвалил и искренно говорил: «Я её, бедную, очень люблю» («Рассказ неизвестного человека»).

ОБРАТИТЕ ВНИМАНИЕ!
При речевом общении могут использоваться несколько разных стратегий.

ЗАДАНИЕ 1. Прочитайте следующие высказывания, выразите своё отношение к ним, аргументируйте свою точку зрения. Используйте речевые клише: *Я думаю...; По моему мнению...; На мой взгляд...; Можно привести такой аргумент.*

1. Красота речи содействует успеху; те, кто охотно слушают, лучше понимают и легче верят (Квинтилиан[1]). 2. Придерживайся сути дела, слова найдутся (Катон[2]). 3. Кто не знает истины, а только гоняется за мнимыми представлениями о ней, у того и само искусство красноречия будет, естественно, нелепым и грубым (Сократ[3]).

*ЗАДАНИЕ 2. Прочитайте стихотворение А.А. Ахматовой[4]. Согласны ли вы с её мнением? Если нет, — обоснуйте свою позицию. В ответе используйте речевые клише: *Да, конечно, но...; Согласен / Согласна, что...; Не могу согласиться с...; Я уверен, что...; Аргументом может служить... .*

> Ржавеет золото и истлевает сталь.
> Крошится мрамор. К смерти всё готово.
> Всего сильнее на земле — печаль,
> И долговечней — царственное слово.

ЗАДАНИЕ 3. Ответьте на вопросы, которые помогут вам понять, какой вы собеседник.

Если в разговоре возникает неприятная для вас тема, меняете ли вы её?
Исправляете ли вы окружающих, если они делают ошибки?
Даёте ли вы понять собеседнику, что его жесты и мимика вас раздражают?
Делаете ли вы вид, что внимательно слушаете, а сами думаете о чём-нибудь другом?
Перебиваете ли вы собеседника?

ЗАДАНИЕ 4. Составьте предложения, соединив две части. Проверьте себя по ключам.

а) Позитивные изменения в мировой экономике, ...

б) Власти столицы выделили предпринимателям специальные кредиты на...

в) Если в прошлом году депутаты изучали мнение большинства, то...

г) Лиссабон вводит должность председателя Европейского совета, ...

д) В старинном итальянском городе Феррара в третий раз...

1) приобретение торговых точек в некоторых районах города.

2) состоялся фестиваль еженедельника «Интернационале», на который съехались журналисты всего мира.

3) избираемого главами государств и правительств на 2,5 года.

4) после чего отправится на международную аэрокосмическую выставку.

5) теперь решили изучить мнение остальных.

6) о которых всё чаще говорят официальные лица, заставляют пересматривать стратегию ведения бизнеса.

---

[1] Квинтилиан (35–96 гг.) — римский оратор и теоретик ораторского искусства.
[2] Катон (234–149 гг. до н. э.) — римский писатель.
[3] Сократ (470–399 гг. до н. э.) — древнегреческий философ.
[4] Ахматова Анна Андреевна (1889–1966) — поэт, эссеист, переводчик.

ЗАДАНИЕ 5. Прочитайте фрагменты из рассказа А.П. Чехова «Попрыгунья». Оцените коммуникативные стратегии героев. Как вы думаете, какие отношения их связывают?

1

Дымов сел и стал дожидаться. <...> Скоро послышались шаги и знакомый смех; хлопнула дверь, и в комнату вбежала Ольга Ивановна в широкополой шляпе и с ящиком в руке, а за нею следом с большим зонтом и со складным стулом вошёл весёлый, краснощёкий Рябовский.

— Дымов! — вскрикнула Ольга Ивановна и вспыхнула от радости. — Дымов! — повторила она, кладя ему на грудь голову и обе руки. — Это ты! Отчего ты так долго не приезжал? <...> Но как я рада тебя видеть! Ты мне всю, всю ночь снился, и я боялась, как бы ты не заболел. Ах, если бы ты знал, как ты мил, как ты кстати приехал!

2

— Боже мой, — простонал Рябовский, — когда же наконец будет солнце? Не могу же я солнечный пейзаж продолжать без солнца!..

— А у тебя есть этюд при облачном небе, — скала Ольга Ивановна, выходя из-за перегородки. — Помнишь, на правом плане лес, а на левом — стадо коров и гуси. Теперь ты мог бы его кончить.

— Э! — поморщился художник. — Кончить! Неужели вы думаете, что сам я так глуп, что не знаю, что мне нужно делать!

— Как ты ко мне переменился! — вздохнула Ольга Ивановна.

— Ну, и прекрасно.

<...> Чтобы приласкаться к нему и показать, что она не сердится, Ольга Ивановна подошла к нему, молча поцеловала и провела гребёнкой по его белокурым волосам.

— Что такое? — спросил он, вздрогнув, точно к нему прикоснулись чем-то холодным, и открыл глаза. — Что такое? Оставьте меня в покое, прошу вас.

3

Когда Ольга Ивановна входила в квартиру, она была убеждена, что необходимо скрыть всё от мужа и что на это хватит у неё уменья и силы, но теперь, когда она увидела <...> счастливую улыбку и <...> радостные глаза, она почувствовала, что скрывать от этого человека так же подло <...>, как украсть и убить, и она <...> решила рассказать ему всё, что было. <...> Она опустилась перед ним на колени и закрыла лицо.

— Что? Что, мама? — спросил он нежно. — Соскучилась?

Она <...> поглядела на него виновато и умоляюще, но страх и стыд помешали ей говорить правду.

— Ничего... — Сказала она. — Это я так...

— Сядем, — сказал он, поднимая её и усаживая за стол. — Вот так... Кушай рябчика. Ты проголодалась, бедняжка.

ЗАДАНИЕ 6. Подготовьтесь к чтению текста «Язык тела». А. Выскажите предположение, о чём может идти речь в тексте. Б. Вспомните значение следующих слов и словосочетаний:

мимика и жесты, недоумение, простодушный, неосознанно, намерение, далеко идущие выводы, скрестить руки, отгородиться, насупить брови.

ЗАДАНИЕ 7. А. Прочитайте текст.

ЯЗЫК ТЕЛА

Австралийский учёный Алан Пиз утверждает, что с помощью слов передаётся только 7 % информации, а при помощи мимики, жестов и позы — 55 %. Так, различные мимические движения глаз, бровей, уголков рта выражают печаль, радость, недоумение. Мимика, и в частности улыбка, активно участвует в установлении контакта. Улыбка используется в разных коммуникативных ситуациях, поскольку может быть доброй, хитрой, простодушной.

Владение жестом — это во многом владение вниманием собеседников, поэтому полная неподвижность в речи невыгодна и, скорее всего, невозможна. Жесты обусловлены национальной культурой. Например, жители Тибета при встрече с незнакомым человеком показывают ему язык, что означает: «Я тебе не враг». Тем же жестом китаец выражает угрозу, индус демонстрирует гнев, а европеец насмешку.

Главный смысл позы человека состоит в том, как размещено его тело по отношению к другим коммуникантам. О степени участия в коммуникации свидетельствует прежде всего положение ног, поскольку ноги — самая удалённая и наименее подверженная контролю головного мозга часть тела. Например, на то, как к вам относится собеседник, указывает положение стопы. Когда носок ступни направлен в вашу сторону, то это говорит о внимании и готовности к общению. А если человек повернулся к вам, но при этом носки его ступней «смотрят» в другую сторону, то беседа не доставляет ему удовольствия и он общается только из вежливости.

Знаки невербального языка могут применяться осознанно и неосознанно. Именно неосознанный язык тела наиболее важен для понимания внутреннего состояния людей, их отношений. Однако не стоит по одному знаку судить о намерениях собеседника. Если у человека руки скрещены на груди, это не обязательно означает, что он отгородился от всего мира; это также может сигнализировать, что он хочет отдохнуть. А вот если человек сидит со скрещёнными руками и ногами, взгляд отведён в сторону, брови нахмурены, то можно с полной уверенностью сказать, что он чрезвычайно недоволен. Поэтому для более достоверного вывода целесообразно рассматривать два-три отдельных элемента, которые означают одно и то же и выступают как нечто целое, соотносимое со всей ситуацией.

Таким образом, невербальный язык позволяет участникам коммуникации более полно выражать свои чувства и показывать, как они на самом деле относятся друг к другу.

Б. Согласитесь / не согласитесь с мнением автора текста «Язык тела», выразите сомнение. Используйте речевые клише для выражения:

согласия: *Конечно…; Я согласен… / согласна…; Я думаю так же*;
несогласия: *Напротив, …; Совсем наоборот, …; Абсолютно не согласен / не согласна…*;
сомнения: *Сомневаюсь, … / Не думаю, что это так.*

ЗАДАНИЕ 8. Соотнесите ситуации и сигналы невербального языка. Проверьте себя по ключам.

Ситуации:
а) если человек сердит
б) при возрастающем интересе
в) если человек расстроен
г) при неуверенности

Сигналы невербального языка:
1) склонённая набок голова
2) опущенные уголки рта
3) нахмуренные брови
4) прижатый к губам палец
5) прикрывающая рот рука

Раздел II
АУДИРОВАНИЕ И ГОВОРЕНИЕ: ЗАДАНИЯ ЭКЗАМЕНАЦИОННОГО ТИПА

Глава 1
ЗНАКОМИМСЯ С ЭКЗАМЕНАЦИОННЫМИ ТРЕБОВАНИЯМИ

В процессе общения люди передают друг другу разнообразную информацию, при этом коммуниканты придерживаются обязательных для конкретного общества национальных правил речевого поведения, демонстрируя те умения, без которых они не могут быть правильно поняты.

Для успешного общения следует прежде всего научиться разрешать коммуникативные задачи: формулировать проблему, выражать своё мнение, возражать собеседнику, убеждать его, давать совет, делать вывод. При этом важно не отклоняться от темы, то есть соответствовать предмету разговора. Высказывания должны содержать достаточное для выполнения поставленной задачи количество информации, а также должны быть оформлены фонетическими, лексико-грамматическими и стилистическими средствами, которые требуются в данной ситуации. Кроме того, необходимо уместное употребление устойчивых речевых формул, в которых закрепляются правила речевого поведения. Корректное применение таких формул в типичных ситуациях показывает степень овладения изучаемым языком.

Помимо умения оформлять интенции, например речевыми формами согласия, несогласия и языковыми средствами — синонимами, антонимами, — важно также произносить высказывания с правильно подобранной интонацией. На это следует обращать особое внимание в случаях, когда разные намерения выражаются одними и теми же лексико-грамматическими средствами, но оформляются различными типами интонационных конструкций.

Ещё одно требование, предъявляемое к коммуникантам, — соответствие речевого поведения в той или иной ситуации социально-ролевому статусу. Так, роли руководителя и подчинённого, преподавателя и студента, то есть неравноправных собеседников, требуют иных, чем в дружеском, равноправном общении, стилистических и речевых средств. Например, в первом случае — это обращение по имени и отчеству («Вы-общение»), употребление лексики официально-делового стиля речи. Во втором случае — обращение по имени («ты-общение»), употребление лексики разговорного стиля.

В параграфах этой главы предлагаются задания, которые помогут овладеть приёмами русского речевого поведения, отработать умения и приобрести навыки, необходимые в разных коммуникативных ситуациях.

§ 1. Правильно интонируем и выражаем намерения

Когда люди разговаривают, то произносят слова не изолированно, а объединяют их в группы по смыслу и интонационно. Такие объединения слов называются **синтагмами**. Синтагма может состоять из одного слова, быть частью предложения или совпадать с целым предложением. Например: *Ночь. / Улица. / Фонарь. / Аптека*[1] (каждое из этих предложений — одна синтагма); *Старый друг / лучше новых двух* (одно предложение, две синтагмы); *У них в семье всё благополучно* (одно предложение, одна синтагма). Синтагма оформляется *интонационной*

---

[1] Строка принадлежит русскому поэту Александру Александровичу Блоку (1880–1921).

конструкцией (ИК). Каждая ИК характеризуется изменением тона голоса на ударном слоге главного по смыслу слова; она связана с синтаксической организацией предложения и его лексическим наполнением. Следовательно, для речевого общения важен не только смысл, но и интонация, с которой произносится то или иное предложение. Например, на вопрос, лёгкими ли были задания в контрольной работе, возможны два варианта ответа: *Лёгкие! Быстро всё написал; Лёгкие? Я бы так не сказал.*

Кроме того, интонационными средствами можно передать различные эмоциональные оттенки в одном и том же предложении. Например, высказывание *Как можно?* может выражать недоумение или возмущение. И наоборот, один и тот же тип интонации может быть использован в разных предложениях.

В русской речи выделяются семь основных типов интонационных конструкций, которые для краткости обозначаются ИК-1, ИК-2 и т. д.

ИК-1 употребляется в повествовательных предложениях и указывает на законченность высказывания. Контур ИК-1[1]: ‾ ‾ ‾ \ __

Пушкин родился в Москве. Достоевский тоже родился в Москве.

ИК-2 используется в вопросительных предложениях с вопросительным словом, а также в предложениях, в которых выражена просьба или требование. Контур ИК-2: ‾ ‾ \\\ __

Где вы учитесь? Откройте окно! Подождите меня!

ИК-3 характерна для вопросительных предложений без вопросительного слова. Контур ИК-3: __ __ ⌐ ‾ __

Вы едете на экскурсию? Вы едете на экскурсию? Вы едете на экскурсию?

ИК-4 встречается при сопоставлении в вопросах с союзом *а* и в вопросительных предложениях, содержащих требование. Контур ИК-4: __ __ / ‾ ‾

А вы что будете делать после лекции? А ваш друг?

Ваше имя? Фамилия? Ваш паспорт?

ИК-5 используется в эмоционально-оценочных предложениях и характерна для диалогической речи, в которой смысловое и эмоциональное содержание тесно связаны. Например, ИК-5 может быть употреблена при выражении:

- высокой степени проявления признака (*Какой интересный художник!*);
- желания (*Вот бы мне такое платье!*);
- возмущения (*Как тебе не стыдно!*);
- радости (*Какой чудесный день!*).

Контур ИК-5: __ __ ⌐ ‾ ‾ \ __

Как он повзрослел!; Сколько огней! Как здорово!

Мороз и солнце; день чудесный! (А.С. Пушкин[2]). *Вот бы мне такие перья / Да такие крылья!* (Н.А. Заболоцкий[3]).

ИК-6 употребляется в оценочных предложениях и при выражении недоумения, сожаления, удовлетворения и передаёт бытовой характер ситуации.

Контур ИК-6: / ‾ ‾ ‾

Вечер такой тёплый! Люди такие приятные! Музыка! Почему он не отвечает?

ИК-7 характерна для предложений со значением экспрессивного отрицания признака, действия, состояния. Контур ИК-7: __⌐ __ __

Какой он профессионал! (= он не профессионал);

Куда ему в горы! (= у него не хватит сил);

Какой он больной! (= он не больной).

ИК-3, **ИК-4**, **ИК-6** также используются при выражении незавершённости в повествовательном предложении. Различия между этими интонациями имеют стилистический характер. В разговорной речи чаще используется ИК-3, в официальной — ИК-4, в торжественной — ИК-6. В процессе говорения каждый тип ИК соотносится с разными речевыми формулами, которые употребляются в определённых коммуникативных ситуациях. Речевые формулы дополняются фразами, поясняющими ситуацию.

---

[1] Цифры, обозначающие типы интонационных конструкций, поставлены на месте интонационных центров.

[2] Пушкин Александр Сергеевич (1799–1837) — поэт и писатель.

[3] Заболоцкий Николай Алексеевич (1903–1958) — поэт.

1. Выражение радости[1]. Обычно употребляется конструкция ИК-2.

Я (очень) рад(-а): *Я ра́д — мы вместе го́ры свернём!*

(Это) Прекрасно!; Отлично!; Здорово!: *Отли́чно! Ответ на резюме положи́тельный.*

ОБРАТИТЕ ВНИМАНИЕ!

Выражение радости усиливается, если используются ИК-3, ИК-5, ИК-6, при этом в высказываниях содержатся слова *вот; как/какой; так/такой*.

Ты поступил в университе́т? Вот хоро́шо! Какой ты молоде́ц!

Так хоро́шо, что всё сделали вовре́мя! Как здоро́во!

ЗАДАНИЕ 1. Прослушайте предложения. Прочитайте их с интонацией, выражающей радость.

1. Я очень ра́д нашей встрече.

2. Така́я удача! За один де́нь все документы оформила!

3. Это замеча́тельно, что у нас всё так получилось!

4. У нас така́я радость! В новую кварти́ру переезжаем.

5. Друг прие́хал! Вот здоро́во!

2. Выражение удивления. Наиболее употребительны ИК-2, ИК-3, ИК-4.

Да?!; Правда?!; Неужели?; Разве?: *Ваш сын жени́тся? Пра́вда? Неуже́ли?*

Я удивлён / удивлена: *Я удивлён её реа́кцией. Не думал, что она обидится.*

Вот неожиданность!; Вот не ожидал(-а)!: *Ты интересуешься японской поэ́зией? Вот не ожида́ла!*

Вот это да!; Надо же!: *Ты правда занимаешься вока́лом? Вот это да!*

Как?; Что?: *Ка́к? Он не позвони́л?; Что́? Вы не знали об этом?*

ОБРАТИТЕ ВНИМАНИЕ!

Большую степень удивления можно выразить при помощи ИК-6:

Вот неожи́данность! Вот сюрпри́з!

ЗАДАНИЕ 2. Прослушайте предложения. Прочитайте их с интонацией, выражающей удивление.

1. — Он совсем ничего́ не читает. — Пра́вда?

2. — Представля́ешь, сдал экзамен на отли́чно. — Вот неожи́данность! Молоде́ц.

3. — Я зна́ю этого музыканта. — Пра́вда? Вы с ним знако́мы?

4. — Вы что́, действи́тельно были на «Евровидении»? Надо же́!

---

[1] Примеры, иллюстрирующие выражения интенций, даются в аудиоприложении вместе с заданиями.

3. Выражение совета. Используются ИК-1 (нейтральная форма совета), ИК-2 (настойчивый совет или предупреждение), ИК-3 (мягкая форма совета).

(Я) Хочу / Могу посоветовать; (Я) Советую: *В этой ситуации могу посоветовать вам только одно[1]: поговорите[3] с ним спокойно и извинитесь.*

Послушай(-те) мой совет: *Послушай[1] мой совет: не ходи[2] завтра на работу, а ещё лучше[3] — вызови[1] врача.*

Обязательно поезжай(-те) / напиши(-те) / скажи(-те): *Обязательно посмотрите[2] этот фильм. Он был отмечен на Берлинском фестивале[1].*

Не делай(-те) / не говори(-те) / не ходи(-те) / не бегай(-те): *Не заплывайте далеко[2]. Это опасно[2]!*

А не позвонить / обратиться / посмотреть ли тебе / ему / нам / вам: *А не поехать[3] ли нам на выходные на дачу?*

Не мешало бы / Не помешало бы; Хорошо бы / Неплохо бы: *Хорошо бы ему самому[2] сделать это.*

ОБРАТИТЕ ВНИМАНИЕ!

Частица *уж* в предложениях со значением совета придаёт высказыванию разговорную интонацию: *Ну ты уж[2], пожалуйста, не опаздывай[2] больше.*

ЗАДАНИЕ 3. Прослушайте предложения. Прочитайте их с интонацией, выражающей совет.

1. Послушайте[1] мой совет. Сходите[3] к директору и попросите его решить эту проблему[1].
2. Прекрасный[5] диск! Я бы на твоём месте купил[2] его.
3. Не пропускай[2] занятия! Не за горами сессия. Будут неприятности[1].
4. А не поговорить[3] ли тебе с родителями? Они плохого не посоветуют[2].

4. Выражение желания (пожелания). Используются ИК-1, ИК-2, ИК-3, ИК-5.

Я хотел(-а) бы: *Я хотела бы сама[1/2] во всём разобраться.*

Мне хочется / Мне бы хотелось: *Мне бы хотелось[3], чтобы вы всё-таки выступили[2] на вечере.*

Хорошо бы: *Хорошо бы[5] поехать к морю! Такая жара[5]!*

ОБРАТИТЕ ВНИМАНИЕ!

Если при выражении желания (пожелания) употребляется слово *как*, то эмоциональность речи усиливается. При этом часто используется интонация ИК-5: *Как мне хочется[5] купить этот компьютер!* При употреблении слов *вот бы*, *вот если бы* предложения произносятся с ИК-3 или ИК-5, без этих слов — с ИК-6. Сравните: *Вот бы снег[3/5] пошёл!; Снег[6] бы пошёл! А то всё дождь[6] да дождь[6].*

ЗАДАНИЕ 4. Прослушайте предложения. Прочитайте их с интонацией, выражающей пожелание.

1. Мне бы хотелось[3], чтобы в программу включили экскурсию по каналам Петербурга[1].
2. Хорошо бы получить тезисы до начала[2] конференции.
3. Вот бы[3] отдохнуть, хоть немного[2]!
4. В гости я не хочу[1]. Вот если бы ты пригласил меня в кино[3]!

5. Как[5] бы я хотела съездить в Париж! Вот[5] если бы мы поехали все вместе!

6. На Байкале[6] бы побывать! Такое о[6]зеро!

5. Выражение сожаления. Используется ИК-2.

Жаль / Мне жаль: *Мне[2] жаль, что мы больше не увидимся.*

Жалко, что: *Жа[2]лко, что он уехал. Мы даже не успели поговори[1/2]ть.*

ОБРАТИТЕ ВНИМАНИЕ!

Значение сожаления усиливается при использовании слов *так, вот, как, какой.* В этом случае употребляются ИК-3, ИК-5, ИК-6: *Так жаль[3], что ты не поехал с нами!; Мне так[5] жаль, что вы не смогли прийти!; Кака[5]я жалость! Флешку потерял; Не застала директора[2] на месте. Вот[6] жалко!*

ЗАДАНИЕ 5. Прослушайте предложения. Прочитайте их с интонацией, выражающей сожаление.

1. Жа[2]лко, что так быстро закончились праздники.

2. Так жа[3]лко, что мы не встретились вчера.

3. Так[5] жаль, что не было бабьего лета!

4. Как[5] жаль, что он теперь работает не у нас.

5. Вот[6] жалость! Приезжала сестра с детьми[3], а я была в командировке[1].

6. Выражение сочувствия. Используются ИК-1, ИК-2.

Сочувствую / Я тебе / вам сочувствую: *Бе[2]дный! Сочувствую тебе. Без поддержки близких трудно[1].*

Я тебя / вас понимаю!: *Я тебя[2] понимаю! У меня тоже были такие проблемы.*

ОБРАТИТЕ ВНИМАНИЕ!

При подчёркнутом выражении сочувствия используется слово *как* и ИК-2, ИК-3, ИК-5: *Как это грустно[2]! Как я тебе сочувствую[3]!; Как[5] я тебя понимаю!*

ЗАДАНИЕ 6. Прослушайте предложения. Прочитайте их с интонацией, выражающей сочувствие.

1. Я тебе[1] сочувствую. Столько[5] времени пролежать в больнице!

2. Сочувствую[2] вам. Сделать такую[5] работу — и всё напрасно.

3. Как я[3] вас понимаю! Моя семья тоже[1] патриархальная, и с этим нужно считаться[1].

4. Так далеко ездить на работу[1]. Как я тебе[5] сочувствую!

7. Выражение утешения. Используется ИК-1, ИК-2.

Не переживай(-те) так; Не волнуйся / Не волнуйтесь так; Не расстраивайся / Не расстраивайтесь так: *Не волну[2]йся ты так, всё у тебя[2] получится.*

Всё наладится; Нет безвыходных ситуаций; В жизни всякое случается; Нужно надеяться на лучшее; Всё пройдёт; Всё обойдётся: *Всё наладится, и вы ещё будете счастливы.*

Ну ничего, не переживай: *Ты опоздал на поезд? Ну ничего, не переживай. Поедешь на автобусе.*

ЗАДАНИЕ 7. Прослушайте предложения. Прочитайте их с интонацией, выражающей утешение.

1. — Жаль, что я не попал на концерт этой группы. — Ну ничего, сходишь ещё, они снова приедут.

2. — Представляешь, не могу купить большой словарь. — Не переживай, бери мой, когда будет нужно.

3. — Не знаю, что делать. Компьютер не включается. — Не расстраивайся. Я знаю хорошего мастера. Он в момент всё исправит.

4. — Жена хочет подать на развод. — Не переживай ты так! В жизни всякое случается. У вас всё ещё может наладиться.

8. Выражение сомнения. Используются ИК-1, ИК-2.

Сомневаюсь / Я сомневаюсь; Что-то (мне) не верится: *Я сомневаюсь, что он говорит правду. Он не раз нас обманывал.*

Вряд ли; Едва ли; Неужели; Разве: *Вряд ли она сделала это специально, а вообще — кто знает?; Неужели я не говорил ему об этом?*

ОБРАТИТЕ ВНИМАНИЕ!

Слово *неужели* выражает не только сомнение, но и недоверие. В таких предложениях употребляется ИК-3 (с центром на слове *неужели*) или ИК-2 (если по смыслу выделяется любое другое слово):

Неужели вы не знали, что мы переехали в другое здание? (= ведь об этом все слышали);

Неужели у вас нет мобильного телефона? (= я не верю, что нет).

ЗАДАНИЕ 8. Прослушайте предложения. Прочитайте их с интонацией, выражающей сомнение.

1. Что-то мне не верится, что она сама написала курсовую.

2. Сомневаюсь, что из-за морозов отменят занятия.

3. Вряд ли до наступления зимы они закончат ремонт.

4. А разве существуют препараты, которые нейтрализуют радиацию?

5. Неужели аптека закрыта? Ещё рано.

6. Неужели она забыла позвонить?

9. Выражение недовольства. Используются ИК-2, ИК-3 и ИК-5.

Я (очень / крайне) недоволен / недовольна: *Я очень недоволен, что вы задерживаете плату за квартиру.*

Мне (очень) не нравится: *Мне о[2]чень не нравится, что ты так по[2]здно возвращаешься домой.*

Мне было так неприятно узнать / услышать; Мне так неприятно слышать / думать: *Мне та[5]к неприятно слышать, что ты плохо у[1]чишься.*

ОБРАТИТЕ ВНИМАНИЕ!

При выражении недовольства могут употребляться конструкции с вопросительными словами *как, сколько, почему, где.* При этом обычно используются ИК-2, ИК-4: *Как ты разгова[2]риваешь?; Сколько можно тебе повторя[2]ть?; Почему[4] вас не было на совещании?*

При выражении большой степени недовольства используются ИК-2, ИК-3 (в вопросительных предложениях с частицами *что, что ли*), ИК-5, ИК-7: *Он что, доро[2]ги не знает, что ли?; Что за лю[5]ди! Не даю[2]т работать; Какое[7] там написал реферат! Ещё не начина[1]л.*

ЗАДАНИЕ 9. Прослушайте предложения. Прочитайте их с интонацией, выражающей недовольство.

1. Я очень недоволен тем[3], как ты относишься к своим обязанностя[1]м.

2. Мне очень неприя[2]тно, что он так говорит.

3. Что о[2]на, светофо[3]ра не видит, что ли?

4. Почему ты не слушаешь, когда я к тебе обраща[2]юсь?

5. Как вы могли[5] промолчать, если знали об этом!

6. — Ты не идё[3]шь на дискотеку? — Да какая[7] там дискотека! Курсову[2]ю пишу!

10. Выражение укора. Используются ИК-2, ИК-3 и ИК-5.

Напрасно / Зря ты / вы это сделал(-и): *Напра[2]сно ты обидел человека. Он ни в чём перед тобой[2] не виноват; Зря[2] ты её ругаешь, она хорошая хозя[1]йка.*

(Ну) Как же так?; (Ну) Как же ты можешь / вы можете?; Разве можно так?: *Разве мо[3]жно так? Ты же мне делаешь бо[2]льно; Ну как[5] ты можешь так говорить?*

Неужели ты / вы не могли: *Неже[3]ли вы не могли меня предупредить?*

ЗАДАНИЕ 10. Прослушайте предложения. Прочитайте их с интонацией, выражающей укор.

1. Напра[2]сно вы перестали заниматься музыкой. У вас есть способ[1]ности.

2. Ну что же вы меня не подожда[2]ли, хотя бы пять мину[2]т?

3. Зря[2] вы отказались поехать с нами. Было так интере[3]сно!

4. Ну как[5] же так? Опять ничего не де[2]лаешь!

5. Разве мо[3]жно так относиться к своему здоровью?

11. Выражение согласия/несогласия и частичного несогласия. При выражении согласия обычно используется ИК-1, ИК-2.

Согласен / Согласна; Ты прав(-а); Я думаю точно так же; Не могу не согласиться: *Ты прав, здесь у тебя будет больше возможностей; С этим положением трудно не согласиться!*

В спорах и дискуссиях для усиления несогласия используется ИК-2, а также эмоциональная интонация ИК-3.

Я не согласен / не согласна; Напротив; Как раз наоборот; Скажешь тоже; Ничего подобного; Ну да: — *Она хорошо учится. — Скажешь тоже, у неё с английским большие проблемы.*

При выражении частичного несогласия используется ИК-1, ИК-2.

Согласен/Согласна, но; Всё это так, но; Ты прав(-а), но; Это не совсем так: *Ты права, но с деканом лучше поговорить после праздников; Это не совсем так. Не могу полностью с вами согласиться.*

ОБРАТИТЕ ВНИМАНИЕ!

При выражении согласия часто употребляются модальные слова *конечно, действительно, разумеется, безусловно,* выражающие уверенность говорящего в реальности сообщаемого. В этом случае предложение произносится с ИК-2: *Разумеется, наши студенты поедут на Олимпиаду по русскому языку.*

В официально-деловой и научной речи (в частности, в дискуссии) при выражении согласия/несогласия могут присутствовать вводные предложения: *Я думаю; Мне кажется; Я уверен* и др. Например: *Я думаю, что вы ошибаетесь; Мне кажется, это утверждение бездоказательно.*

Наибольшая экспрессия при выражении несогласия достигается в предложениях с ИК-7: — *Говорят, он неплохой художник. — Да какой он художник! Куда ему!* (= он плохой художник).

ЗАДАНИЕ 11. Прослушайте предложения. Прочитайте их с интонацией, выражающей согласие/несогласие, частичное несогласие.

1. — Мне кажется, вас не интересует психология. — Это не совсем так. Я читал некоторые работы Фрейда.

2. — Надо его как-то образумить, а то он совсем не работает. — Согласен, но, может, это от молодости?

3. — Ты что, не был на семинаре? — Разумеется, был, и даже выступал.

4. — Он собирается поступать в аспирантуру. — Куда ему в аспирантуру! Он с трудом университет окончил.

5. — Вы спортом занимаетесь? — Да какой из меня спортсмен! Я и зарядку не делаю.

§ 2. Советуем, утешаем, соглашаемся

ЗАДАНИЕ 1. Прослушайте предложения. А. Определите, каким из них соответству- **ют следующие намерения: удивление, недовольство, укор, возмущение, утешение, сочувствие. Проверьте себя по ключам. Б. Прочитайте предложения с интонацией, соответствующей намерениям.**

1. Ну разве можно так? Всю неделю сидишь сложа руки. 2. Разве я не говорила тебе, что еду завтра? 3. Я что, и посуду за тебя мыть должна? 4. Как я вас понимаю! У нас тоже дочь замуж выходит. Столько волнений! 5. Не переживай ты так. Поедешь в отпуск через месяц. 6. Ты куда на красный свет едешь? Ты что, правил не знаешь?

ЗАДАНИЕ 2. Познакомьтесь с ситуациями. Выразите заданные намерения, используйте соответствующие языковые средства и нужную интонацию.

1. Вас приняли на работу, о которой вы давно мечтали.
   Выразите радость: — ....
2. Друг получил водительские права, а вы этого не знали.
   Выразите удивление: — ....
3. Команда, за которую вы болели, проиграла и теперь не выйдет в финал.
   Выразите сожаление: — ....
4. Вы покупаете билет и говорите кассиру, в каком поезде и на каком месте хотите ехать.
   Выразите пожелание: — ....
5. Однокурснику надо сдавать дипломную работу, а файл с текстом не открывается.
   Выразите сочувствие: — ....

ЗАДАНИЕ 3[1]. Вы хотите снять номер в гостинице и разговариваете с администра- **тором. Отреагируйте на реплику собеседника. Выразите заданные намерения, используйте нужную интонацию[2].**

ЗАДАНИЕ 4. Прочитайте диалоги. А. Скажите, какие значения имеют выделенные фразео- логизмы. Б. Определите, какие намерения выражаются в ответной реплике. Проверьте себя по ключам.

ОБРАТИТЕ ВНИМАНИЕ!

Фразеологизмы — устойчивые обороты, которые придают речи эмоциональность и обычно ис- пользуются в разговорном стиле.

1. — Прости, что опоздала. Проспала.
   — Сколько можно ждать? Я здесь уже *битый час* стою.
2. — Сегодня мне шеф опять *шею намылил*. Сижу и всё переделываю.
   — Не переживай, всё образуется. *Будет и на твоей улице праздник.*
3. — Что, на завтрак творог? И ничего другого нет?
   — *У тебя что, память короткая?* Сам вчера просил творог купить.
4. — Извини, опоздал. Автобус *полз, как черепаха*.
   — А ты бы вышел из дома пораньше.

---

[1] Данное задание подобно сертификационному. Выполняется без подготовки, время для ответа в каждой ситуации — 15 секунд.
[2] Задание оценивается по таблице 1, помещённой в Приложении 2.

ЗАДАНИЕ 5. Прослушайте диалоги. А. Восстановите предложения и проверьте себя по ключам. Б. Прочитайте диалоги, используйте интонацию, соответствующую намерениям.

1. — Как я тебе сочувствую! С утра до вечера работаешь ... ...
   — Да нет, ничего. Работа мне нравится.

2. — Наверное, брошу танцы. Очень устаю.
   — Мой тебе совет: не бросай. И не заметишь, как откроется ... .

3. — Ты почему такой сердитый?
   — Видела бы ты мои фотографии! Фотограф снял ... ... плохо.

4. — Ты скажи им, чтобы не смотрели телевизор так долго.
   — Неудобно как-то, я ведь в гостях. А в чужой монастырь ... ... не ходят.

5. — Твой сын хорошо учится?
   — Да, учителя говорят, что у него ... .

*ЗАДАНИЕ 6. Прослушайте диалоги. А. Определите, какие намерения выражают реплики «Ничего себе» и «Приехали» в разных ситуациях. Проверьте себя по ключам. Б. Прочитайте диалоги с интонацией, соответствующей намерениям.

1. — Я хочу купить диски со всеми операми Чайковского.
   — Ничего себе! Ты что, музыкант?

2. — Автобуса не было. Пришлось идти пешком три километра.
   — Ничего себе! Они же должны ходить каждый час.

3. — Вот мы и дома.
   — Приехали! В гостях хорошо, а дома лучше.

4. — Бензин кончился, надо заправляться.
   — Приехали. Не мог об этом раньше подумать?

5. — Дверь не открывают. Кажется, никого нет дома.
   — Приехали! Так я и знала.

*ЗАДАНИЕ 7[1]. Прочитайте диалоги. Поддержите заданную интенцию соответствующей интонацией[2].

1. Выразите удовлетворение:
   — Сегодня я заказала билеты на самолёт.
   — Отлично! Можно упаковывать вещи.

2. Выразите недовольство:
   — Придётся вернуться домой, я забыл папку с документами.
   — Отлично! По твоей вине опоздаем на встречу.

3. Выразите восхищение:
   — Вчера была на выставке цветов.
   — Я тоже. Какие там цветы!

4. Выразите пренебрежение:
   — У вас есть в саду цветы?
   — Какие там цветы?! Так, несколько кустиков.

---

[1] Данное задание подобно сертификационному. Выполняется без подготовки, время для ответа в каждой ситуации — 10 секунд.

[2] Задание оценивается по таблице 2, помещённой в Приложении 2.

ЗАДАНИЕ 8. Представьте себе, что вы обмениваетесь с вашим другом впечатлениями об экскурсии в старинный город. Вам экскурсия понравилась, а другу нет. Возразите собеседнику. В ответной реплике используйте разные формы несогласия, употребите антонимы к выделенным оценочным словам.

— Мне экскурсия не понравилась. Поездка была *плохо* организована.

— ....

— И город — ничего особенного, *скучный*.

— ....

— Все улицы *однообразные*: маленькие деревянные дома.

— ....

— Да и погода *ужасная* — снег и мороз.

— ....

ЗАДАНИЕ 9[1]. Представьте, что вы с другом обсуждаете вечеринку; ему она понравилась, а вам нет. Возразите другу. В ответе используйте разные формы несогласия и антонимы к оценочным словам[2].

*ЗАДАНИЕ 10. Представьте, что вы обсуждаете с друзьями концерт известной рок-группы, ваши мнения совпадают. Согласитесь с собеседниками; в ответе используйте разные формы согласия и неоднокоренные синонимы.

1. А: — На концерте прозвучали не лучшие их вещи.
   Б: — Да, у них были программы и поярче.
   Вы: — ....

2. А: — С уходом прежнего бас-гитариста в группе что-то разладилось.
   Б: — Действительно, они потеряли индивидуальность.
   Вы: — ....

3. А: — Мне показалось, что у них что-то не то со звуком.
   Б: — Точно, они пели под фонограмму.
   Вы: — ....

*ЗАДАНИЕ 11[3]. Представьте, что вы с друзьями обсуждаете новую книгу известного писателя. Ваши мнения совпадают. Поддержите диалог, используйте неоднокоренные синонимы[4].

---

[1] Данное задание подобно сертификационному. Выполняется без подготовки, время для ответа в каждой ситуации — 15 секунд.

[2] Задание оценивается по таблице 3, помещённой в Приложении 2.

[3] Данное задание подобно сертификационному. Выполняется без подготовки, время для ответа в каждой ситуации — 10 секунд.

[4] Задание оценивается по таблице 4, помещённой в Приложении 2.

*ЗАДАНИЕ 12. Представьте, что вы разговариваете с подругой, которая купила книгу в подарок, а теперь не уверена, правильно ли она сделала. Возразите собеседнице и убедите её в правильности выбора. В ответе для выражения заданной интенции используйте соответствующие языковые средства, дополните их словосочетаниями: *довольно яркий; то, что нужно; вполне достаточно*.

— Хотела подруге из Франции сделать подарок и купила книгу о русской кухне. Дома посмотрела внимательнее, что-то она мне не нравится. Рецептов маловато.

— ....

— Да и иллюстрации не очень, какие-то бледненькие.

— ....

— Всё-таки это не то. Для подарка нужно поискать книгу поинтереснее.

— ....

*ЗАДАНИЕ 13[1]. Представьте себе, что вы разговариваете с подругой, которой подарили мобильный телефон. Подарок ей не нравится. Возразите ей и убедите её в том, что она неправа. В ответе для выражения заданной интенции используйте разные языковые средства[2].

§ 3. Говорим по телефону

При деловом телефонном общении необходимо следовать определённым правилам, или так называемому телефонному этикету. Такой разговор предусматривает чёткий порядок действий и обычно развивается по следующей схеме:

• установление контакта (приветствие, представление, выражение заинтересованности со стороны того, кому звонят, сообщение о цели звонка со стороны того, кто звонит);

• развитие темы (сообщение и получение информации, её детализация и уточнение);

• завершение разговора (подведение итогов, высказывание благодарности за проявленное внимание, приглашение к дальнейшему общению, прощание).

ОБРАТИТЕ ВНИМАНИЕ!

Личный телефонный разговор имеет аналогичную структуру, но характеризуется более широким набором этикетных фраз и разнообразной лексикой.

1. Установление контакта. В соответствии с правилами этикета первым начинает разговор тот, кому позвонили. Например: *Добрый день.*

Фитнес-центр «Лотос». Чем могу помочь? Возможен и другой вариант: сначала идёт представление, потом приветствие и приглашение начать разговор: *Музей изобразительных искусств. Научный сотрудник Белозёрова. Добрый день! Слушаю вас.* В этой ситуации главное, чтобы человек понял, что он позвонил именно в ту организацию, куда хотел.

Начинать приветствие в деловом телефонном общении лучше с фразы *«Добрый день (утро, вечер)!»*, а не просто *«Здравствуйте!»* По мнению психологов, употребление слова *добрый* помогает говорящему выразить заинтересованность и проявить необходимое в данном случае дружелюбие.

ОБРАТИТЕ ВНИМАНИЕ!

В России в неофициальной ситуации не называют себя и, отвечая на личный звонок, говорят: *Алло!; Да; Слушаю.*

Затем здоровается набравший номер и в зависимости от цели своего звонка сообщает необходимые личные сведения. Например, если иностранный студент звонит на кафедру русского языка, то он называет свои имя и фамилию, поясняет, на каком факультете и курсе учится.

---

[1] Данное задание подобно сертификационному. Выполняется без подготовки, время для ответа в каждой ситуации — 10 секунд.

[2] Задание оценивается по таблице 5, помещённой в Приложении 2.

После сообщения сведений о себе излагается причина звонка: *Я звоню, чтобы узнать, когда будет проводиться экзамен.*

Не в каждой официальной ситуации следует называть себя по имени и фамилии, например, при обращении в справочное бюро достаточно поздороваться и изложить свою просьбу. При этом не стоит употреблять слова *девушка* или *молодой человек*, а следует использовать формы привлечения внимания. Например: *Вы не скажете...; Не могли бы вы сказать...; Скажите, пожалуйста, ...*

ОБРАТИТЕ ВНИМАНИЕ!

В деловом разговоре не употребляются слова *Простите* или *Извините за беспокойство*, уместные в ситуации личного звонка.

2. Развитие темы. В основной части диалога останавливаются на вопросах, которые послужили темой звонка. Например, если необходимо выяснить какую-либо информацию, то используют следующие речевые клише: *Скажите, пожалуйста, ...; Уточните, пожалуйста, ...; Я хотел(-а) бы узнать...; Извините, я не понял(-а)... .* Если одна из сторон хочет получить какие-либо уточнения и разъяснения, то употребляют такие фразы: *Повторите, пожалуйста, ...; Скажите ещё раз, пожалуйста; Мне хотелось бы узнать, ...; А когда именно?; Что конкретно для этого необходимо?; К кому следует обратиться?*

При телефонном общении также возможны вопросы, на которые обычно отвечают «да» или «нет». Например:

— *Как только документы будут готовы, вы нам позвоните?*

— *Да, конечно.*

— *И отправите их обычной почтой?*

— *Нет, курьерской.*

Основным требованием, которое следует соблюдать в разговоре, является его *содержательность*. Вопросы и ответы должны быть чёткими и логичными; наиболее важную информацию лучше выделять интонационно.

Краткость — ещё одно требование, предъявляемое к деловому общению. После трёх-четырёх минут телефонного диалога активность восприятия у собеседников снижается, поэтому на обсуждение вопросов следует отводить не более пяти минут. При этом предпочтительно употреблять книжную, нейтральную и разговорно-литературную лексику, которая принадлежит разговорному стилю речи и имеет полуофициальный характер.

ОБРАТИТЕ ВНИМАНИЕ!

В деловой ситуации уместнее употреблять слова *да, хорошо, конечно* вместо *ага, ну, ладно*.

В телефонном разговоре важно не только то, что говорят, но и то, как говорят, поскольку тон, интонация могут передавать до 55 % информации. Практика показывает, что если есть расхождение между содержанием сообщения и тоном, то собеседники больше доверяют второму. Поэтому в момент общения следует улыбаться, что придаст голосу мягкую, доброжелательную окраску и сделает общение более результативным. Речь не должна быть ни слишком быстрой, так как это утомляет собеседника, ни слишком медленной, так как это может раздражать его. В процессе говорения необходимо делать небольшие, до двух-трёх секунд, паузы.

3. Завершение разговора. Первым завершает общение тот, кто позвонил. При этом используются речевые клише: *Простите, что прерываю вас; Очень приятно с вами беседовать, но... .* Однако инициировать окончание разговора может и другая сторона, особенно в тех случаях, когда собеседник старше или выше по социальному положению. В таком случае у позвонившего имеется два варианта речевого поведения:

1) удержать внимание собеседника. Это можно сделать при помощи фраз: *Уделите мне, пожалуйста, ещё немного времени; У меня к вам последний вопрос;*

2) перейти к завершению диалога.

Заканчивая разговор, позвонивший может в нескольких словах повторить всё, о чём договорились участники диалога: *Думаю, мы всё обсудили и сделали все уточнения; Хорошо, значит, наша встреча состоится завтра в семнадцать часов.* Затем следуют слова благодарности: *Большое спасибо за предоставленную информацию; Спасибо, я получил(-а) ответы на все* интересующие меня вопросы; *Признателен / признательна вам за помощь.* Другая сторона обычно отвечает: *Звоните, если возникнут во-* просы. *Постараемся вам помочь.* При прощании используются следующие клише: *До свидания!; Всего хорошего!*

ЗАДАНИЕ 1. Прочитайте диалог. А. Обратите внимание на выражения, уточняющие информацию. Б. Выпишите и запомните их.

— Фонд «Молодая волна». Пётр Устюгов. Добрый день. Слушаю вас.

— Добрый день, Пётр. Меня зовут Николай Булатников. Я студент. Звоню по поводу конкурса эссе, который вы объявили. Я прочёл информацию об этом у вас на сайте. Но хотелось бы кое-что уточнить.

— Да, пожалуйста.

— Как я понял, надо рассказать о чём-то позитивном? Например, о том, что я увидел в другой стране?

— Да, конкурсантам нужно написать об идеях, традициях, материальных объектах, то есть о чём-нибудь полезном, что можно использовать и у нас.

— Надо описать что-то необычное?

— Необязательно. Достаточно изложить новый взгляд на то, что уже существует.

— Спасибо. Ещё один вопрос. Вдруг то, что мне показалось интересным, на самом деле давно известно? Не получится, что я Америку открываю?

— Не волнуйтесь. Описание чужого опыта не главная цель конкурса. В большей степени нас интересуют новые, оригинальные идеи, которые предлагает молодёжь. Поэтому на конкурс мы приглашаем именно молодых.

— Теперь всё ясно. Спасибо, что уделили мне внимание. У меня последний вопрос: когда будут опубликованы результаты конкурса?

— Четырнадцатого октября на нашем сайте. Там же мы поместим и лучшие работы. Так что ждём ваше эссе. Успехов и удачи. До свидания!

— Спасибо ещё раз! Всего доброго!

ЗАДАНИЕ 2. Прослушайте диалог. В процессе слушания восстановите текст. Проверьте себя по ключам.

— Доброе утро. Компания «Компьютерные технологии». Наташа Каменская. Слушаю вас.

— Доброе утро. ... ... Дмитрий Федотов. Я студент факультета высоких технологий университета. Звоню по поводу летней стажировки в вашей компании. Я подал заявку и выполнил тестовые задания первого тура. ... ... сказать, какие у меня результаты?

— Думаю, вам надо подождать приглашения на собеседование. Если вы его получите, то это значит, что вы допущены ко второму туру.

— Понятно. Если это не секрет, ..., сколько человек претендует на одно место? Я слышал, что могут принять только семерых.

— Восемьдесят человек выполняли задания первого тура. У вас есть ещё вопросы?

— Да, ... два вопроса. Вы не могли бы сказать, чем занимаются стажёры в вашей компании?

— Они перенимают опыт у наших ведущих специалистов.

— Хотелось всё-таки ..., что входит в круг обязанностей стажёров?

— Они учатся проектному делу и принимают участие в одном из проектов.

— Если я не пройду конкурс, у меня есть возможность попробовать ещё раз?

— Конечно, шанс есть у всех.

— А не могли бы вы рассказать ...?

— Могу сказать, что стажировки у нас ежегодные, потому что компания заинтересована в молодых талантливых сотрудниках. Так что если в этом году вы не выиграете конкурс, не отчаивайтесь. Всегда можно сделать ещё одну попытку.
— Спасибо ... . До свидания!
— Успехов. До свидания!

ЗАДАНИЕ 3. А. Посмотрите фрагмент из кинофильма «Ирония судьбы, или С лёгким паром». Обратите внимание на приёмы уточнения информации. Б. Предположите, почему героя не радует возможность скорого отъезда.

ЗАДАНИЕ 4. Прочитайте рекламные объявления. А. Определите, какую информацию нужно уточнить. Б. Разыграйте телефонный разговор. Используйте речевые клише: *Я хотел(-а) бы уточнить…; Уточните, пожалуйста, …; Не могли бы вы уточнить… .*

Институт экологии растений и животных Российской академии наук объявляет конкурс для молодых учёных на лучшую научную работу в области экологии. Тематика научных исследований самая широкая. Победитель конкурса получит возможность стажироваться в Московском университете в течение одного года.

1

Медицинский центр «Здоровье» предлагает пройти комплексное обследование в санатории. При необходимости может быть назначен курс лечения. В санатории имеются спортивные площадки, бассейн, библиотека, Интернет. Предусмотрено питание и проживание. За отдельную плату предоставляется консультация врача-диетолога.

2

«Школа акварели» начинает набор детей и взрослых. При поступлении необходимо представить три работы, сделанные в любой технике. Стоимость обучения для взрослых составляет пять тысяч рублей в месяц. Количество мест в группах ограничено. Занятия ведут квалифицированные педагоги. Учебный год начинается с двадцать первого сентября. Проводятся выездные мастер-классы.

3

ЗАДАНИЕ 5. Прочитайте объявление. А. Как вы думаете, содержит ли оно достаточный объём информации? Б. Восстановите диалог, данный после текста объявления, получите дополнительные сведения. Используйте формулы речевого этикета. Проверьте себя по ключам.

ОБЪЯВЛЕНИЕ

Открывается набор на курсы при драматическом театре. Для слушателей курсов читаются лекции по актёрскому мастерству и проводятся практические занятия. Преподаватели — известные артисты театра и кино. Первое занятие бесплатное. Главная цель курсов — развитие творческих способностей. Общение проходит в дружеской, доброжелательной обстановке.

ДИАЛОГ

— Драмтеатр. Администратор Ремезов. Добрый день! Я вас слушаю.
— .... ?
— Занятия начинаются через две недели.
— .... ?
— Занятия проходят два раза в неделю.

— .... ?

— Пять тысяч рублей в месяц.

— .... ?

— По риторике, сценической речи и хореографии.

— .... ?

— Да, планируются два выступления перед аудиторией.

— .... ?

— Мы находимся по адресу: улица Малая Садовая, дом 7.

— ....

— Всего хорошего! Приходите!

ЗАДАНИЕ 6. Примите участие в деловом телефонном разговоре в соответствии с ситуацией: в вашей молодой семье появился ребёнок, и ему нужна няня. Вы нашли подходящее объявление, однако, на ваш взгляд, информации в нём недостаточно. Задайте собеседнику необходимые вопросы; получите разъяснение и дополнительную информацию. В разговоре используйте данные речевые клише и выражения.

Запрос информации: *Я хотел(-а) бы узнать...; Скажите, пожалуйста, ...*
Уточнение: *Уточните, пожалуйста, ...; Мне хотелось бы уточнить... .*
Запрос разъяснения: *Я не понял(-а), разъясните, пожалуйста, ...*
Выражение благодарности: *Благодарю вас за...; Большое спасибо.*

ДЛЯ ТЕХ, КОМУ НУЖНА НЯНЯ

Педагог с большим стажем работы в детских учреждениях предлагает услуги няни. Имею музыкальное образование. Проживаю в центре города. Время работы по договорённости, оплата почасовая.

ЗАДАНИЕ 7[1]. Примите участие в деловом телефонном разговоре в соответствии с ситуацией: вы нуждаетесь в дополнительном заработке и нашли подходящее объявление. Однако, на ваш взгляд, информации в нём недостаточно. Задайте собеседнику необходимые вопросы; получите разъяснение и дополнительную информацию[2].

ВРЕМЕННАЯ РАБОТА ДЛЯ СТУДЕНТОВ, НЕПОЛНАЯ ЗАНЯТОСТЬ

Вакансия курьера в редакции газеты «Студенческая жизнь».
Работа по графику 2 через 2 дня.
Оплата от 190 до 250 рублей в час.
Льготное питание. Бесплатный проезд в городском транспорте.
Предоставление медицинских услуг.

Подробная информация по телефону: 222-11-33.

---

[1] Данное задание подобно сертификационному. Время на подготовку — 3 минуты, время выполнения — от 3 до 5 минут.

[2] Задание оценивается по таблице 6, помещённой в Приложении 2.

*§ 4. Разрешаем конфликт

Знание норм делового общения помогает человеку правильно выстраивать официальные отношения. На службе иногда возникают конфликтные ситуации, разрешение которых необходимо для дальнейшей успешной деятельности коллектива. К таким случаям относится «вызов на ковёр»[1] — разговор руководителя с подчинённым, который выполнил работу некачественно или не в срок.

При обсуждении подобных вопросов стоит придерживаться определённой схемы ведения диалога. Такая схема сводится к следующему:

• формулирование проблемы;

• анализ ситуации и поиск путей её разрешения;

• оценка действий сотрудника и принятие решения руководителем.

При этом также следует соблюдать правила речевого этикета и употреблять лексику, относящуюся к официально-деловому стилю речи.

ОБРАТИТЕ ВНИМАНИЕ!

Коммуникация между людьми происходит на двух уровнях: содержательном и эмоциональном, причём последний имеет решающее значение. Если люди будут доверять друг другу эмоционально, то они придут к взаимопониманию и в содержательном плане.

1. Формулирование проблемы. Входя в кабинет начальника, сотрудник, как правило, начинает разговор первым: *Вы меня вызывали?; Вы хотели меня видеть?* Руководитель обычно говорит: *Да, проходите, пожалуйста, садитесь. Я хотел(-а) поговорить с вами вот по какому поводу; Возникла неприятная ситуация, и нам нужно её обсудить.*

Затем руководитель выбирает один из возможных вариантов ведения разговора. Если он не хочет выглядеть слишком жёстким, то разговор начинается с положительной оценки работы сотрудника: *В целом меня устраивает ваша работа. Однако...; Мне нравится, как вы работаете, но... .*

Если выбирается другой вариант, то разговор следует сразу начинать с обозначения предмета конфликта (что именно сделано не так, и как это отразится на работе): *Вы не отправили необходимые документы в срок, хотя они были уже готовы. Этим вы подорвали престиж нашей компании.*

ОБРАТИТЕ ВНИМАНИЕ!

1. В официальных ситуациях руководителем вместо «я-высказываний» (*Я хочу, чтобы мои сотрудники...; От сотрудников я ожидаю...*) целесообразно употреблять «мы-высказывания»: *Наше предприятие заинтересовано в...; Специфика нашей работы такова, что... .*

2. Критиковать можно только действия, ставшие причиной служебной неудачи, а не людей, которые их совершили. Поэтому в речи руководителя недопустимы характеристики типа: *Вы безответственный человек, вам ничего нельзя поручить.* Лучше сказать: *Вы невнимательно отнеслись к поручению, и в результате фирма потеряла ценного клиента.*

2. Анализ ситуации и поиск путей её разрешения. Далее руководитель задаёт вопросы подчинённому, чтобы выяснить *объективные* и *субъективные* причины, приведшие к конфликтной ситуации: *Я хотел(-а) бы узнать, почему не состоялась встреча с партнёрами?; Как вы могли перепутать время начала совещания и дать неверную информацию его участникам? Нашим клиентам не было сообщено об изменении сроков поставки. В чём причина?*

Начальник всегда заинтересован в анализе произошедшего, поскольку его цель — предотвратить появление подобных ошибок в будущем. Поэтому он предлагает пути решения вопросов, которые оказались невыполнимыми для подчинённого: *Можно было связаться с поставщиком и выяснить все детали, прежде чем делать заказ; Если Иванов находился в командировке, надо было обратиться к Сидорову. Почему вы не предусмотрели этот вариант?; Вам нужно было*

---

[1] Вызов на ковёр — фразеологизм, обозначающий приглашение в кабинет руководителя для объяснений и разрешения конфликтной ситуации.

вызвать аварийную бригаду и сообщить о случившемся руководству.

3. Оценка действий сотрудника и принятие решения руководителем. Проанализировав ситуацию, руководитель оценивает работу подчинённого. В этом случае будут уместны высказывания такого типа: *К сожалению, вы не сделали то, что мы от вас ожидали; Вы показали, что пока не можете принимать правильных решений; Вы допустили серьёзную ошибку и не справились с поручением.*

В завершение беседы руководитель принимает решение. Он может не наказывать подчинённого и ограничиться только проведённым разговором. Но если ситуация такова, что не-обходимы более жёсткие меры, то начальнику стоит соотнести степень проступка и профессиональный уровень сотрудника, его отношение к делу. Затем сообщается о принятом решении: это может быть замечание (*Я вынужден сделать вам замечание*), выговор (*Я выношу вам выговор*), лишение премии (*Я лишаю вас премии в этом месяце*). Самое строгое наказание — увольнение. В этом случае руководитель должен максимально чётко сформулировать свою позицию: *Вы показали себя как человек, который, к сожалению, не соответствует занимаемой должности. Подтверждением этому служат ваши действия. Нам придётся расстаться с вами.* При этом руководителю не следует вдаваться в подробности и тем более извиняться.

*ЗАДАНИЕ 1. Прочитайте диалог. А. Определите социальные роли его участников. Б. Выделите структурные части диалога. В. Обратите внимание на выражения, используемые при разрешении конфликтной ситуации.

— Здравствуйте, Родион Константинович, вызывали?

— Здравствуйте, вызывал. Проходите, садитесь. Мне позвонили и сообщили, что на улице нашли документы, которые вы возили в ОВИР. Скажите, что случилось?

— Я потеряла ваши документы, Родион Константинович.

— Как потеряли? Вы что, очень торопились?

— Да. Я долго была в ОВИРе, а когда возвращалась обратно, спешила и даже не поняла, что выронила папку. Наверное, когда садилась в автобус. Я обнаружила это уже в конце дня.

— Почему же вы не сказали мне об этом сразу?

— Я растерялась и не знала, что делать.

— А почему с документами вы поехали на автобусе? Любой сотрудник попросил бы нашего диспетчера выслать машину.

— На тот момент в гараже не было свободных машин.

— Ну что ж. До этого дня у меня не было к вам никаких претензий. Но этот случай показал, что вы ещё очень неопытный работник. Надо научиться правильно оценивать свои силы, разумно планировать действия и не допускать подобных ситуаций. А самое главное: если что-то случилось, следует тут же проинформировать об этом вашего непосредственного начальника.

— Я отдаю себе отчёт, Родион Константинович, насколько серьёзна моя ошибка, и приму любое ваше решение.

— Признаюсь, первой моей мыслью было уволить вас, но на этот раз ограничусь устным выговором. Надеюсь, что вы сделаете правильные выводы. Второго такого разговора не будет. Идите работайте.

— Спасибо за понимание. Это для меня хороший урок.

*ЗАДАНИЕ 2. Посмотрите фрагмент из кинофильма «Подруга особого назначения». **А. Определите, насколько словесное оформление разговора между начальником и подчинённой соответствуют официально-деловому стилю общения. Б. Что вы можете сказать о причине увольнения? Считаете ли вы её весомой? Аргументируйте свой ответ.**

*ЗАДАНИЕ 3. Прочитайте отрывок из романа Т. Устиновой[1] «Первое правило королевы». А. Выделите слова и словосочетания, неуместные в официальной ситуации. Б. Дайте аргументированный ответ на вопрос: можно ли такое общение считать деловым?

— Заходите, — <…> кислым голосом предложила помощница, и Инна вошла.

Якушев был мрачен. Он был так мрачен, что его лицо казалось вымазанным серой краской. <…>

— Инна Васильевна, — начал Якушев, не поздоровавшись и не предложив ей сесть. — Ты, говорят, с Ястребовым какие-то там антимонии разводишь!

— Кто говорит? — спросила Инна.

— Разведка доносит, — буркнул Якушев. — Давай объяснись, правда это или нет!

— Что именно, Сергей Ильич?

Якушев легонько хлопнул ладонью по столу. Инне показалось, что от его движения по кабинету пронёсся ледяной ветер. Она во все глаза уставилась на него. Раньше начальство никогда не позволяло себе стучать руками по столу в её присутствии.

— Ты дурочку не валяй, Инна Васильевна. Ты толком говори, что затеяла, да ещё у меня за спиной! Я ведь не Анатолий Васильевич покойный, я тебя, лапушку, в порошок сотру. Мокрого места от тебя не оставлю! В моей команде отступников не было и не будет.

— А разве я в команде?…

Якушев словно поперхнулся, замолчал и уставился на Инну, выкатив глаза. Она подумала, что его вот-вот хватит удар.

*ЗАДАНИЕ 4. Посмотрите фрагмент из кинофильма «Служебный роман» дважды. А. При первом просмотре проанализируйте содержание диалога и охарактеризуйте поведение героев. Б. При втором просмотре запишите выражения, характерные для делового общения.

*ЗАДАНИЕ 5. Посмотрите фрагмент из кинофильма «Ещё один шанс». А. Назовите причины, приведшие к неудачному общению. Б. Исправьте неверные, по вашему мнению, высказывания персонажей. В. Как бы вы провели диалог в подобной ситуации?

*ЗАДАНИЕ 6. Проведите деловую беседу. Представьте: вы директор гостиницы, к вам обратился клиент, бронировавший номер. Когда он приехал, то оказалось, что бро́ни на его имя нет. Вызовите к себе сотрудника, отвечающего за эту работу, и выясните причину конфликта. При выполнении задания используйте предложенную схему беседы и уместные в данной ситуации выражения.

1. Начните диалог с приветствия: *Здравствуйте, Валерия Павловна. Проходите, пожалуйста, садитесь.*

2. Назовите цель разговора: *Я хотел(-а) бы обсудить … .*

3. Выясните причины, которые привели к конфликтной ситуации: *Давайте выясним, почему…; Но это не единственная причина.*

4. Проанализируйте ситуацию и объясните, что требуется предпринять в этом случае: *Надо было бы предпринять…; На вашем месте … .*

5. Дайте оценку действиям подчинённого: *Я не ожидал(-а) от вас таких непродуманных действий; Вы неправильно … .*

6. Объявите подчинённому о своём решении: *На этот раз я ограничусь замечанием, но…; Мне придётся объявить вам выговор за … .*

---

[1] Устинова Татьяна Витальевна (1968 г. р.) — писательница.

*ЗАДАНИЕ 7[1]. Представьте, что вы работаете главным инженером. Ваш подчинённый вовремя не отправил заказчику проектную документацию и тем самым нарушил условия договора. Проведите деловой разговор и разрешите конфликтную ситуацию: выясните причины неверных действий сотрудника, выскажите своё отношение к произошедшему и примите решение[2].

§ 5. Смотрим кино, рассказываем и рассуждаем

Кино разнопланово и разноцветно, оно помогает увидеть мир глазами другого человека и понять его чувства и поступки. Если фильм понравился и заинтересовал зрителя, то его обычно обсуждают с друзьями, знакомыми или родственниками, высказывая свою точку зрения. Такие беседы ведутся в непринуждённой обстановке и поэтому оформляются средствами разговорного стиля речи. Однако могут употребляться элементы и других стилей, прежде всего публицистического.

Пытаясь как можно точнее передать то, что увидел на экране, рассказчик описывает героев, их настроение, обстановку, в которой они находятся; говорит о том, что с ними происходит, осмысливает увиденное. Такой монолог имеет три части: введение в тему, основную часть, завершение.

1. Введение в тему. Рассказчик сообщает, что, где и когда он смотрел и почему его заинтересовал сюжет. Например: *Знаешь, недавно по телевизору показывали фильм «Время желаний». Я видел, к сожалению, только фрагмент, но он меня очень заинтересовал. Там показаны своеобразные отношения между мужем и женой.*

2. Основная часть. Она может быть представлена различными по типу текстами: *описанием, повествованием, рассуждением.* Причём чаще один тип текста доминирует, а другие выступают как дополнительные. Это характерно для жанра устного рассказа.

Текст-описание. Рассказывая о героях фильма, обычно описывают их внешность, эмоциональное состояние, черты характера, проявляющиеся в различных поступках. Например: *Героиня фильма — красивая, ухоженная и модно одетая женщина. Держится она очень уверенно, и чувствуется, что знает себе цену. Глядя на то, как героиня ведёт себя с мужем, понятно, что она всегда получает от других людей то, что хочет. Или: Герой старше своей жены. Он солидный, сдержанный и немного медлительный человек, вероятно, занимает высокий пост. Видно, что поженились они недавно — муж очень трепетно относится к своей жене и во всём ей уступает.*

Чтобы передать атмосферу, в которой протекает действие фильма, необходимо рассказать об эпохе, времени года или суток и о месте, где разворачиваются события. Например: *Я думаю, что действие происходит в 80-е годы XX века. Мне кажется, что именно тогда так одевались и обстановка в домах была именно такой.*

Описывается также и характер действий: *Эпизод начинается с того, что герои приезжают на дачу мужа, где жена ещё не была. По тому, как героиня осматривает дом, понятно, что она не в восторге от него: слишком старый, слишком запущенный, с небогатой обстановкой. Зато герой счастлив, ему очень уютно в потёртом кресле в комнате, где всё напоминает о детстве.*

Текст-повествование. Рассказчик говорит о сменяющих друг друга событиях и действиях. Например: *Затем герои ссорятся, и понятно, что из-за дачи, а вернувшись в город, не разговаривают и расходятся по разным комнатам. Когда же они мирятся, кажется, что жена уступила мужу и согласилась с его мнением. Но в следующем эпизоде мы видим, что супруги выносят мебель из старой дачи. Жена всё-таки добилась своего — дом продан.*

Текст-рассуждение. Здесь рассказчик высказывает предположение о том, почему могла

---

[1] Данное задание подобно сертификационному. Время на подготовку — 5 минут, время выполнения — 3 минуты.

[2] Задание оценивается по таблице 7, помещённой в Приложении 2.

возникнуть подобная ситуация. Например: *Скорее всего, муж опять пошёл на поводу у жены и сдался. Он не может настоять на своём. Я думаю, он делает так потому, что любит её, и ещё потому, что не выдерживает её напора. И хотя в этом доме прошли его лучшие годы, он отказывается от него. Конечно, каждой женщине хочется иметь и устроенный быт, и материальный* достаток. *Но нельзя добиваться своих целей любой ценой и заставлять близких людей терять то, что им дорого.*

3. Завершение. В конце своего монолога рассказчик обращается к собеседнику и спрашивает его мнение: *Ты видел этот фильм? Как он тебе?; Не знаю, может быть, я ошибаюсь, но мне кажется, что я прав. А как ты думаешь?*

ЗАДАНИЕ 1. Посмотрите фрагмент из фильма «Мне не больно». А. Прочитайте возможный вариант монолога, составленный на основе кинофрагмента. Б. Обратите внимание на расположение частей текста, на их соотношение и на использованные лексические средства. В. Посмотрите фрагмент ещё раз; составьте свой вариант монолога.

Знаешь, недавно посмотрела фильм «Мне не больно». История стара как мир: он, она и молодой любовник. Расскажу тебе несколько эпизодов.

Представь себе: центр большого города, шикарная квартира с красивыми интерьерами. В комнате двое: мужчина и молодая девушка. Её не назовёшь красавицей, но в ней чувствуется стиль. Одета она скромно, но элегантно. Копна рыжих волос придаёт героине своеобразное очарование. Ни в её внешности, ни в поведении нет ничего вызывающего. Все чувства легко читаются на её лице, с первого взгляда видно, о чём она думает. Мужчина намного старше героини. У него умное, жёсткое лицо. Несмотря на свой возраст, он достаточно подтянут и хорошо выглядит. На нём дорогой костюм, на пальцах массивные перстни. Понятно, что он из тех, кого называют хозяевами жизни.

Мужчина показывает записи с камеры видеонаблюдения. На экране появляется одетый в мешковатую куртку молодой человек, который подсовывает под дверь их квартиры записку. Девушка улыбается и с нежностью смотрит на него. На экране быстро сменяются кадры: героиня приходит в квартиру вместе с этим молодым человеком; затем она провожает его, и они нежно прощаются у лифта. Пока мужчина и девушка смотрят видео, с её губ не сходит улыбка, в глазах светится любовь. А мужчина потрясён и обижен настолько, что начинает плакать. На лице девушки появляется выражение жалости к нему, понятно, что ей неприятно и стыдно. Потом мы видим, как она собирает свои немногочисленные вещи и уходит.

Меня здесь удивило, как разрешается ситуация. Героиня не стала оправдываться, говорить, что мужчина всё не так понял, не сделала попытку сохранить своё благополучие. Богатству и достатку она предпочла любовь. Считается, что современные девушки неразборчивые и ради денег готовы на всё. А здесь, на мой взгляд, неожиданный поворот событий. Ты видел этот фильм? Ну как он тебе? Что ты о нём думаешь?

ЗАДАНИЕ 2. Рассмотрите картину художника В.В. Пукирева «Неравный брак». А. Предположите, в какую эпоху происходит действие, изображённое на картине; опишите место, где происходит это событие. Б. Охарактеризуйте ситуацию, представленную художником. В. Дайте описание внешнего вида и эмоционального состояния жениха, невесты и молодого человека[1], стоящего позади неё. Г. Как вы считаете, почему возможен такой брак? Будет ли счастлива девушка? Сформулируйте своё отношение к браку людей, разных по возрасту и социальному статусу.

---

[1] В этом образе художник изобразил себя.

ЗАДАНИЕ 3. Посмотрите фрагмент фильма «Анна Каренина» и фрагмент экранизации одноимённого балета. А. Опишите состояние героев и их поведение. Б. Скажите, как это передано средствами кино и балета.

ЗАДАНИЕ 4. Посмотрите фрагмент фильма «Зимняя вишня». А. Опишите состояние героев и ситуацию, в которой они оказались. Б. Расскажите, какие действия совершают герои. В. Предположите, что их связывает и как в дальнейшем будут развиваться события.

ЗАДАНИЕ 5[1]. Посмотрите фрагмент фильма «Собачье сердце». Опишите героев сюжета и ситуацию, в которой они оказались; расскажите, как развиваются события, и предположите, почему они так складываются[2].

_____

[1] Данное задание подобно сертификационному. Время на подготовку — 10 минут, время выполнения — 3–5 минут.

[2] Задание оценивается по таблице 8, помещённой в Приложении 2.

* * *

*Есть фильмы, в которых неэтичный или аморальный поступок, совершённый героем или героями, может стать отправной точкой в разговоре на этические темы. В этом случае показанные события служат основой для формулирования общественно значимой проблемы. Во время её обсуждения рассказчик приводит аргументы и даёт морально-этическую оценку происходящему.

Подобный разговор уместен в официальной и полуофициальной ситуации: в публичных выступлениях, в беседах с коллегами. Речь при этом, как правило, оформляется средствами публицистического стиля с привлечением литературных разговорных слов. Такое монологическое высказывание также имеет трёхчастную структуру (введение в тему, основную часть, завершение). В качестве доминирующего здесь выступает текст-рассуждение, другие типы текста в нём представлены в меньшей степени[1].

ОБРАТИТЕ ВНИМАНИЕ!

Собственно рассуждение обычно ведётся следующим образом: выдвигается тезис в виде утверждения, а затем приводятся аргументы в его защиту. В роли аргументов могут выступать общеизвестные факты, психологические доводы, мнения авторитетных людей, пословицы и поговорки. Приводить их можно в разной последовательности, но завершать доказательство следует самым сильным аргументом.

1. Введение в тему. Как правило, речь начинается с обращения к слушателям, затем формулируется тема, иллюстрацией к которой служит пример из фильма, называется проблема и высказывается тезис. Например: *Уважаемые коллеги! (Дорогие друзья!) Сегодня как никогда важна тема материнства и детства, и особенно проблема детей, оставленных своими родите-*

лями. Актуальность этой проблемы не вызывает сомнений. О ней говорят педагоги, общественные деятели, писатели и журналисты. Недавно по телевидению демонстрировался фильм, в котором есть запоминающийся эпизод — разговор главного врача роддома с женщиной, отказавшейся от своего ребёнка.

2. Основная часть. В ней приводятся аргументы, которые строятся на основе сюжета фильма или его фрагмента и с помощью которых развивается заявленный тезис. Например: *Действие происходит в палате роддома. Спиной к зрителям сидит молодая женщина, с ней разговаривает врач. Мать отказывается от своего ребёнка, и это вызывает у доктора неприятие, потому что для него подобная ситуация просто невозможна. На экране ни разу не появляется лицо женщины, и зрители не видят её глаз. А как известно, глаза — зеркало души. С помощью такого приёма режиссёр фильма говорит о том, что мать, бросившая своё дитя, не имеет ни души, ни сердца, а значит, не может называться матерью.*

Далее высказывается оценка ситуации и поступков героев. Например: *Я считаю так: эта ситуация страшна тем, что дети, не знающие материнской любви, не смогут в будущем дать её и своим детям. Но в этом нет их вины — это вина тех, кто когда-то их предал.*

3. Завершение. В нём делается вывод, даётся обобщение проблемы с позиций морали и предлагается её решение. Например: *Несомненно, общество осуждает такое асоциальное поведение родителей, потому что ребёнку, воспитанному без матери, труднее войти в социум и жить в нём. Для того чтобы было меньше сирот, общество должно воспитывать у молодых людей ответственность перед будущими детьми. И эту работу надо начинать уже в школе.*

---

[1] В этой части параграфа представлены материалы, соответствующие требованиям ТРКИ-3.

*ЗАДАНИЕ 6. Посмотрите фрагмент из фильма «Москва слезам не верит». А. Прочитайте возможный вариант монолога-рассуждения на тему: «Ответственность человека за свои поступки», составленного с опорой на фрагмент фильма. Б. Обратите внимание на расположение частей текста и их соотношение, на использованные лексические средства. В. Посмотрите фрагмент ещё раз; составьте свой вариант монолога.

МОНОЛОГ-РАССУЖДЕНИЕ

Дорогие коллеги! Сегодня мы обсуждаем вопрос об ответственности людей за свои поступки. Считается, что человек отвечает за всё, что он делает. Но отвечают ли за своих детей родители, которые не научили их быть честными и порядочными? В качестве примера я хочу привести эпизод из фильма «Москва слезам не верит», он, по моему мнению, хорошо иллюстрирует эту проблему. Я имею в виду сцену, где героиня фильма встречается с матерью молодого человека, отцом её будущего ребёнка, который не хочет терять свободу и заводить семью.

Принято считать, что женщина-мать не может плохо поступить в отношении другой матери. Но в фильме мы сталкиваемся с иной ситуацией. На экране мы видим немолодую, интеллигентную и респектабельную женщину. Зритель ждёт от неё мудрости и милосердия. Однако она необоснованно обвиняет девушку в шантаже её сына ещё не родившимся ребёнком. Переходя на крик и некрасиво жестикулируя, женщина становится отталкивающей, неинтеллигентной и нереспектабельной. Всё, на что мать способна, — это предложить девушке деньги в обмен на то, что она оставит её сына в покое. Здесь режиссёр фильма хотел показать, что женщина воспитала сына таким же безответственным и бездушным, как и она сама, ведь недаром говорят: яблоко от яблони недалеко падает. Мать, несомненно, в ответе за сына, который так проявил себя в этой нелёгкой для всех ситуации.

Неправильно понятый родительский долг не является фактом только частной жизни, — это проблема общества в целом. Если мы хотим, чтобы молодое поколение было ответственным, надо чаще говорить о таких вещах. А что вы, уважаемые коллеги, думаете по этому поводу?

*ЗАДАНИЕ 7. Посмотрите фрагмент фильма «Ещё раз про любовь». А. Определите жизненные позиции героев. Б. Предположите, что повлияло на формирование их взглядов.

*ЗАДАНИЕ 8. Посмотрите фрагмент фильма «Ребро Адама». А. Скажите, как вы относитесь к проблеме, выраженной народной мудростью: «Нельзя строить своё счастье на несчастье других». Б. Дайте морально-этическую оценку позиции героини. В. Сделайте вывод.

*ЗАДАНИЕ 9[1]. Посмотрите фрагмент фильма «Как я провёл этим летом»[2]. Примите участие в обсуждении вопроса об ответственности человека за свои действия в профессиональной сфере. Опираясь на сюжет, выскажите собственное мнение, проиллюстрируйте его примерами из фильма. Дайте оценку и сделайте вывод[3].

---

[1] Данное задание подобно сертификационному. Время на подготовку — 5 минут, время выполнения — 6–7 минут.

[2] В названии фильма режиссёр намеренно сделал ошибку.

[3] Задание оценивается по таблице 9, помещённой в Приложении 2.

§ 6. Беседуем на свободную тему

Общение — самое большое богатство, которым обладают люди. Человеку легче понять другого человека, если тот находится в одном с ним информационном поле и имеет схожие ценности. При общении особенно важно умение говорить чётко, ясно, не уходя от обсуждаемой темы и не злоупотребляя вниманием собеседника. «Не следует завладевать разговором, как вотчиной, из которой имеешь право выжить другого, — говорил древнеримский оратор Цицерон. — Напротив, следует стараться, чтобы каждый имел свой черёд в разговоре».

Существуют разные типы беседы. Беседа может быть свободной, в ней роли участников заранее не расписаны, и формализованной, в которой разыгрывается определённый сценарий. Роли участников диалога могут быть как симметричными, так и несимметричными[1].

Если роли участников несимметричны, то один из них ведёт беседу, и при этом собеседники не меняются местами. В такой беседе используются преимущественно средства публицистического стиля речи. Как и монологи, такие диалоги состоят из трёх частей (которые также называются фазами): введение в тему, основная часть, завершение.

1. Введение в тему. В начале беседы предлагается определённая проблема и запрашивается мнение собеседника. При этом важно не потерять предмет обсуждения в продолжение всего диалога.

2. Основная часть. В этой части ведущий беседу просит собеседника пояснить свою позицию и обосновать её, сравнить различные факты и явления, привести примеры, сделать предположения. Спрашивающий строит свою речь так, чтобы она состояла из определённых запросов, содержащих необходимую речевую формулу. Его собеседник должен уметь слышать и понимать запросы и верно на них реагировать. Например, в запросе *Можете ли вы сравнить темпы роста рождаемости в странах Европы и странах третьего мира?* ожидается, что собеседник услышит формулу запроса сравнения и в своём ответе употребит соответствующие речевые клише, например: *Если сравнить...; Сравнивая, ...*

В любом случае каждая последующая реплика рождается на основе предыдущей. Диалог развивается в зависимости от того, как видят проблему его участники, поэтому обсуждение той же темы другими собеседниками будет иным.

3. Завершение. Заканчивая такую беседу, необходимо сделать обобщение (вывод). При этом новая информация не привлекается.

ОБРАТИТЕ ВНИМАНИЕ!

Предлагаемые в Таблице 1 запросы, кроме первого и последнего, даются в условном порядке и в конкретном диалоге могут иметь другую последовательность.

Данные в таблице речевые формулы в репликах живой речи могут отсутствовать.

Таблица 1

Примерный сценарий проведения беседы описанного типа

Запросы и речевые формулы, используемые спрашивающим	Речевые формулы, используемые отвечающим
Фаза 1	
Формулирование проблемы и запрос мнения: *Сегодня активно обсуждается проблема...; Одна из важнейших проблем...; Как вы относитесь к проблеме...?; Каково ваше мнение о...?*	Высказывание мнения: *Я считаю...; На мой взгляд...; По-моему мнению...; Я глубоко убеждён... .*

---

[1] На сертификационных испытаниях предусмотрена беседа, в которой роли участников несимметричны.

Фаза 2	
Запрос разъяснения мнения: *Что вы имеете в виду?; Разъясните, пожалуйста, ваше мнение.*	Разъяснение мнения: *Я имел(-а) в виду... .*
Запрос обоснования: *На чём основано ваше мнение?; Можете ли вы привести какие-либо аргументы в защиту вашей точки зрения?; Аргументируйте вашу позицию.*	Обоснование мнения: *Приведу в доказательство следующие факты: ...; Во-первых, ...; во-вторых, ...; в-третьих, ...; С одной стороны, ...; С другой стороны, ...; Аргументами могут служить... .*
Запрос информации: *Что вам известно об этом?; Владеете ли вы какой-либо информацией по этой проблеме?; Что вы читали или слышали об этом?*	Информация: *Из газетных и журнальных публикаций мне известно, что...; В материалах, опубликованных в Интернете, часто поднимают этот вопрос; В последнее время СМИ много внимания уделяют...; В целом ряде научных исследований...; Специально этим вопросом я не интересовался(-ась), но... .*
Запрос сравнения: *Вы можете сравнить...?; Сравните, пожалуйста, ...*	Сравнение: *Если сравнить... , то...; Если..., то...; В отличие от... .*
Запрос примера: *Не могли бы вы привести примеры...?; Приведите конкретный пример.*	Пример: *Известны случаи, когда...; Так, например, ...; Возьмём, к примеру, ...; Примером решения этой проблемы является... .*
Запрос предположения: *А если мы представим / допустим / предположим такую ситуацию: ...?; Как дальше будут развиваться события?*	Высказывание предположения: *Если представить / допустить / предположить, что... .*
Запрос оценочного суждения: *Как вы это можете оценить?; Дайте, пожалуйста, оценку... .*	Оценка: *Совершенно очевидно, что...; Имеет большое значение / играет важную роль / оказывает огромное влияние...; Это является актуальной / злободневной проблемой; Этот вопрос мало изучен.*
Запрос уточнения информации: *Не могли бы вы уточнить, что именно произошло / в каком году это произошло?; Уточните, пожалуйста, кто это сказал?*	Уточнение информации: *Это мнение было высказано...; Это произошло... .*
Фаза 3	
Запрос вывода: *Что бы вы могли сказать в заключение?; Итак, какой вывод можно сделать из всего сказанного?; Завершая нашу беседу, сделайте, пожалуйста, вывод.*	Вывод: *В заключение...; Подводя итоги, можно сказать, что... ; На основании сказанного можно сделать вывод, что... .*

ЗАДАНИЕ 1. Познакомьтесь с образцом беседы на тему «Официальные и неофициальные браки». Обратите внимание на выделенные речевые клише; используйте их при выполнении последующих заданий.

Формулирование проблемы и запрос мнения	Спрашивающий: — *Давайте поговорим с вами на тему* «Какой союз прочнее: официальный или гражданский?». Сторонники неофициального брака считают, что он необходим как этап в развитии отношений между мужчиной и женщиной. *Как вы относитесь к этой проблеме?*
Высказывание мнения	Отвечающий: — *По-моему*, гражданский брак — это хорошая возможность попробовать, сможет ли пара ужиться друг с другом.
Запрос разъяснения мнения	Спрашивающий: — *Что вы имеете в виду*, говоря «ужиться друг с другом»?
Разъяснение мнения	Отвечающий: — Если люди близко общаются каждый день, то у них возникают поводы для разногласий и ссор. А пробный брак показывает, могут ли мужчина и женщина жить вместе без конфликтов или хотя бы достойно выходить из них.
Запрос обоснования мнения	Спрашивающий: — *На чём основано* ваше *мнение*?
Обоснование мнения	Отвечающий: — *С одной стороны*, в неофициальных браках обычно не заводят детей. *С другой стороны*, люди могут больше времени уделять своим делам: учиться, посещать клубы, путешествовать. То есть в такой семье нет больших забот, а значит, и меньше поводов для конфликтов.
Запрос информации	Спрашивающий: — *Знаете ли вы*, хотя бы приблизительно, какой процент молодых семей проходит через пробный брак?
Информация	Отвечающий: — *Специально этим вопросом я не интересовался, но думаю*, что не меньше пятидесяти процентов. *Я знаю* многих людей, у которых был пробный брак.
Запрос сравнения	Спрашивающий: — *А вы можете сравнить*, какие семьи крепче и в каких меньше разводов: в семьях, где был пробный брак, или там, где супруги сразу зарегистрировали свои отношения?
Сравнение	Отвечающий: — *Если сравнивать* эти два вида брака, *то думаю*, что семьи, которые прошли через гражданский брак, более крепкие, ведь у них была возможность проверить друг друга. Следовательно, в таких семьях и разводов меньше.
Запрос примера	Спрашивающий: — *Не могли бы вы привести примеры* пробных браков, которые переросли в благополучные семьи?
Пример	Отвечающий: — Пожалуйста. *Вот свежий пример*: британский принц Уильям женился после восьми лет гражданского брака. Думаю, что эта пара будет счастлива. Или *возьмём* моих родителей. Они официально не регистрировали свои отношения, пока я не родился. Мама с папой уже вместе двадцать пять лет, и у нас очень дружная семья.
Запрос предположения	Спрашивающий: — *А если представить*, что мужчина не хочет детей и бросает свою подругу сразу после рождения ребёнка? *Какие проблемы в таком случае* придётся решать государству?

Высказывание предположения	Отвечающий: — *Если представить такую ситуацию*, то *можно сказать, что* женщине придётся очень трудно. И *в этом случае*, конечно, должна действовать социальная защита, ведь ребёнок — это член общества. Когда у мужчины отсутствует чувство ответственности, то материальную поддержку матери и ребёнка должно частично обеспечивать государство.
Запрос оценочного суждения	Спрашивающий: — *А как вы можете оценить* социальные законы, например, в Вашей стране? Действительно ли они защищают женщину в подобной ситуации?
Оценка	Отвечающий: — *Совершенно очевидно*, что *никакой* закон не может заменить полноценную семью. Но в нашей стране одинокой женщине с ребёнком предоставляются разные льготы.
Запрос уточнения информации	Спрашивающий: — *Не могли бы вы уточнить, какие именно?*
Уточнение информации	Отвечающий: — *У нас есть* социальная программа, по которой дети из неполных семей имеют возможность бесплатно посещать детские сады, ездить в санатории, раз в год получать деньги на одежду и школьные принадлежности.
Запрос вывода	Спрашивающий: — *Итак, какой вывод можно сделать* из всего сказанного? Пробный брак необходим? Или без него можно обойтись?
Вывод	Отвечающий: — *В заключение хочу сказать, что* пробные браки имеют право на существование. Потому что они помогают создавать более прочные семьи, а, *следовательно*, в таких семьях меньше разводов и дети растут счастливыми.

ЗАДАНИЕ 2. Познакомьтесь с высказываниями участников телепередачи «Апокриф». Назовите запросы, которым соответствуют ответы. Проверьте себя по ключам.

1. Нет темы более широкой, нет темы более вечной, нет темы более глубокой. Может быть, это самая главная тема двадцать первого века. И переживём ли мы двадцать первый век или не переживём — связано только с темой «Война и мир цивилизаций».

2. Я считаю, что национальный мир — это инструмент с особым тембром звучания в симфоническом оркестре человечества. Непохожесть — это наша общая ценность.

ЗАДАНИЕ 3. Прочитайте ответы, которые дал популярный писатель ведущему телепрограммы. Скажите, каким запросам они соответствуют. Проверьте себя по ключам.

1. **Корреспондент:** ... ?
   Писатель: Однажды я был в Доме литераторов, когда приехала делегация немецких издателей на встречу с российскими писателями. Писатели отдали издателям свои книги, и я отдал свою. Через три месяца у меня вышла книга в немецком издательстве. Затем было турне по Германии и контракты на новые книги.

2. **Корр.:** ... .
   Писатель: По моему мнению, литература — это вещь индивидуальная. Говорить о том, что литература что-то должна, я бы не стал. Она не должна ничего и никому. Если вы хотите в своих текстах воспитывать молодёжь, помогать государству бороться с наркоманией — ради бога, это замечательное дело. Но не потому, что вы должны это делать, а потому, что вы хотите это делать. Это важное различие. Литература всё-таки самостоятельна.

* * *

* При обсуждении тех или иных проблем люди не только высказывают собственное мнение, но и отстаивают его, выражают согласие или несогласие с мнением оппонента, опровергают чужую точку зрения, предлагают возможные пути решения проблемы. В такие диалоги нередко включаются элементы дискуссии (спора).

Во время обсуждения актуальных вопросов необходимо, с одной стороны, уметь признавать правоту собеседника, а с другой — отстаивать свою позицию, опираясь на проверенные факты и сведения. Делать это следует убеждённо, но не агрессивно.

Подобные диалоги развиваются в зависимости от того, как видят проблему её участники, какие аргументы они приводят. И поэтому такое обсуждение нельзя спрогнозировать[1].

ОБРАТИТЕ ВНИМАНИЕ!

При обозначении понятия «обсуждение» в русском языке кроме слов *дискуссия* и *спор* используются и другие слова: *дебаты, прения, полемика, диспут*. Они различаются оттенками значения и сферой употребления.

ОБРАТИТЕ ВНИМАНИЕ!

Предлагаемые в Таблице 2 запросы, кроме первых трёх и последнего, даются в условном порядке и в конкретном диалоге могут иметь другую последовательность.

Данные в таблице речевые формулы в репликах живой речи могут отсутствовать.

Таблица 2

Примерный сценарий проведения беседы описанного типа

Речевые формулы, используемые спрашивающим	Речевые формулы, используемые отвечающим на конкретный запрос
Фаза 1	
Формулировка темы и определение проблем, связанных с ней; запрос обоснования: *Давайте поговорим о...; Определим, какую проблему будем рассматривать; Почему вы выбрали именно эту проблему?*	Определение темы и оценка её актуальности: *Я хотел(-а) бы поговорить на тему..., так как...; Тема актуальна, потому что...; Меня давно интересует эта проблема.*
Фаза 2	
Изложение альтернативных мнений: *Существует мнение, что... . Однако есть и другое мнение; Одни учёные считают, что... . Другие полагают, что... .*	Присоединение к одному из мнений: *Я придерживаюсь мнения, что...; Я присоединяюсь к...; Я согласен с... .*
Отстаивание противоположного мнения: *Не могу согласиться с вами, всё-таки...; Не могу не возразить вам; У меня иная позиция.*	Выражение согласия или несогласия с мнением собеседника, аргументация собственного мнения: *Согласен / Согласна с вами; Я придерживаюсь такого же / другого мнения; У меня другая позиция; Так как... .*
Выражение сомнения в высказанном собеседником мнении: *Сомневаюсь, что...; Вряд ли...; Едва ли... .*	Отстаивание собственной точки зрения: *Но всё же я считаю, что...; Однако я уверен, что... .*

---

[1] В этой части параграфа представлены материалы, соответствующие требованиям ТРКИ-3.

Запрос сравнения: *Вы можете сравнить...?*	Сравнение: *Если сравнить...; Если..., то...; В отличие от... .*
Пример конкретной проблемы: *Я хочу привести в качестве примера следующую ситуацию; Расскажу вам о таком случае.*	Решение данной конкретной проблемы: *Может быть, это следовало бы...; Думаю, можно сделать так...; В этом конкретном случае можно было бы... .*
Высказывание собственного мнения: *По моему мнению, всё-таки...; Я думаю, что...; Моя позиция сводится к следующему... .*	Опровержение или признание высказанного собеседником мнения; обоснование своей позиции: *Я категорически не согласен с мнением, что...; Хочу возразить...; С этим можно согласиться; Готов(-а) с вами согласиться; Обоснованием моей позиции может служить... .*
Запрос примера из опыта собеседника: *Не могли ли бы вы привести пример...?; Можете ли вы привести в качестве примера ситуацию, когда...?*	Описание примера-ситуации: *Возьмём, к примеру, ...; Это подтверждает такой пример...; Могу привести в качестве примера случай... .*
Запрос разъяснения понятия: *Что вы под этим подразумеваете?; Не могли бы вы объяснить, как вы понимаете...?; Что вы называете...?*	Разъяснение понятия: *Под этим я понимаю...; Я называю... ; Под этим я подразумеваю... .*
Запрос рекомендации: *Что бы вы порекомендовали...?; Порекомендуйте, пожалуйста, ...*	Рекомендация: *Я могу порекомендовать...; Хочу посоветовать... ; Я не советовал(-а) бы... .*
Фаза 3	
Запрос вывода: *В конце нашей беседы что вы можете сказать по этому вопросу?; Что бы вы могли сказать в заключение?; Итак, какой вывод можно сделать из всего сказанного?*	Вывод: *В заключение...; Подводя итоги, можно сказать, что...; На основании сказанного можно сделать вывод, что... .*

*ЗАДАНИЕ 4. Познакомьтесь с образцом беседы на тему «Большой спорт». Обратите внимание на выделенные речевые клише, используйте их при выполнении последующих заданий.

Формулировка темы и определение проблем, связанных с ней; запрос обоснования	Спрашивающий: — *Давайте поговорим* о большом спорте *и решим, какую* связанную с ним *проблему будем рассматривать и почему*. Например, любительский и профессиональный спорт. Или чего нам ждать от химической спортивной революции. Или отношение общества к большому спорту.
Определение темы и оценка её актуальности	Отвечающий: — *Мне хотелось бы поговорить* об отношении к большому спорту, *так как это актуальная тема*. Ведь именно в большом спорте можно наблюдать проявления предельных возможностей человеческого организма. А мне, как физиологу, это интересно.
Изложение альтернативных мнений	Спрашивающий: — Всё это так, но к профессиональному спорту отношение разное. *Согласно одному мнению*, большой спорт даёт возможность сделать элитарные виды массовыми. *Однако существует и другое мнение*: в профессиональном спорте жизнь спортсмена часто обесценивается. *Что вы думаете об этом?*

Присоединение к одному из мнений	Отвечающий: — *Присоединяюсь к* первому *мнению, потому что* рекорды профессионалов являются стимулом для любителей. *Кроме того,* большой спорт активизирует занятия физкультурой. А *так как* сегодня многие страдают от гиподинамии, это очень важно.
Отстаивание противоположного мнения	Спрашивающий: — *У меня иная позиция. Ведь известно, что* больше половины спортсменов покидают спорт из-за серьёзных травм, многие становятся инвалидами.
Выражение согласия или несогласия с мнением собеседника; аргументация собственного мнения	Отвечающий: — *Да, я согласен с вами*: большой спорт травмоопасен. Но Париж стоит обедни. Многие спортсмены-профессионалы благодаря спорту смогли выйти из нищеты и изменить своё будущее. *К тому же* часть денег, заработанных клубами, идёт на создание новых спортивных технологий и организацию соревнований.
Выражение сомнения в высказанном собеседником мнении	Спрашивающий: — Но инновационные технологии не смогут защитить спортсменов от травм и профессиональных заболеваний и *вряд ли* продлят их жизнь.
Отстаивание собственной точки зрения	Отвечающий: — Да, новые технологии не могут помочь людям во всех ситуациях. *Однако я уверен, что* медицинские разработки в области спорта служат для развития общей медицины. *И ещё один аргумент*: новые тренажёры и тренировочные приспособления дают возможность научиться лучше управлять своим телом и избегать травм.
Запрос сравнения	Спрашивающий: — *А вы можете сравнить* техничность звёзд современного спорта, в подготовке которых используются новые технологии, и техничность больших спортсменов прошлого?
Сравнение	Отвечающий: — Да, конечно. Возьмём, к примеру, фигурное катание. *Если* сегодня у профессионалов в программах очень сложные элементы, в них много риска, *то* у спортсменов второй половины двадцатого века программы были не такие рискованные и сложные, хотя и зрелищные. У фигуристов прошлого был предел, выше которого они не могли подняться. Именно потому, что не было современных методов подготовки.
Пример конкретной проблемы	Спрашивающий: — Сложные элементы, конечно, поражают воображение, но к чему они могут привести! *Я хочу рассказать вам о таком случае.* В 1978 году молодая гимнастка выиграла абсолютное первенство мира, потому что показала очень сложную программу. А через два года стремление к совершенству привело её к тяжелейшей травме и инвалидному креслу.
Решение данной конкретной проблемы	Отвечающий: — Да, недавно об этом вспоминали в СМИ, писали, что эта спортсменка пострадала из-за неправильных действий тренера. *Чтобы не допустить такой ситуации*, чиновникам от спорта следует жёстче контролировать подбор тренеров и наблюдать за их деятельностью.
Высказывание собственного мнения	Спрашивающий: — *По моему мнению*, всё-таки там была вина не только тренера. Чтобы обеспечить спортсменам правильные условия для тренировок, необходимо тесное сотрудничество тренера, врача, психолога и спортивных функционеров, ведь спортсмены испытывают нагрузки, которые природа не предусмотрела.

Опровержение или признание высказанного собеседником мнения; обоснование своей позиции	Отвечающий: — *В этом вопросе готов с вами согласиться*. Со спортсменами должна работать целая команда специалистов, причём высококвалифицированных. Потому что в наше время без учёта индивидуальных особенностей спортсмена невозможно подготовить его к новым рекордам.
Запрос примера из опыта собеседника	Спрашивающий: — *Не могли бы вы* привести пример такого сотрудничества?
Описание примера-ситуации	*Да, конечно, могу.* Во время Олимпийских игр я работал в качестве стажёра в медицинской группе, которая обследовала национальную сборную нашей страны по хоккею. На утренних тренировках оценивалось функциональное состояние хоккеистов. В нашу группу, кроме физиологов, входили терапевт и психолог. Нам также помогали инженер-программист и спортивный менеджер.
Запрос разъяснения понятия	Спрашивающий: — *Что вы понимаете под* словами «оценивать функциональное состояние хоккеистов»?
Разъяснение понятия	Отвечающий: — Во время соревнований для того, чтобы спланировать последующую нагрузку, необходимо следить за физиологическим состоянием спортсмена. Например, измерять частоту сердечных сокращений, давление, температуру тела, проводить другие исследования. Это и есть оценка функционального состояния спортсмена.
Запрос рекомендации	Спрашивающий: — Я вижу, что вы достаточно осведомлены в этой области. *А что бы вы могли порекомендовать* молодым спортсменам, которые только начинают свой путь в большом спорте?
Рекомендация	Отвечающий: — *Я хочу посоветовать* следующее: тренироваться в три раза больше, чем тренировались раньше. *Стоит* также изучать и анализировать опыт мировых звёзд: чтобы достичь высоких результатов, спортсмен должен уметь думать.
Запрос вывода	Спрашивающий: — *Что бы вы могли сказать в заключение?*
Вывод	Отвечающий: — *В заключение можно сказать,* что без профессионального спорта в современной жизни не обойтись. Но те проблемы, которые существуют, нужно решать. И ещё хочу добавить: спорт даёт человеку положительные эмоции, болельщики получают новые впечатления. Спорт — это всегда праздник.

*ЗАДАНИЕ 5. Прочитайте ответы известной спортсменки, которые она дала корреспонденту. Скажите, каким запросам они соответствуют. Проверьте себя по ключам.

1. Любого человека, который добивался какого-либо результата в науке, бизнесе или политике, можно назвать целеустремлённым, трудолюбивым, амбициозным, то есть человеком с характером.

2. В заключение должна сказать, что переживать неудачи, выкарабкиваться из сложных ситуаций мы учимся всё время. Когда ты хочешь подняться на одну ступеньку, надо приложить усилия. Однако можно споткнуться, упасть — и даже больно. Но ты всё равно идёшь вверх, если у тебя действительно есть цель.

*ЗАДАНИЕ 6. Прочитайте тексты, в которых содержатся разные мнения об абстрактном искусстве. Присоединитесь к одному из мнений, аргументируйте свою позицию.

1. На рубеже XX века в искусстве возникло новое направление, которое называется модернизм. Модернизм — это протест человека искусства против абсурда цивилизации. Когда дисгар-

мония мира достигает своего предела, у художника возникает неосознанное желание отказаться от реальности. Он в своём творчестве уже не обращается к действительности, а смело разрушает её человеческий аспект. Художник полагает: раз человек таков, каков он есть, его нужно убрать из искусства.

2. Современное абстрактное искусство плохо не потому, что оно пользуется линиями и пятнами, лишёнными изобразительного значения, а потому, что его условные знаки рассчитаны на отрицание общих закономерностей мира и существования человека. Наш мир, при всей его сложности, не простая бессмыслица, в нём есть много родственного человеческому сознанию. Поэтому художникам-модернистам не стоит отказываться от гуманистической составляющей окружающей их действительности.

*ЗАДАНИЕ 7. Прочитайте изложение разных точек зрения по проблеме строительства крупного бизнес-центра в историческом центре города. Присоединитесь к одному из мнений, аргументируйте свою позицию.

Михаил Пиотровский, директор Государственного Эрмитажа: Небоскрёб не вписывается в исторический облик города и будет смотреться вызывающе. Считаю необходимым создание офисного района, который, по парижскому примеру, следует вынести за пределы исторического центра. Подобный шаг позволит в будущем избежать конфликтов.

Сергей Фёдоров, предприниматель: Если помните, Эйфелеву башню в Париже тоже хотели разобрать, потому что она «поганила» — я цитирую — вид прекрасного города. А обзорное колесо в Лондоне? Нас и наших детей уже не будет, а колесо будет, хотя многие были против его появления.

Елена Луконина, архитектор: Я опасаюсь высказываться в поддержку высотного строительства. Потом небоскрёбов понастроят во всех исторических районах. Получается, если можно нарушить в одном месте, то можно нарушать и везде. Вот в чём опасность. На самом деле, нас очень волнует проблема разрушения исторического города.

*ЗАДАНИЕ 8. Прочитайте изложение противоположных точек зрения на разные проблемы. А. Определите, какая точка зрения вам ближе. Б. Выразите несогласие с альтернативным мнением, опровергните его; дайте пример возможного решения проблемы. Используйте речевые клише, приведённые в Таблице 2 на странице 56.

1. Существует мнение, что богатством и предметами роскоши нельзя гордиться и хвастаться, потому что это оскорбляет окружающих. В цивилизованных странах роскоши вообще не должно быть. Но кто-то считает, что деньги и роскошь не мешают воспитанному и образованному человеку вести себя в обществе достойно. Важно не то, чем владеют люди, а как они к этому относятся. Что вы можете сказать об этой проблеме?

2. Существует мнение, что бедность подрывает здоровье. Малообеспеченным людям приходится много работать, у них нет средств на дорогие и качественные продукты, они не могут рассчитывать на помощь высококлассных врачей. Всё это ведёт к быстрому увяданию. Однако распространено и другое мнение: здоровье нельзя купить, поэтому богатые тоже болеют. И у них есть свои специфические болезни. Это так называемый стресс безделья, переедание, гиподинамия, неконтролируемая страсть к потреблению. Кроме того, существуют наследственные заболевания, которые не лечатся даже в самых элитных клиниках. Так что не только бедность, но и богатство приводит к болезням. Что вы думаете по этому поводу?

3. Существует мнение, что качественное образование можно получить только в частных учебных заведениях, так как такое образование более динамично, а его уровень выше государственного. Однако противники элитных учебных заведений считают, что государственное образование имеет большое преимущество — оно доступно всем слоям общества. Кроме того, в государственных школах и вузах, имеющих свои традиции и хорошую материальную базу, даётся образование, уровень которого будет не ниже, а в некоторых случаях и выше, чем в частных учебных заведениях. Что вы можете сказать об этой проблеме?

Глава 2
СЛУШАЕМ И ОТВЕЧАЕМ

§ 1. Человек в зеркале природы[1]

ЗАДАНИЕ 1. Прочитайте текст. А. Запишите опорные слова и словосочетания, которые отражают его содержание. Б. Скажите, как вы относитесь к тому, что современная наука вмешивается в человеческую природу. В ответе используйте свои записи.

ДНК — СПИРАЛЬ ЖИЗНИ

Первым, кто сформулировал законы наследственности и высказал предположение о существовании генов, был монах Иоганн Грегор Мендель. Биология была его увлечением. Шесть лет подряд Мендель вскрывал стручки гороха, осматривал и сортировал их, а затем описывал. Так он исследовал почти десять тысяч горошин. В 1866 году вышла его статья «Опыты над растительными гибридами», но интереса в научных кругах она не вызвала. Дальнейшие исследования Мендель не продолжил — его избрали настоятелем монастыря, и на развлечение, то есть на биологию, уже не оставалось времени.

Прошло почти сто лет, и в середине прошлого века учёные-генетики подошли к самой сокровенной тайне природы: они определили структуру молекулы дезоксирибонуклеиновой кислоты (ДНК). Когда в ядре клетки исследователи обнаружили двойную спираль ДНК, то поняли, что это и есть основа основ жизни. Вся информация о строении, развитии и индивидуальных признаках человека содержится в этой спирали. Её отдельные участки соответствуют различным генам, которые отвечают в организме за наличие конкретных признаков, например за цвет кожи, волос и глаз. Вся генная информация, то есть совокупность всех генов, составляет геном человека. В 2006 году генетики Великобритании, Франции, Германии, Италии, России представили мировой общественности полную генетическую карту человека. Для этого они объединили свои усилия в международном научном проекте «Геном человека», целью которого явилось всестороннее описание информации ДНК.

Открытия, сделанные учёными, привели к положительным практическим результатам. Например, сегодня врачи уже умеют определять генетические дефекты человека и назначать профилактическое лечение, не дожидаясь возникновения заболеваний. Очень скоро должны появиться лекарства от диабета, болезней сердца и, возможно, даже от рака, разработанные на основе геномной информации. Более далёкие перспективы — замена лекарств продуктами генов, которые вырабатываются организмом, и продление человеческой жизни.

Однако результаты генетических исследований используются и по-другому: теперь любой поступок, даже аморальный, могут оправдать наличием того или иного гена, например, «гена преступности». А если «неправильные» гены попытаться убрать? Избавится ли тогда человек от болезней, станет ли честным и добрым? В обществе не поощряются подобные эксперименты, так как их результаты не очевидны, тем более что эти эксперименты приводят к юридическим, этическим и религиозным разногласиям.

ЗАДАНИЕ 2. Прочитайте утверждения. Согласитесь с ними или опровергните их; используйте речевые клише согласия / несогласия / частичного несогласия: *Да, это так; С этим можно согласиться; Не могу не возразить; У меня иная позиция; Всё это так, но...; Да, но при условии, что... .*

1. Иоганн Мендель не закончил свою научную работу, так как у него появились новые обязанности в монастыре.

---

[1] Фраза принадлежит русскому писателю Михаилу Михайловичу Пришвину (1873–1954).

2. В учебниках можно прочитать, что в середине прошлого века природа открыла людям многие свои тайны.

3. Учёные полагают, что цвет кожи, волос и глаз человека нельзя определить по соответствующим генам.

4. В прессе отмечается, что исследования генетиков станут основой для появления лекарств от неизлечимых болезней.

5. Как известно, общество осуждает научные эксперименты, которые не находят поддержки у церкви.

ЗАДАНИЕ 3. Прослушайте тексты. В процессе слушания впишите подходящие по смыслу слова. Проверьте себя по ключам.

1

В России есть много мест, которые стоит посетить тем, кто любит ... . Немало замечательных уголков природы имеется и на юге страны: в Южном федеральном и Северо-Кавказском округах, которые называют ... туристическими регионами страны. Например, незабываемой будет экскурсия по долине реки Баксан, где растут реликтовые сосновые леса, и по Чегемскому ущелью, где шумят величественные водопады. Никого не оставит ... поездка в Тебердинский заповедник с его скалистыми горами, зелёными долинами и живописными озёрами. В этом заповеднике ... найдена тысяча триста видов растений, двадцать пять из которых занесены в Красную книгу. Можно также отправиться на знаменитую Домбайскую ..., расположенную у подножья Главного Кавказского хребта. Здесь построены многоэтажные гостиницы, мотели и кемпинги, где встречаются ..., приехавшие из разных стран мира.

2

Любители ... туризма могут поохотиться в Ростовской области, заняться конным спортом в Калмыкии, альпинизмом и горными лыжами в Приэльбрусье, изучением ... в Адыгее. Тем, кто предпочитает проводить свой отпуск спокойно, любит загорать на пляже и купаться в море, можно поехать на Черноморское ... Кавказа — главное место отдыха на юге нашей страны. Здесь расположены благоустроенные города с многочисленными домами отдыха, гостиницами, пансионатами и ... комплексами.

3

Если вы хотите поправить своё ..., попить минеральную воду и подышать горным воздухом, то вам следует посетить ... Северного Кавказа — Пятигорск, Железноводск, Кисловодск. Эти небольшие уютные города можно ... с Карловыми Варами или Баден-Баденом, известными европейскими местами лечения и отдыха. В этих краях можно не только пройти ... ..., но и побывать на интересных экскурсиях. Исторически территория Северного Кавказа связана с именем Михаила Юрьевича Лермонтова — одного из лучших русских поэтов ... . Здесь он жил, служил в армии, здесь же и погиб. Экскурсии по лермонтовским местам пользуются у ... неизменным спросом.

ЗАДАНИЕ 4. Прочитайте текст. А. Подберите к выделенным словам синонимы и антонимы. Проверьте себя по ключам. Б. Расскажите, какое животное является национальным символом вашей страны, если возможно, используйте подобранные оценочные слова.

Бурый[1] медведь — зверь чрезвычайно интересный. Это самый «национальный» изо всех русских зверей. Цвет его шерсти обычно тёмно-бурый, у некоторых на груди белая манишка. Именно таким его изображают в русских народных сказках. Бурый медведь отличается от других медведей *разнообразной* окраской. Он не просто *огромный*, но ещё и очень *сильный*. Он только кажется *неповоротливым* из-за *длинной* и *густой* шерсти; на самом деле этот увалень весьма ловок. Животное быстро бегает, прекрасно плавает, хорошо лазает по деревьям и по горам.

ЗАДАНИЕ 5. Скажите, как вы понимаете данные ниже выражения. В ответах используйте оценочные слова и словосочетания.

Человек гордится своими предками, а обезьяна — своими потомками;

Не бойся собаку, бойся её хозяина;

Кактус — это разочаровавшийся в жизни огурец.

ЗАДАНИЕ 6. Прослушайте тексты и уточните, что вы не поняли, используйте речевые клише: *Повторите, пожалуйста...; Уточните, пожалуйста, как...; Не могли бы вы сказать, что такое...?*

ЗАДАНИЕ 7. Прочитайте тексты. Замените выделенные слова синонимичными неоднокоренными словами и словосочетаниями. Проверьте себя по ключам.

Исследователи из разных стран, изучающие жизнь братьев наших меньших, пришли к следующим выводам:

1. Помимо *хорошей* памяти и пяти чувств у слонов есть ещё и шестое чувство, которое состоит в способности беззвучно и на большом расстоянии обмениваться информацией с *другими* членами стада. Самки слонов *очень заботливо* относятся к своим самцам и детям.

2. У шимпанзе *большой* головной мозг, помогающий этим животным выстраивать отношения внутри своего сообщества и *контролировать* окружение. Молодые особи почтительно относятся к *пожилым* самцам и самкам. Это говорит о том, что у шимпанзе есть такие представления, как *подчинение* младшего старшему и социальная адаптация.

3. Из всех млекопитающих дельфины *одни* могут различать геометрические фигуры. Эти животные добрые и *великодушные*, они никогда не *бросят* своего сородича, попавшего в беду. У каждого дельфина есть имя, которое даётся ему при рождении и на которое он *откликается*, когда к нему обращаются другие члены стаи.

4. Вороны являются самыми *умными* представителями фауны: их можно научить считать и производить *простые* арифметические действия; наиболее талантливые особи осваивают человеческую речь. Свои *умственные способности* птицы особенно ярко проявляют, когда дело касается *пропитания*: чтобы извлечь насекомых из коры деревьев, вороны используют ветки и листья в качестве *примитивных* орудий.

---

[1] Бурый — коричневый.

ЗАДАНИЕ 8. Представьте себе, что ваш коллега-тележурналист недавно вернулся из командировки и делится впечатлениями. Поддержите диалог. Выразите заданные намерения, используйте речевые клише, данные в скобках. Произнесите реплики с нужной интонацией.

ОБРАТИТЕ ВНИМАНИЕ!

При выполнении задания необходимо не только выразить намерение, но и объяснить, почему в данной ситуации вы испытываете определённые чувства. Например: *Я так рад за тебя. Сделать такое удастся не каждому.*

Вы: О! Сколько лет, сколько зим! Где ты пропадал так долго?

Коллега: Привет! Я вчера вернулся из командировки. Был в Бразилии, Японии, Англии. Узнал столько всего интересного.

Вы: выразите радость (*Я очень рад(-а), что...; Такая удача, что...*).

Коллега: В джунглях Амазонки наша экспедиция нашла деревню. Представляешь, в ней до сих пор люди живут в каменном веке. Только сделать репортаж не удалось: аборигены направили на нас свои стрелы, и вертолёт не смог сесть.

Вы: выразите сочувствие (*Сочувствую тебе...; Я тебя хорошо понимаю...*).

Коллега: Потом отправился в Японию, в университет Китакюсю. Здесь учёные создали робота-леща, он очень похож на настоящую рыбу. Биологи будут использовать этого робота в исследованиях под водой.

Вы: выразите сомнение (*Вряд ли...*).

Коллега: Из Японии полетел в Англию, на пресс-конференцию известного учёного Оливера Карри. Представляешь, он высказал гипотезу, что через десять тысяч лет человечество может разделиться на два вида: интеллектуальную красивую элиту и тупых уродливых низших существ. Прямо как в «Машине времени» Герберта Уэллса[1]!

Вы: выразите возмущение (*Как можно...; Что это за...?*).

ЗАДАНИЕ 9. Прослушайте тексты. А. Запишите опорные слова, которые отражают их содержание. Б. Опираясь на прослушанную информацию, расскажите о точках соприкосновения людей и животных. При составлении монолога используйте свои записи.

ЗАДАНИЕ 10. Прочитайте тексты и выполните задания к каждому из них.

ТЕКСТ 1

Выскажите своё мнение о способах борьбы с глобальным потеплением; обоснуйте его.

Лауреат Нобелевской премии физик Стивен Чу предлагает покрасить в белый цвет крыши, дороги и тротуары больших городов в разных странах мира. По мнению учёного, эта мера поможет в борьбе с глобальным потеплением, поскольку солнечные лучи, отражаясь от светлых поверхностей, не нагревают их. После осветления строений и дорог выбросы тепла должны уменьшиться в таком объёме, как если бы всё население Земли отказалось от использования автомобильного транспорта на одиннадцать лет.

ТЕКСТ 2

Дайте оценку действиям людей, которые засоряют окружающую среду.

Главным врагом экологии признаны полиэтиленовые пакеты. Ежегодно на нашей планете производится около шестидесяти миллионов тонн полиэтилена, вместе с его производством растут и горы отходов. Статистики подсчитали, что в развитых странах на одного взрослого человека прихо-

---

[1] Уэллс Герберт Джордж (1866–1946) — английский писатель, классик научно-фантастической литературы.

дится более четырёхсот полиэтиленовых пакетов в год. Причём эта упаковка используется двадцать минут, а затем её выбрасывают. Такие отходы засоряют водоёмы, убивают китов и птиц, тюленей и черепах, принимающих их за добычу. Экологи обеспокоены тем, что для полного распада этому материалу необходима тысяча лет. В последние годы в разных странах мира требуют заменить полиэтиленовые пакеты на что-нибудь другое. Однако сторонники этого химического материала утверждают, что целые горы и острова полиэтилена свидетельствуют не столько о его вреде, сколько о низкой культуре людей.

ТЕКСТ 3

Обоснуйте необходимость существования науки фитопсихологии, сделайте вывод.

Современная наука фитопсихология занимается изучением симпатий и антипатий растений. Так, согласно наблюдениям учёных, у каждой огородной культуры наблюдается своя психологическая реакция. Например, морковь и огурцы растут лучше, если за ними ухаживают немолодые спокойные женщины. Под воздействием шума эти овощи вырастают уродливыми и лишёнными вкуса. Кабачки и тыквы «любят» полных людей обоего пола и любого возраста. Петрушка, укроп и другие травы «предпочитают» мужчин. Лук и чеснок «обожают» девушек, особенно если они не пользуются косметикой. Капуста, как никакой другой овощ, любит общение, больше всего ей нравится, когда за ней ухаживают дети. Если юное поколение на вашем огороде отсутствует, то фитопсихологи советуют рассказывать капусте интересные истории, детские стихи или сказки. Помидоры очень музыкальны: ежедневные концерты, состоящие из музыки Моцарта, Чайковского или из произведений классической оперетты, увеличивают их урожайность в два раза.

ЗАДАНИЕ 11. Прослушайте текст «Кормилица донских степей». Выберите правильный вариант ответа и отметьте его в матрице. Проверьте себя по ключам.

1. В Древней Руси Азовское море именовалось Сурожским … .
   (А) в память о суровых амазонках
   (Б) по названию города Сурожа
   (В) из-за своеобразной красоты

2. Азовское море расположено … России и юго-востоке Украины.
   (А) на юго-западе
   (Б) на юго-востоке
   (В) на северо-западе

3. Вода залива Сиваш считается целебной, так как в ней присутствуют … .
   (А) воды двадцати двух крупных и мелких рек
   (Б) богатый растительный и животный мир
   (В) элементы, содержащиеся в плазме крови

4. Азовское море благодаря своим особенностям … .
   (А) представляет собой уникальный природный водоём
   (Б) является самым известным морем в России
   (В) является скорее озером, чем морем

5. Азовское море является самым … .
   (А) древним и самым пресноводным
   (Б) мелким и отдалённым от океана
   (В) синим и самым маленьким

1.	А	Б	В
2.	А	Б	В
3.	А	Б	В
4.	А	Б	В
5.	А	Б	В

ЗАДАНИЕ 12. Прослушайте тексты в двух темпах. **А.** При первичном прослушивании определите тему каждого текста. **Б.** После повторного прослушивания в «новостном» темпе уточните то, что вы не поняли (используйте речевые клише: *Извините, я не понял(-а)…; Скажите, пожалуйста, …; Не могли бы вы уточнить, что значит…?*). Выскажите своё мнение по вопросам, затронутым в текстах.

ЗАДАНИЕ 13¹. Прослушайте новости. Выберите правильный вариант ответа и отметьте его в матрице. Проверьте себя по ключам.

1. Согласно …, человеческая популяция зародилась в Африке.
   (А) общественному мнению
   (Б) новым научным данным
   (В) теории известного учёного

2. Учёные считают, что в этой части земного шара найдены … .
   (А) самые древние среди мировых находок останки человека
   (Б) самые древние среди мировых находок каменные орудия
   (В) самые древние в мире останки человека и каменные орудия

3. Учёные из разных стран осуществляют проект по созданию … .
   (А) генетической карты мира
   (Б) исторической карты мира
   (В) физической карты мира

4. Исследования показывают, что жизнь всего человечества зависит от … .
   (А) успехов современной агрономии
   (Б) милостей матушки-природы
   (В) достижений науки и даров дикой природы

5. Жизнь большей части населения находится под угрозой, так как … .
   (А) быстрыми темпами развивается мировая экономика
   (Б) на земном шаре сокращается животный и растительный мир
   (В) на земном шаре слишком высок уровень потребления

6. Вернуть планете всё то, что у неё отняли люди, можно путём … .
   (А) сокращения хозяйственной деятельности людей
   (Б) уменьшения уровня потребления населения Земли
   (В) сохранения природы и развития биотехнологий

1.	А	Б	В
2.	А	Б	В
3.	А	Б	В
4.	А	Б	В
5.	А	Б	В
6.	А	Б	В

ЗАДАНИЕ 14. Прослушайте текст рекламы. Прочитайте данные ниже высказывания. Какие из них соответствуют содержанию прослушанного рекламного текста, а какие нет? Ответ отметьте в матрице и проверьте себя по ключам.

1. Учебный центр производит набор на курсы ботаники и химии.
2. Количество мест ограниченно.
3. Срок обучения — полгода.
4. Ботанику и химию ведут университетские преподаватели.
5. Практические занятия проводятся в море.
6. Стоимость обучения на курсах — три тысячи рублей в месяц.

1.	да	нет
2.	да	нет
3.	да	нет
4.	да	нет
5.	да	нет
6.	да	нет

¹ Данное задание подобно сертификационному. Аудиотекст предъявляется один раз, время выполнения задания — 6 минут.

ЗАДАНИЕ 15[1]. Прослушайте рекламную информацию, выберите правильный вариант ответа и отметьте его в матрице. Проверьте себя по ключам.

1. Русское географическое общество объявляет конкурс для … .

   (А) опытных преподавателей

   (Б) молодых учёных

   (В) аспирантов и докторантов

2. В конкурсе могут участвовать люди моложе … лет.

   (А) тридцати пяти

   (Б) двадцати двух

   (В) двадцати пяти

3. Заявки принимаются … .

   (А) с первого по десятое мая

   (Б) приблизительно три недели

   (В) в течение трёх месяцев

4. Конкурсные исследования по прогнозированию изменения климата … .

   (А) предпочтительны

   (Б) вызывают интерес

   (В) крайне необходимы

5. Победитель конкурса получит возможность стажироваться … .

   (А) в российском университете

   (Б) в британском университете

   (В) в Российской Академии наук

1.	А	Б	В
2.	А	Б	В
3.	А	Б	В
4.	А	Б	В
5.	А	Б	В

§ 2. Брак и семья: вчера, сегодня, завтра

ЗАДАНИЕ 1. Прочитайте текст. А. Запишите опорные слова и словосочетания, которые отражают его содержание. Б. Скажите, как на вашей родине относятся к браку. В ответе используйте свои записи.

ИЗ ИСТОРИИ БРАКА

Историки утверждают, что институт брака появился более четырёх тысяч лет назад. Во времена первобытно-общинного строя семьи состояли из нескольких десятков человек — из небольшого количества мужчин и гораздо большего числа общих женщин и детей. Однако с развитием общества люди стали нуждаться в более стабильных семейных отношениях. Первая документально подтверждённая брачная церемония, которая соединила одного мужчину и одну женщину, состоялась в Месопотамии[2] примерно в 2450 году до н. э.

Тысячелетиями в основе брака лежала не любовь, а политическое, экономическое и половое превосходство одних людей над другими, поэтому так важен был правильный выбор семьи, из которой происходили супруг или супруга. На протяжении многих веков существовала традиция, со-

---

[1] Данное задание подобно сертификационному. Аудиотекст предъявляется один раз, время выполнения задания — 6 минут.

[2] Месопотамия — территория на Ближнем Востоке между реками Тигр и Евфрат, одна из колыбелей евразийской цивилизации.

гласно которой родители сами устраивали судьбы своих детей, и нередко они расторгали браки, заключённые без их согласия. Конечно, и тогда молодым людям удавалось жениться по любви, но это было скорее счастливым исключением из общего правила.

Начиная с эпохи античности и до конца XVIII века с помощью брака высшие классы добивались политического могущества, формировали военные союзы, закрепляли мирные соглашения и объединяли состояния. Представители среднего класса стремились породниться с семьёй, которая могла дать за невестой богатое приданое. Низшие классы — крестьяне, ремесленники и торговцы — в результате заключения брака «приобретали» в семью новых работников и налаживали связи с нужными людьми.

Всё начало меняться в эпоху Просвещения, когда под сомнение было поставлено право родителей диктовать условия молодым. В этот период семья стала создаваться на основе новых принципов: любви, заботы супругов друг о друге и о детях. Однако до 70-х годов XX века главой и хозяином в семье считался муж, а жене отводилась второстепенная и подчинённая роль. Но с изменением социальных условий мужчины уже не всегда оставались лидерами в семье. Женщины, напротив, обрели экономическую независимость, их незаконнорождённые дети были уравнены в правах с детьми из полных семей. Так сложилась ситуация, в которой социальная значимость брака уменьшилась.

Сегодня в условиях равенства полов и свободы выбора для успешного брака требуются новые качества. По данным социологических опросов, мужчины стали придавать интеллекту и образованию своих подруг больше значения, чем умению готовить и вести домашнее хозяйство. Девушки также предпочитают выбирать молодых людей с высоким уровнем образования. Однако следует заметить, что нынешние мужчины менее зрелые, чем в предыдущих поколениях. Современные женщины, наоборот, более амбициозные, так как более образованны, чем сто лет назад. Это помогает им достичь хороших успехов в профессиональной сфере: они получают высокую зарплату, зачастую большую, чем их мужья, и нередко содержат всю семью.

ЗАДАНИЕ 2. Прочитайте высказывания. Согласитесь с ними или опровергните их; используйте речевые клише согласия / несогласия / частичного несогласия: *Согласен с вами; Несомненно; Не могу согласиться с...; У меня другое мнение; В общем это правильно, но...; Готов с вами согласиться, но... .*

1. Я где-то читал, что уже в первобытном обществе люди нуждались в моногамных семьях.

2. Считается, что женитьба по любви — это исключительно современная традиция.

3. Уверен, что во все времена родители использовали и используют брак своих детей для достижения собственных целей.

4. Мне кажется, что в XVIII веке бесприданницы были неплохой партией для женихов из среднего класса.

5. В лекции говорилось о том, что социальные трансформации не приводят к изменению роли мужчины в семье.

ЗАДАНИЕ 3. Прослушайте тексты. В процессе слушания впишите подходящие по смыслу слова. Проверьте себя по ключам.

1

Люди всегда знали, что любовь — это ... чувство. В древнеиндийском трактате «Ветка персика» о любви говорится так: «Влечение человека имеет три источника: влечение душ порождает ..., влечение ума порождает уважение, влечение тела порождает желание. Соединение трёх влечений порождает ...».

2

Российские психологи установили: молодые люди, которым родители помогают ... ..., взрослеют быстрее; те же, кто с ранних лет старался стать независимым, приспосабливаются к жизни гораздо медленнее. Это противоречит ... мнению, что детей нужно как можно раньше начинать приучать к самостоятельности. По мнению психологов, родители должны помогать взрослым детям ..., даже если они покидают родной дом. Тем, кто вступает во взрослую жизнь без поддержки семьи, приходится очень трудно, поскольку они склонны ... свои возможности, а это приводит к стрессам.

3

В разных странах ... по-разному. В Англии развод не разрешён, если его требуют сразу оба супруга. В Иране существует два вида разводов: ... развод и развод, который можно отменить, если в течение года супруги ... . В Японии поводом для развода может послужить жалоба мужа, что его жена некрасиво спит. Абориген Австралии становится ..., если скажет своей жене одно слово: «Уходи!» Женщина же, чтобы получить развод, должна иметь веские ..., что муж изменяет ей. У жителей Мадагаскара существуют временные разводы: по их понятиям, это ... более сложные семейные конфликты.

ЗАДАНИЕ 4. Прочитайте тексты. А. Подберите антонимы к выделенным оценочным словам. Проверьте себя по ключам. Б. Не согласитесь с высказываниями; в ответных репликах используйте подобранные антонимы и речевые клише несогласия / частичного несогласия: *Напротив, ...; Не согласен с вами; Это так, но... .*

1

Умные женщины всегда делают вид, что они овцы вокруг пастуха, а на самом деле они *главные*, потому что руководят именно они. Вообще, мужчины, которые уважают других, — *уступчивые*. А те, кто считает себя центром вселенной, — *недальновидные* люди.

2

Ссора в семье — это палка о двух концах. С одной стороны, происходит выплеск отрицательных эмоций, с другой — можно так и не вернуться к нормальным отношениям. Если ругаться, то как в театре, играя, и, самое главное, не быть при этом очень *серьёзным*. Ссора — это искусство и *сложная* дипломатия.

3

В семье роль зависимого человека, как для мужчины, так и для женщины, является *оскорбительной*: в закоулках памяти всегда накапливается раздражение. Золотая середина — это когда нет ни лидера, ни ведомого. На работе должны быть *похожие* отношения. Лидерство — не самая *необходимая* черта характера руководителя. Главное — взаимопонимание.

ОБРАТИТЕ ВНИМАНИЕ!

В русском языке существует два слова-омонима:

1. Брак — недоброкачественное изделие; слово заимствовано из немецкого языка и означает «недостаток».

2. Брак — супружество; слово пришло из старославянского языка, образовано от глагола *брать* (см. выражение *брать замуж*).

ЗАДАНИЕ 5. Скажите, как вы понимаете выражение «Хорошее дело браком не назовут». В ответе используйте оценочные слова и словосочетания.

ЗАДАНИЕ 6. Прочитайте текст о русском художнике П.А. Федотове и о его картине «Сватовство майора». Проследите, как описаны внешний вид героев картины, их настроение.

Павел Андреевич Федотов (1815–1852) — художник, мастер бытового жанра. Впервые в русской живописи он откровенно изобразил жизнь обедневших дворян, чиновников, купцов. Картина «Сватовство майора» — его лучшее произведение; за него Павел Федотов получил звание академика живописи. Сегодня это полотно выставлено в Третьяковской галерее в Москве.

Персонажи картины разбиты на группы, каждая из которых развивает свою сюжетную линию. В центре картины двое — убегающая невеста, молодая и кокетливая купеческая дочка, одетая в дорогое европейское платье, и её мать, внешне типичная купчиха, пытающаяся остановить девушку. За ними стоят кухарка и горничная, которые иронично наблюдают за происходящим и оценивают его. Не менее колоритны отец невесты, богатый купец, и сваха, которая сообщает о прибытии жениха. Фигура последнего обособлена, но тем не менее он является ключевым персонажем полотна. Это немолодой майор-дворянин, который промотал своё состояние[1] и теперь хочет поправить материальное положение, женившись на богатой невесте. Равнодушным ко всему происходящему остаётся только котёнок — он беззаботно умывается на паркете гостиной.

ЗАДАНИЕ 7. Рассмотрите картину «Сватовство майора». А. Из приведённых слов выберите подходящие для характеристики прислуги: *любящие, недоброжелательные, насмешливые, серьёзные, завистливые, сочувствующие.* **Из следующих пословиц и поговорок подберите подходящие для характеристики жениха:** *Назвался груздем — полезай в кузов; С лица воду не пить; Не в деньгах счастье; Эх, где наша не пропадала?* **Б. Расскажите, в какую эпоху происходит действие, опишите интерьер дома и внешний вид героев. Что они делают? Как вы думаете, какой ответ получит жених? Обоснуйте ваше мнение.**

---

[1] Промотать состояние (разг.) — растратить все свои деньги, потерять имущество.

ЗАДАНИЕ 8. Прослушайте каждый текст дважды. А. При первичном прослушивании определите темы текстов. Б. После повторного прослушивания выскажите свою точку зрения, приведите аргументы, подтверждающие ваше мнение. Используйте речевые клише: *По моему мнению, …; Я думаю / считаю, что…; Подтверждением этому может служить… .*

ЗАДАНИЕ 9. Прочитайте текст. А. Замените выделенные слова синонимичными неоднокоренными словами или словосочетаниями. Проверьте себя по ключам. Б. Что, по вашему мнению, является наиболее важной составляющей счастливого брака: совпадение характеров, жизненных принципов или духовных потребностей? В. В ответе используйте подобранные синонимы и речевые клише: *Я думаю, что…; По-моему, …; По моему мнению, … .*

УРОВНИ СЕМЕЙНОГО СЧАСТЬЯ

Семьи можно считать счастливыми, если они достигли *гармонии* в отношениях на всех семейных уровнях. Таких уровней всего четыре. Первый — это интимные отношения, поскольку сексуальная гармония является *важным* фактором семейного благополучия.

Ко второму уровню *относятся* привычки и характеры супругов. Казалось бы, такая мелочь: где оставлять тапочки или когда идти спать. Однако эти *незначительные* детали могут иметь огромное значение в отношениях. Бывают *нелепые* разводы, которые начались со спора, надо ли включать телевизор.

Третий уровень — ролевое поведение. Представление о своей роли в семье у каждого человека формируется *постепенно*, под влиянием внешних и внутренних условий, поэтому несовпадение взаимных ожиданий мужа и жены — *частая* причина конфликтов.

К четвёртому уровню относится область духовных отношений. В супруге нужно видеть не собственное отражение, а *единомышленника*, имеющего свою позицию. *Различные* точки зрения в таком случае обеспечивают их интерес друг к другу. При этом *длительные* супружеские отношения приводят к сближению взглядов и убеждений.

ЗАДАНИЕ 10. Прослушайте тексты. А. Запишите опорные слова, которые отражают их содержание. Б. Опираясь на прослушанную информацию, расскажите о брачных контрактах и однополых браках. При составлении монолога используйте свои записи.

ЗАДАНИЕ 11. Прочитайте тексты и выполните задания к каждому из них.

ТЕКСТ 1

Выскажите своё мнение, предположите, что будет, если подобная методика (ЭКО) получит широкое распространение.

Тридцать лет назад в Англии родился первый ребёнок, зачатый в пробирке. Луиза Браун весила 2600 граммов и чувствовала себя прекрасно. Сейчас Луиза живёт в Бристоле. В сентябре 2004 года она вышла замуж и родила мальчика, зачатого естественным путём. За последние десятилетия благодаря методу экстракорпорального оплодотворения (ЭКО) в мире родилось более трёх миллионов детей.

Однако эта революционная методика вызвала неоднозначную реакцию. С одной стороны, религиозные круги были возмущены, так как учёные вмешались в процесс создания человеческой жизни. С другой стороны, представители научного мира выразили сомнение в полноценности потомства, полученного в результате такой процедуры. Но многолетние наблюдения показали, что дети из пробирки мало чем отличаются от своих сверстников, зачатых естественным путём. И поскольку сегодня бесплодие во всём мире становится массовым явлением, то процедура ЭКО может стать единственной возможностью для создания полноценной семьи. К сожалению, сегодня этот метод доступен только очень обеспеченным людям. Несмотря на это, учёные верят, что пройдёт немного времени, и метод ЭКО станет в несколько раз эффективнее, а значит, дешевле и доступнее.

ТЕКСТ 2

Дайте оценку мнения психологов, сделайте вывод.

Детям недостаточно просто родительской взаимности, им надо накопить в себе энергию любви. Чем меньше малыш, тем сильнее он напитывается любовью родителей и тем ярче он излучает накопленную любовь на окружающих. Эта энергия — самая главная на свете, без неё ничто невозможно: ни полнота физическая, ни полнота нравственная, ни полнота интеллектуальная. Всепобеждающая родительская любовь помогает детям преодолевать любые трудности. Так, психологи видят корни проблем взрослых людей в недополучении родительской любви в детстве.

ТЕКСТ 3

Обоснуйте необходимость колыбельных песен для человека, сделайте вывод.

Колыбельные существуют у всех народов с незапамятных времён. Главная функция колыбельной — прикладная: её поют, чтобы ребёнок поскорей заснул. Почему эти песенки обладают снотворным действием? Их мелодическая формула крайне проста, но заканчивается на интонации не точки, а запятой. Таким образом, колыбельная мелодия — это бесконечный круг, постоянное повторение, которое погружает слушателя в трансовое состояние. Кроме того, учёные обнаружили, что колыбельные в какой-то мере учат ребёнка спать. Нейрофизиологи говорят: для того чтобы человек заснул, у него должны поочерёдно «включаться» и «отключаться» определённые участки мозга. Происходит это только под влиянием внутренних биоритмов или внешних стимулов, таких как укачивание и колыбельная песня.

ЗАДАНИЕ 12. Прослушайте текст «Люди и одиночество». Выберите правильный вариант ответа и отметьте его в матрице. Проверьте себя по ключам.

1. Самыми одинокими людьми сегодня принято считать жителей ... .
   (А) Апеннинского полуострова
   (Б) скандинавских стран
   (В) средней полосы России

2. В Великобритании не имеет семьи ... .
   (А) половина всего взрослого населения
   (Б) немного более половины взрослого населения
   (В) немного менее половины взрослого населения

3. Пройдя через процедуру развода, человек ... .
   (А) чувствует себя независимым
   (Б) испытывает неловкость перед детьми
   (В) старается сразу же завести новую семью

4. Согласно общественному мнению, люди, не имеющие семьи, ...
   (А) часто обращаются в брачные агентства
   (Б) страдают нервными заболеваниями
   (В) материально более независимы

1.	А	Б	В
2.	А	Б	В
3.	А	Б	В
4.	А	Б	В

ЗАДАНИЕ 13. Прослушайте тексты в двух разных темпах и уточните, что вы не поняли, используйте речевые клише: *Повторите, пожалуйста, …; Не могли бы вы повторить…? Пожалуйста, уточните… .*

ЗАДАНИЕ 14[1]. Прослушайте новости. Выберите правильный вариант ответа и отметьте его в матрице. Проверьте себя по ключам.

1. В музее на острове Сицилия можно узнать … .
   (А) о свадебных традициях всего мира
   (Б) о свадьбах, сыгранных на острове
   (В) о любовных историях и свадьбах разных эпох

2. На Никобарских островах мужчина может жениться, если … .
   (А) деревенский совет объявит о свадьбе
   (Б) он выдержит испытание в доме невесты
   (В) любимая девушка ответит взаимностью

3. Жительница Южно-Африканской Республики проспала много лет, так как … .
   (А) давно болела неизлечимой болезнью
   (Б) пережила шок после смерти жениха
   (В) долго ничего не ела и сильно похудела

4. Житель Лондона угонял городские автобусы, потому что … .
   (А) хотел нарушить городскую тишину
   (Б) давно не платил штраф полиции
   (В) решил насолить своей подруге

5. На острове Суматра жених должен … .
   (А) на руках принести невесту в свой дом
   (Б) привести родителей невесты в свой дом
   (В) отнести невесту в дом её родителей

1.	А	Б	В
2.	А	Б	В
3.	А	Б	В
4.	А	Б	В
5.	А	Б	В

ЗАДАНИЕ 15. Прослушайте текст рекламы. Прочитайте данные ниже высказывания. Какие из них соответствуют содержанию прослушанного рекламного текста, а какие нет? Ответ отметьте в матрице и проверьте себя по ключам.

1. Модельное агентство организует «Модные вечера» для тех, кто хочет научиться модно одеваться.
2. Вступающим в брак агентство помогает сэкономить время.
3. На «Модных вечерах» можно узнать адреса ресторанов.
4. Невесты имеют возможность выбрать для себя свадебный букет.
5. В агентстве молодых людей учат держаться перед объективом.
6. На вечерах дают уроки спортивных танцев.
7. Учебные группы включают до десяти человек.
8. Стоимость услуг — пятьсот рублей в час.
9. Имеется пятипроцентная скидка для пар, имеющих детей.

1.	да	нет
2.	да	нет
3.	да	нет
4.	да	нет
5.	да	нет
6.	да	нет
7.	да	нет
8.	да	нет
9.	да	нет

---

[1] Данное задание подобно сертификационному. Аудиотекст предъявляется один раз, время выполнения задания — 5 минут.

ЗАДАНИЕ 16[1]. Прослушайте рекламную информацию. Выберите правильный вариант ответа и отметьте его в матрице. Проверьте себя по ключам.

1. Газета «Вечерние новости» планирует размещать … .

    (А) объявления о разводах

    (Б) брачные объявления

    (В) рекламу свадебных платьев

2. В объявлении необходимо указать … .

    (А) фамилию, имя, отчество

    (Б) данные о себе и адрес

    (В) только свой адрес

3. Публикацию надо оплатить … .

    (А) в редакции газеты

    (Б) на улице Зелёной

    (В) в почтовом отделении

4. Содержание объявления должно быть … .

    (А) пристойным

    (Б) интересным

    (В) объективным

5. При наличии фото стоимость публикации увеличивается на … рублей.

    (А) двадцать

    (Б) четырнадцать

    (В) тридцать

1.	А	Б	В
2.	А	Б	В
3.	А	Б	В
4.	А	Б	В
5.	А	Б	В

§ 3. Здоровье как фактор жизни

ЗАДАНИЕ 1. Прочитайте текст. А. Запишите опорные слова и словосочетания, которые отражают его содержание. Б. Скажите, что вы думаете о возможности сохранения здоровья в современных условиях жизни. В ответе используйте свои записи.

ЗНАЧЕНИЕ ЗДОРОВЬЯ

Считается, что здоровье является первой и важнейшей потребностью человека, которая определяет его способность к активной жизни и обеспечивает гармоническое развитие личности. Здоровье — это предпосылка к познанию окружающего мира, к самоутверждению и к ощущению счастья. Здоровье, безусловно, одно из слагаемых качества жизни в современных условиях. По определению Всемирной организации здравоохранения, здоровье — это физическое, духовное и социальное благополучие, а не только отсутствие болезней и физических дефектов. Учёные выделяют три вида здоровья: физическое, психическое и нравственное, или социальное.

Физическое здоровье — это естественное состояние организма, нормальное функционирование всех его органов и систем. Если хорошо работают органы, то и организм человека в целом правильно действует и развивается.

---

[1] Данное задание подобно сертификационному. Аудиотекст предъявляется один раз, время выполнения задания — 5 минут.

Психическое здоровье зависит от состояния головного мозга, оно характеризуется уровнем и качеством мышления, развитием внимания и памяти, степенью эмоциональной устойчивости и тренировкой волевых качеств.

Нравственное здоровье определяется теми моральными принципами, которые являются основой социальной жизни человека. Отличительные признаки нравственного здоровья — это сознательное отношение к труду, овладение достижениями культуры, активное неприятие нравов и привычек, противоречащих нормальному образу жизни. Физически и психически здоровый человек может быть нравственно неполноценным, если он пренебрегает нормами морали. Поэтому социальное здоровье считается высшей мерой человеческого здоровья, бесценным достоянием не только каждого человека, но и общества в целом.

ЗАДАНИЕ 2. Прочитайте высказывания. Согласитесь с ними или опровергните их; используйте речевые клише согласия / несогласия / частичного несогласия: *Согласен с вами; Несомненно, ...; Хочу возразить; Я категорически с этим не согласен; Да, но с условием, что...; Конечно, это так, но... .*

1. Известно, что здоровый человек лучше ориентируется в окружающей его среде, чем больной.

2. В лекции говорилось о том, что болезнь — это неестественное состояние организма.

3. Мой друг сказал, что состояние головного мозга не влияет на психическое здоровье человека.

4. По-моему, физическое здоровье более ценно, чем социальное.

5. Считается, что нравственное здоровье — это прежде всего отказ от нравов и привычек, которые не одобряются обществом.

ЗАДАНИЕ 3. Прослушайте тексты. В процессе слушания впишите подходящие по смыслу слова. Проверьте себя по ключам.

1

Первые очки ... ... появились около двухсот лет назад во Франции. Они предназначались для альпийских стрелков наполеоновской армии. Первые общедоступные ... очки стали продавать в США в 1929 году. Психологи заметили: когда человек в очках, особенно в тёмных, то он ... считает, что его глаз защищён. В то же время ослабляются защитные функции глаз, так как мы не можем долго находиться в темноте. Свет для глаз является ...! Иначе наше зрение ухудшается. Чаще всего людей в тёмных очках можно встретить на пляже. Очки у них, как правило, сделаны из тонкой пластмассы, которая не задерживает ... лучи. Врачи-офтальмологи не советуют постоянно носить тёмные очки. Привыкание к ним — ... фактор риска для здоровья наших глаз.

2

О том, что с помощью музыки можно лечить многие заболевания и поддерживать хорошее ..., знали ещё в глубокой древности. Интересно, что каждый из музыкальных инструментов по-своему воздействует на ... органы или системы нашего организма. Так, кларнет положительно влияет на систему кровообращения, флейта — на лёгкие и бронхи, а фортепиано и скрипка успокаивают нервную систему. Звуки оказывают ... ... только в том случае, если они правильно подобраны, в соответствии с эмоциональными потребностями нашей нервной системы и психики. Сеансы музыкотерапии желательно проводить в одно и то же время в ... обстановке. Для более глубокого восприятия можно слушать музыку с закрытыми глазами, представляя себе образы, картины и сюжет ... произведения. Такие сеансы помогут нам избавиться от тяжёлых переживаний и восстановить ... .

3

Драгоценные камни — результат ... процессов, происходивших в период формирования земной коры. Но во все времена считалось, что эти сияющие камни обладают ... ..., которую им дали земля и высшие сферы. Медицинский институт терапии в индийском городе Калькутта располагает ... коллекцией драгоценных камней, которые применяются в лечебных целях. В странах Европы существуют разные методы лечения при помощи ... хрусталя, а также малахита, лазурита и бирюзы. Обычно используются камни недорогие и твёрдые. Они помещаются на ... точках тела пациента, где в наибольшей степени проявляются жизненные силы организма и воспринимаются ... влияния.

ЗАДАНИЕ 4. Прочитайте текст. А. Подберите к выделенным словам синонимы и антонимы. Проверьте себя по ключам. Б. Скажите, какие танцы популярны у людей разного возраста в вашей стране. В ответе используйте подобранные оценочные слова и словосочетания.

По словам медиков, танцы очень полезны для здоровья. Они способствуют уменьшению стресса, делают человека более *сильным*, улучшают мышечный тонус и координацию движений. Танцы сжигают столько же калорий, сколько *быстрая* ходьба и *долгая* езда на велосипеде. Танец улучшает состояние сердечно-сосудистой системы в зависимости от того, как часто и насколько интенсивно человек танцует. Ещё одно достоинство танцев в том, что движение способствуют укреплению костей ног, а это является очень *полезным* для людей пожилого возраста. Поэтому танцы можно использовать в качестве части реабилитационной программы, конечно, под специальным наблюдением врачей. Кроме того, танцы — это *прекрасный* способ найти *весёлых* и *активных* друзей и самому стать творческим человеком. Но самое лучшее в танцах — это то удовольствие, которое можно получить, принося *максимальную* пользу своему телу.

ЗАДАНИЕ 5. Скажите, как вы понимаете данные ниже выражения. В ответах используйте оценочные слова и словосочетания.

1. Больному человеку и мёд горек.
2. До свадьбы заживёт.
3. Держи голову в холоде, живот в голоде, а ноги в тепле.

ЗАДАНИЕ 6. Прослушайте каждый текст дважды. А. При первичном прослушивании определите темы текстов. Б. После повторного прослушивания выскажите свою точку зрения, приведите аргументы, подтверждающие ваше мнение. Используйте речевые клише: *Я полагаю, что...*; *По-моему, ...*; *Доказательством может служить... .*

ЗАДАНИЕ 7. Прочитайте тексты. Замените выделенные слова синонимичными неоднокоренными словами. Проверьте себя по ключам.

1

Людям, привыкшим по нескольку раз в день пить очень горячий чай, следует задуматься о том, насколько безопасна эта привычка для их здоровья. Как оказалось, высокая температура напитка повышает возможность *появления* онкологических заболеваний пищевода. Ранее считалось, что причина таких болезней — алкоголь и курение. Однако сотрудники Тегеранского университета выявили зависимость между заболеваниями пищевода и употреблением очень горячего чая (от 65 до 70 градусов по Цельсию). Добавление в чай молока *остужает* напиток и *уменьшает* риск появления различных заболеваний.

2

Женщины, регулярно *пьющие* газированную воду и другие прохладительные напитки, подвержены *возникновению* ишемической болезни сердца гораздо чаще, чем те, кто воздерживается от употребления *таких* жидкостей. К этим выводам пришли учёные из Гарвардского университета. В их исследовании были также учтены следующие моменты: курение, *малоподвижный* образ жизни, *редкое* употребление овощей и фруктов. Оказалось, что женщины, ведущие себя так, были более склонны пить прохладительные напитки, и, соответственно, риск заболеваний сердца у них был выше.

3

Спустя шестьдесят пять лет британские учёные *отыскали* граждан, которые ещё в тридцатых годах XX века участвовали в общенациональном медицинском обследовании. Выяснилось, что те из них, кто в детстве *потреблял* больше молока, отличаются сегодня *крепким* здоровьем. Учёные рекомендуют детям и взрослым выпивать в день хотя бы стакан натурального молока или съедать кусочек сыра. Это удовлетворит потребность человеческого организма в кальции, снижающем кровяное давление и улучшающем работу сердца.

ЗАДАНИЕ 8. Прочитайте приведённые ниже реплики. Поддержите диалог. Выразите заданные намерения, используйте речевые клише, данные в скобках. Произнесите реплики с нужной интонацией.

ОБРАТИТЕ ВНИМАНИЕ!

При выполнении задания необходимо не только выразить намерение, но и объяснить, почему в данной ситуации вы испытываете определённые чувства. Например: *Я так рад за тебя. Сделать такое удастся не каждому.*

1. **Собеседник:** Потеря работы может существенно ударить не только по карману, но и по здоровью. Безработные болеют в среднем чаще и дольше работающих людей.
   Вы: выразите сочувствие *(Можно только посочувствовать...)*.
2. **Собеседник:** Учёные разных стран считают, что продолжительность жизни зависит от особенностей личности. Почти все долгожители — оптимисты, и это качество они передают по наследству своим детям.
   Вы: выразите удивление *(Неужели?; Вот это да!; Надо же!)*.
3. **Собеседник:** Отсутствие волос на голове не только не портит мужчину, но и свидетельствует о его здоровье. Американские исследователи пришли к выводу, что мужчины, облысевшие до тридцати лет, почти в два раза реже болеют неизлечимыми заболеваниями.
   Вы: выразите сомнение *(Я сомневаюсь, что...)*.
4. **Собеседник:** Австралийские врачи уверены, что через десять лет люди перестанут заниматься сексом для зачатия детей. Последние исследования учёных показывают, что в будущем родители предпочтут зачатие в пробирке естественному зачатию. Это позволит не только заказать пол будущего младенца, но и избавить его от генетических заболеваний.
   Вы: выразите возмущение *(Как такое возможно?; Что за...?)*.

ЗАДАНИЕ 9. Прослушайте текст «Спорт — это здо́рово!». А. Запишите опорные слова, которые отражают его содержание. Б. Опираясь на прослушанную информацию, расскажите о влиянии спорта на здоровье. При составлении монолога используйте свои записи.

ЗАДАНИЕ 10. Прочитайте тексты на тему «Компьютер — друг или враг?» и выполните задания к каждому из них.

ТЕКСТ 1

Согласны ли вы с мнением учёных, что увлечение компьютером отрицательно влияет на здоровье? Аргументируйте свой ответ.

Современность трудно представить без компьютера. Информационные технологии всё глубже проникают в науку, промышленность и, главное, в личную жизнь человека. Однако, по мнению учёных, занимающихся проблемами психологии и физиологии, компьютер — это шаг к деградации человека. Увлечение этими устройствами опасно для людей, и в первую очередь для детей. О пагубном воздействии чудо-машины было написано немало научных статей. Появились даже новые термины для обозначения компьютерных болезней: «компьютерный стресс» и «дисплейная болезнь». Среди наиболее частых заболеваний, встречающихся при злоупотреблении работой на компьютере, медики отмечают расстройство нервной системы, поражение глаз, сердечно-сосудистые и кожные заболевания, нарушения психики.

ТЕКСТ 2

Как вы считаете, следует ли запретить подросткам видеоигры со сценами насилия? Обоснуйте своё мнение.

Подростки, играющие в активные видеоигры со сценами насилия, испытывают сильные психологические нагрузки и имеют нестабильный сердечный ритм во время сна. К такому выводу пришли шведские учёные-психологи. В ходе эксперимента школьникам в возрасте от двенадцати до пятнадцати лет предлагались компьютерные игры, где есть сцены драк, убийств, насилия. В часы ночного отдыха у детей было зафиксировано неравномерное сердцебиение. По мнению исследователей, в детском возрасте центральная нервная система может сильно пострадать от постоянного эмоционального напряжения, которое ребёнок испытывает при наблюдении жестоких виртуальных сражений. Этот процесс бессознательный, но он способен причинить значительный вред здоровью подростка.

ТЕКСТ 3

Дайте рекомендации, как избежать болезни тем людям, которые много времени проводят перед дисплеем компьютера.

Медики считают, что работа с клавиатурой компьютера напоминает игру пианиста и требует значительного напряжения мышц кистей и пальцев рук. Кроме того, за компьютером человеку трудно сохранять равновесие, отчего у него может появиться шум в ушах, сильные головные боли и, как следствие, бессонница. Поэтому врачи рекомендуют ограничивать время, проведённое у монитора, и давать себе полноценный отдых. Так, например, для школьников старших классов компьютерные занятия не должны продолжаться более тридцати минут. Студенты могут заниматься около трёх часов. Во время работы следует устраивать перерывы, гулять на свежем воздухе и делать гимнастику, в том числе и для глаз. Иными словами, чтобы не превратиться в придаток машины, не стоит ограничивать свою жизнь рамками монитора.

ЗАДАНИЕ 11. Прослушайте текст «Как быть счастливым?». Выберите правильный вариант ответа и отметьте его в матрице. Проверьте себя по ключам.

1. Когда люди желают друг другу счастья, то имеют в виду … .

   (А) производительный труд, хорошее настроение, материальное благополучие

   (Б) удовлетворение от работы, спокойную жизнь, возможность лечиться

   (В) продвижение по службе, крепкое здоровье, достаток в семье

2. Чаще всего счастливыми можно назвать … .

   (А) индивидуалистов

   (Б) оптимистов

   (В) богатых людей

3. Исследователи установили, что среди счастливых много людей, … .

   (А) успешных во всём

   (Б) верящих в Бога

   (В) талантливых

4. Гормоны счастья вырабатываются в том числе и от … .

   (А) длительного отдыха

   (Б) употребления наркотиков

   (В) физических упражнений

5. Для того чтобы ощущать себя счастливым, необходимо научиться … .

   (А) преодолевать тяжёлые жизненные ситуации

   (Б) нравиться всем окружающим людям

   (В) реализовывать свои творческие способности

1.	А	Б	В
2.	А	Б	В
3.	А	Б	В
4.	А	Б	В
5.	А	Б	В

ЗАДАНИЕ 12. Прослушайте тексты в двух темпах. А. При первичном прослушивании определите тему каждого текста. Б. После повторного прослушивания в «новостном» темпе уточните то, что вы не поняли (используйте речевые клише: *Извините, я не понял…; Повторите, пожалуйста, …; Не могли бы вы уточнить…?***), и выскажите своё мнение по вопросам, затронутым в текстах.**

ЗАДАНИЕ 13[1]. Прослушайте новости. Выберите правильный вариант ответа и отметьте его в матрице. Проверьте себя по ключам.

1. Сердечных заболеваний больше в тех регионах мира, где население питается … .

   (А) только овощами и фруктами

   (Б) рыбой, овощами и фруктами

   (В) преимущественно мясом

2. По мнению учёных, Интернет позитивно влияет на пожилых людей, потому что … .

   (А) работа в Сети задерживает старение

   (Б) он помогает найти новых друзей

   (В) он отвлекает от житейских забот

1.	А	Б	В
2.	А	Б	В
3.	А	Б	В

_____

[1] Данное задание подобно сертификационному. Аудиотекст предъявляется один раз, время выполнения задания — 4 минуты.

3. Медики установили, что смех существенно увеличивает шансы на успех … .

    (А) в деле воспитания маленьких детей

    (Б) при искусственном оплодотворении

    (В) при рождении ребёнка

ЗАДАНИЕ 14. Прослушайте текст рекламы. Прочитайте данные ниже высказывания. Какие из них соответствуют содержанию прослушанного рекламного текста, а какие нет? Ответ отметьте в матрице и проверьте себя по ключам.

    1. Медицинский центр предлагает комплекс процедур с натуральными средствами.

    2. Курс лечения составляет четыре недели.

    3. В центре можно очистить только кожу и верхние дыхательные пути.

    4. Клиенты проживают в двухместных номерах гостиницы.

    5. Стоимость курса лечения более сорока тысяч рублей.

    6. Желающие похудеть могут проконсультироваться с врачом-диетологом за дополнительную плату.

    7. Только для них предусмотрены занятия лечебной физкультурой.

    8. Иногородним пациентам предоставляются льготы.

1.	да	нет
2.	да	нет
3.	да	нет
4.	да	нет
5.	да	нет
6.	да	нет
7.	да	нет
8.	да	нет

ЗАДАНИЕ 15[1]. Прослушайте рекламную информацию. Выберите правильный вариант ответа и отметьте его в матрице. Проверьте себя по ключам.

    1. Стоимость проживания одного человека в гостинице «Приморская» составляет … в сутки.

    (А) триста рублей

    (Б) две тысячи рублей

    (В) двести пятьдесят рублей

    2. В парке «Ривьера» можно выпить … .

    (А) апельсиновый сок

    (Б) местное вино

    (В) минеральную воду

    3. В парке продаются

    (А) сочинские духи

    (Б) лечебные подушечки

    (В) экзотические растения

    4. На пляже можно сделать

    (А) полный массаж

    (Б) маникюр и педикюр

    (В) массаж головы

1.	А	Б	В
2.	А	Б	В
3.	А	Б	В
4.	А	Б	В

---

[1] Данное задание подобно сертификационному. Аудиотекст предъявляется один раз, время выполнения задания — 4 минуты.

§ 4. Искусство и жизнь

ЗАДАНИЕ 1. Прочитайте текст. А. Запишите опорные слова и словосочетания, которые отражают его содержание. Б. Скажите, что вы думаете о влиянии искусства на человека? В ответе используйте свои записи.

О ПРОИЗВЕДЕНИЯХ ИСКУССТВА

Все важнейшие исторические события находят своё отражение не только в документах и научных исследованиях, но и в художественной литературе, музыке, скульптуре, живописи. Произведения искусства имеют большую познавательную ценность; некоторые из них представляют собой значительные явления как национальной, так и мировой культуры. Например, литературные произведения «Война и мир», «Дон Кихот» и «Гамлет», живописные полотна «Джоконда» и «Сикстинская мадонна», балеты «Щелкунчик» и «Лебединое озеро».

Между искусством и реальной жизнью существуют сложные взаимоотношения. Искусство отражает жизнь, но не копирует её, а преобразует и придаёт ей новый вид. Действительность в искусстве как бы воспроизводится заново, и это новое принимается массовым сознанием, становясь «второй действительностью». Кроме того, каждый автор, отражая реальность, вносит в творение черты своей личности. Вымышленные образы, созданные воображением писателя, художника, скульптора, превращаются в факты культуры.

Ещё одна особенность искусства заключается в том, что благодаря своей обобщающей способности оно отображает явления жизни концентрированно. Авторы суммируют черты определённой группы людей и выделяют самое важное в изображаемом событии или описываемом явлении.

Искусство в целом основано на способности человека сочувствовать и сопереживать, поэтому каждый поэт, режиссёр, композитор сознательно ориентируется на эффект эмоционального восприятия людей. Художественный образ воздействует не столько на разум, сколько на человеческие чувства и эмоции. В результате всё то, что отражено в произведениях, принимается читателем, зрителем или слушателем как факт собственной биографии.

Чтобы правильно понимать художественную информацию, адресат должен знать эпоху, в которую создавалось произведение, иметь представление о быте и нравах той эпохи и, конечно, владеть условным языком искусства. Но самое главное — необходимо, чтобы у человека возникало желание наслаждаться музыкой, балетом, книгой. Без соблюдения этих условий цельное понимание искусства разрушается.

ЗАДАНИЕ 2. Прочитайте высказывания. Согласитесь с ними или опровергните их; используйте речевые клише согласия / несогласия / частичного несогласия: *Я с вами согласен; Несомненно; Хочу вам возразить; С этим я не могу согласиться; В общем это правильно, но…; Да, но всё-таки… .*

1. Многие думают, что писатели и художники изображают явления действительности, копируя её.

2. Мы знаем, что образы, созданные людьми искусства, не всегда получают признание широкой публики.

3. В лекции подчёркивалось, что в произведениях искусства любой человек может найти события, напоминающие ему собственную жизнь.

4. Мне кажется, что художник не может описывать ту эпоху, в которой он не жил и не знает её досконально.

ЗАДАНИЕ 3. Прослушайте тексты. В процессе слушания впишите подходящие по смыслу слова. Проверьте себя по ключам.

1

Понятие «искусство» имеет несколько значений. Во-первых, это ... воспроизведение действительности в художественных образах. Во-вторых, отрасль творческой художественной деятельности: литература, скульптура, ... и сценическое искусство, музыка. В-третьих, какая-либо часть практической деятельности со своими методами и приёмами: военное искусство, ..., искусство воспитания. И наконец, последнее — высокая степень мастерства в любой сфере ... деятельности: искусство игры на гитаре, искусство оригами или каллиграфии.

2

Самая распространённая классификация видов искусства берёт за основу пространственно-временны́е отношения и делит все искусства на ..., временны́е и пространственно-временны́е. К пространственным относятся архитектура, скульптура, живопись. В состав ... входят литература и музыка. Пространственно-временными являются балет, театр, кино и телевидение. Есть и другая классификация, которая разделяет искусства на ... и выразительные. Изобразительные виды воспроизводят преимущественно реальные, ... предметы и явления. Это скульптура, живопись, графика, художественная фотография. Большинство современных учёных относят сюда и литературу, поскольку в художественном слове жизнь отражается так же наглядно, как в живописи. ... искусства — это музыка и хореография, которые обозначают сферу душевных переживаний человека. Театр, кино, телевидение являются ... видами искусства.

3.

Ни одно из перечисленных искусств ... ... по своим изобразительным и выразительным возможностям. Каждому из них доступно в большей или ... ... степени отражение различных сторон действительности. Например, живопись способна выразить красоту природы, литература — ... нюансы психологии, музыка — движение чувств и настроений, которые испытывает человек. Однако ... вид искусства умеет преодолевать свою ограниченность.

ЗАДАНИЕ 4. Прочитайте текст. А. Подберите к выделенным словам синонимы и антонимы. Проверьте себя по ключам (при подборе синонимов и антонимов возможны варианты). Б. Скажите, какое место фотография занимает в современном искусстве. В ответе используйте подобранные оценочные слова.

Искусство фотографии завоевало *прочное* место в нашей жизни. Младшая ветвь в семье изобразительных искусств — художественная фотография не имитирует ни живопись, ни графику и в то же время своим *особенным* «языком» рассказывает о жизни. Искусство фотографии вносит *существенный* вклад в создание художественной картины нашего времени. Фотография в отличие от живописи фиксирует окружающую действительность в том виде, в каком она существует. Фотография всегда документальна. Но *точная* передача жизненных фактов не исключает участия творческой фантазии. Художественная фотография отбирает и обобщает такие явления и события, которые вызывают *глубокие* чувства и *серьёзные* мысли. *Лучшие* работы фотомастеров наряду с картинами живописцев и эстампами графиков представляют собой *подлинные* произведения искусства.

ЗАДАНИЕ 5. Скажите, как вы понимаете данные ниже утверждения. В ответах используйте оценочные слова.

1. Способность к художественному творчеству есть прирождённый дар, как красота лица или сильный голос (В.Я. Брюсов[1]).

---

[1] Брюсов Валерий Яковлевич (1873–1924) — поэт, основоположник русского символизма.

2. Истинное произведение искусства, как явление природы, всегда безгранично для нашего сознания (И. Гёте[1]).

3. Сила убеждения, которая присуща слову, душу формирует, как хочет (Горгий[2]).

4. Живопись представляет всё так ясно, что, в отличие от поэзии, не требует истолкования (Леонардо да Винчи[3]).

ЗАДАНИЕ 6. Прослушайте текст «Святыни Московского Кремля». А. Запишите опорные слова и словосочетания, отражающие содержание. Б. Дайте оценку действиям советских художников-реставраторов. Используйте свои записи и речевые клише: *Я думаю, что…; По моему мнению, …; Хочу привести такие доводы… .*

ЗАДАНИЕ 7. Прочитайте тексты. Замените выделенные слова синонимичными неоднокоренными словами и словосочетаниями. Проверьте себя по ключам.

1

Высшие достижения в русской живописи XIV–XV веков связаны с творчеством Андрея Рублёва. Как *живописец* он сложился в Москве и был близок к мастерской *известного* греческого иконописца Феофана Грека. Рублёв писал иконы для *храмов* Звенигорода; именно в этих произведениях ярко проявилось его *дарование* как художника-колориста. Такого богатства оттенков и полутонов русская живопись ранее не знала. Во время монголо-татарского нашествия был сожжён деревянный Троице-Сергиев монастырь. Вместо него *возвели* каменный Троицкий собор, куда пригласили Андрея Рублёва для росписи стен, создания иконостаса и икон. Росписи, к сожалению, не дошли до наших дней, но сохранился иконостас и *превосходная* икона «Троица». Сегодня она известна всему миру и является жемчужиной в коллекции Третьяковской галереи.

2

Балетные представления в России впервые были показаны в 70-х годах XVII века, а с середины XVIII века они давались *регулярно* русскими и *иностранными* артистами. В XIX веке окончательно сложилась система русского классического танца, отечественная балетная школа выработала свой стиль, вобрав в себя всё лучшее из французского и итальянского балета. Русский балет оказал *большое* влияние на развитие мирового балетного искусства. *Заметную* роль в этом сыграли выступления *знаменитых* танцовщика Вацлава Нежинского и балерины Анны Павловой в странах Европы и Америки, а также балетные «Русские сезоны», которые в начале прошлого века проводились в Париже и Лондоне. Развитие классических традиций и смелое новаторство остаются *основными* чертами русского балетного искусства и в наши дни.

3

Сегодня существует не меньше пяти вариантов оперы «Война и мир» русского композитора Сергея Прокофьева; они идут на сценах многих театров — от Санкт-Петербурга до Сиднея. *Поздние* редакции были в определённой степени компромиссом: композитор уступал то театру, то дирижёру, то идеологии. *Известный* британский композитор и музыковед Рита Макалистер считает, что *самая ранняя* версия, задуманная автором в 30-х годах прошлого века и никогда не звучавшая со сцены, наиболее тесно связана с романом Толстого, с его философией. Она восстановила первую редакцию «Войны и мира» по партитурам Прокофьева, *хранящимся* в Лондоне. Постановку оперы решили

---

[1] Гёте Иоганн Вольфганг (1749–1832) — немецкий писатель, основоположник немецкой литературы Нового времени, философ.

[2] Горгий (480–380 до н. э.) — греческий философ.

[3] Да Винчи Леонардо (1452–1519) — итальянский художник, скульптор, архитектор, инженер и учёный.

осуществить силами двух вузов: Королевской шотландской академии и Ростовской государственной консерватории имени С.В. Рахманинова, которые давно и *плодотворно* сотрудничают друг с другом. Сначала премьера оперы «Война и мир» *с огромным успехом* прошла на оперных сценах Глазго и Эдинбурга, а затем её увидели в России, в музыкальном театре Ростова-на-Дону.

ЗАДАНИЕ 8. Прочитайте приведённые ниже реплики. Поддержите диалог. Выразите заданные намерения, используйте речевые клише, данные в скобках. Произнесите реплики с нужной интонацией.

ОБРАТИТЕ ВНИМАНИЕ!

При выполнении задания необходимо не только выразить намерение, но и объяснить, почему в данной ситуации вы испытываете определённые чувства. Например: *Я так рад за тебя. Сделать такое удастся не каждому.*

1. **Собеседник:** Необычный подарок сделал москвичам немецкий художник Эдгар Мюллер. На одной из улиц, используя асфальт вместо холста, он создал объемную картину «Водопад в Москве». Для того чтобы увидеть эту картину, надо посмотреть через установленную рядом с ней линзу.
   Вы: выразите удивление *(Ну да? Удивительно, … .).*
2. **Собеседник:** Канал «Би-би-си» объявил, что обнаружил в своих архивах фильм «Анна Каренина», который считался утраченным. Фильм был снят в 1961 году, роль Вронского в нём сыграл Шон О'Коннери. Это было за год до его первой ленты о Джеймсе Бонде.
   Вы: выразите радость *(Как хорошо, что…; Замечательно!).*
3. **Собеседник:** В Эрмитаже посетительницам, пришедшим в туфлях на шпильках, стали бесплатно выдавать насадки, которые должны защищать от повреждений бесценный паркет музея. Так как каждая десятая гостья приходит на шпильках, то расходы Эрмитажа составят два миллиона рублей в год. Тем не менее, работники музея уверены, что восстанавливать паркет, испорченный каблуками, обойдётся гораздо дороже.
   Вы: выразите сомнение *(Я сомневаюсь, что…; Вряд ли… .).*

ЗАДАНИЕ 9. Прослушайте текст. А. Запишите опорные слова, которые отражают его содержание. Б. Опираясь на прослушанную информацию, расскажите о том, как может передаваться информация в разных культурах. При составлении монолога используйте свои записи.

ЗАДАНИЕ 10. Прочитайте тексты на тему «Библиотека прошлого и будущего» и выполните задания к каждому из них.

ТЕКСТ 1

Согласны ли вы с утверждением, что в ближайшем будущем «бумажные» библиотеки исчезнут? Обоснуйте своё мнение.

Чтобы взять книги на дом, теперь не обязательно ходить в библиотеку — книги можно получить в Интернете. В России первая электронная библиотека была создана в 1993 году учёным Максимом Мошковым. Он сделал для себя веб-страничку, для которой копировал всё, что попадало под руку. А потом выложил её в Интернете в виде веб-сайта. Через какое-то время обнаружилось, что эта книжная коллекция пользуется большим спросом: люди начали присылать ему свои файлы с текстами произведений. Сегодня на его сайт заходит до сорока тысяч посетителей в день. Максим Мошков убеждён, что скоро «бумажных» библиотек не останется совсем, поскольку в наше время ими практически никто не пользуется. Число их читателей сокращается примерно на десять процентов в год. Будущее за электронными библиотеками, где можно найти любую книгу по вкусу: классику и произведения современных авторов, специальную литературу и словари.

ТЕКСТ 2

Дайте оценку достоинствам и недостаткам электронных книг. Сделайте вывод.

Сегодня всю домашнюю библиотеку можно взять с собой в дорогу. Первые массовые устройства для чтения электронных книг, или ридеры, появились в 1998 году. На сегодняшний день существует около дюжины различных моделей. Уже созданы экраны с технологией «электронной бумаги», которые близки к настоящим книжным страницам. От привычных ноутбуков ридеры отличаются экономным потреблением энергии: если читать по два часа в сутки, то заряда аккумулятора хватает на неделю.

Преимуществами электронной книги являются её небольшая величина и заложенный в ней большой объём информации. Во время чтения есть возможность подстроить тип и размер шрифта, подключить DVD, на котором записаны тысячи произведений. К недостаткам новых устройств можно отнести необходимость подзаряжать батарейки или аккумуляторы, а также разнообразные болезни электронной техники. Пока электронные книги относительно дороги и способны лишь немного потеснить традиционные издания. Однако со временем «бумажная» книга может стать редкостью.

ТЕКСТ 3

Скажите, будут ли создаваться новые книги, если предположить, что Дума примет поправки к закону «О библиотечном деле». Аргументируйте своё мнение.

Известные российские писатели считают, что если поправки к закону «О библиотечном деле» будут приняты, то библиотеки смогут без разрешения авторов переводить в электронный вид художественные произведения через два года после их выхода из печати. В обращении к Президенту России писатели заявляют, что в случае принятия новых поправок авторские права будут нарушены. Свободное копирование электронных текстов приведёт к тому, что книги просуществуют как коммерческий товар только два года. После этого они станут общедоступными, а их создатели понесут прямые убытки.

ЗАДАНИЕ 11. Прослушайте текст «Писатель об искусстве». Выберите правильный вариант ответа и отметьте его в матрице. Проверьте себя по ключам.

1. Труд писателя — это … .
  (А) ремесло
  (Б) занятие
  (В) призвание

2. Прежде всего, писателя к труду приводит … .
  (А) зов времени
  (Б) голос сердца
  (В) совесть и вера

3. Другие виды искусства помогают писателю … .
  (А) жить в удовольствие
  (Б) уходить от ответа
  (В) делать своё дело

4. Ван Гог считал, что художник должен … .
  (А) рождать у людей радость
  (Б) преображать землю и человека
  (В) фиксировать смену красок

1.	А	Б	В
2.	А	Б	В
3.	А	Б	В
4.	А	Б	В
5.	А	Б	В

5. Писатель призван … .

    (А) говорить людям о том, что им известно

    (Б) показывать то, что незаметно другим

    (В) показывать то, что замечают другие

ЗАДАНИЕ 12. Прослушайте тексты в двух темпах. А. При первичном прослушивании определите тему каждого текста. Б. После повторного прослушивания в «новостном» темпе уточните то, что вы не поняли. Используйте речевые клише: *Не могли бы вы повторить…?; Извините, я не понял(-а)…; Уточните, пожалуйста, как… .* **В. Выскажите своё мнение по вопросам, затронутым в текстах.**

ЗАДАНИЕ 13¹. Прослушайте новости. Выберите правильный вариант ответа и отметьте его в матрице. Проверьте себя по ключам.

1. Археологи обнаружили самые первые рисунки, написанные … .

    (А) акварелью

    (Б) маслом

    (В) углем

2. В Азии рисунки, выполненные маслом, появились … .

    (А) на два века раньше, чем в Европе

    (Б) гораздо позже, чем в Европе

    (В) гораздо раньше, чем в Европе

3. Наскальные изображения оставили художники, путешествовавшие … .

    (А) из Европы в Азию

    (Б) из Афганистана в Китай

    (В) из Китая в Европу

4. Обнаружена … работа Леонардо да Винчи.

    (А) неизвестная

    (Б) всем известная

    (В) всеми забытая

5. Полотно было написано во второй половине … .

    (А) XII века

    (Б) XIII века

    (В) XV века

6. В результате исследований на картине нашли … автора.

    (А) отпечаток пальца

    (Б) личную подпись

    (В) инициалы

7. В карибском карнавале могут принимать участие … .

    (А) танцоры и артисты

    (Б) все, кто пожелает

    (В) жители Лондона

1.	А	Б	В
2.	А	Б	В
3.	А	Б	В
4.	А	Б	В
5.	А	Б	В
6.	А	Б	В
7.	А	Б	В

¹ Данное задание подобно сертификационному. Аудиотекст предъявляется один раз, время выполнения задания — 6 минут.

ЗАДАНИЕ 14. Прослушайте текст рекламы. Прочитайте данные ниже высказывания. Какие из них соответствуют содержанию прослушанного рекламного текста, а какие нет? Ответ отметьте в матрице и проверьте себя по ключам.

1. Центр народных промыслов проводит набор на курсы дайвинга.
2. Курс обучения составляет двадцать один день.
3. Обучение ведётся по китайской методике.
4. Группы состоят из пятнадцати человек.
5. В программе обучения два направления.
6. Стоимость обучения на двух направлениях — десять тысяч рублей.
7. Учебный материал входит в стоимость обучения.
8. Бахчеводам и садоводам предоставляется общежитие.

1.	да	нет
2.	да	нет
3.	да	нет
4.	да	нет
5.	да	нет
6.	да	нет
7.	да	нет
8.	да	нет

ЗАДАНИЕ 15[1]. Прослушайте рекламную информацию. Выберите правильный вариант ответа и отметьте его в матрице. Проверьте себя по ключам.

1. Московская «Школа акварели» организует курсы … .
   (А) не только для детей
   (Б) только для детей
   (В) только для взрослых

2. В школе дети обучаются … .
   (А) платно
   (Б) бесплатно
   (В) заочно

3. Взрослым необходимо представить … .
   (А) портрет и натюрморт
   (Б) батальную сцену
   (В) натюрморт и пейзаж

1.	А	Б	В
2.	А	Б	В
3.	А	Б	В
4.	А	Б	В

4. Работы взрослых должны быть выполнены … .
   (А) пастелью
   (Б) акварелью
   (В) маслом

---

[1] Данное задание подобно сертификационному. Аудиотекст предъявляется один раз, время выполнения задания — 6 минут.

Глава 3
СЛУШАЕМ И РАССУЖДАЕМ

§ 1. Молодёжь в развивающемся мире

ЗАДАНИЕ 1. Подготовьтесь к чтению текста «Молодёжь как социальная ценность». А. Выскажите предположение, о чём может идти речь в тексте. Б. Вспомните значения следующих слов и словосочетаний: *выживание; взаимозависимый мир; переосмысление; глобальная конфронтация; интеграция мирового сообщества; перераспределение.* **В. Скажите по-другому:** *образ врага; на рубеже тысячелетия; огонь войны.*

ЗАДАНИЕ 2. А. Прочитайте текст.

МОЛОДЁЖЬ КАК СОЦИАЛЬНАЯ ЦЕННОСТЬ

На рубеже нового тысячелетия, когда опять остро встал вопрос о смысле Прогресса, необходимо заново открыть феномен молодёжи как главный фактор перемен, как социальную ценность особого рода. Определённое осознание этой проблемы уже произошло. В документах ООН отмечается, что по мере роста численности молодёжи она становится наиболее мощным фактором в формировании общества. Предполагается, что к концу этого столетия лица в возрасте до тридцати лет составят около шестидесяти процентов населения земного шара. Именно молодёжь будет определять политические, экономические и социальные структуры общества. Активная часть молодёжи уже сегодня участвует в переосмыслении жизни человеческого сообщества в условиях всемирной глобализации.

Современная молодёжь — это первое поколение в новой истории, живущее в условиях не конфронтации, а интеграции мирового сообщества. На рубеже третьего тысячелетия сложились объективные возможности замены культуры войны и насилия культурой мира и сотрудничества. Именно молодёжь сыграла важную роль в разрушении «образа врага», долгое время отравлявшего отношения между народами. Ведь молодым людям легче понять друг друга, так как они родились в эпоху, когда закончилось противостояние сверхдержав. Поэтому, в отличие от поколения отцов, молодые не связаны давнишними конфликтами. И именно молодёжь является движущей силой распространения культуры мира.

Молодёжь — это носитель огромного интеллектуального потенциала, особых способностей к творчеству. Известно, что в молодости человек легко приобретает знания, навыки и умения, наиболее способен к творческой деятельности, к формулировке эвристических гипотез, максимально работоспособен. Сегодня молодые располагают улучшенным доступом к знаниям, опыту, технологиям и ресурсам и могут направить процесс социального развития по рациональному, позитивному пути.

Молодёжь — наиболее мобильная часть общества, что имеет большую экономическую ценность. Так, территориальное распределение рабочей силы из числа молодёжи экономически выгоднее, чем перераспределение работников старших возрастов. Мобильность молодых необходима обществу в условиях ограниченности вакансий в ряде регионов.

Молодёжь — это наиболее физически здоровая часть населения, за счёт которой может быть оживлена жизнь общества. Многие престижные виды человеческой деятельности (большой спорт, балет, авиация и т. п.) неразрывно связаны в нашем сознании с молодостью.

Одним словом, молодость имеет такую привлекательность для людей других возрастов потому, что в ней деятельность человека достигает значительного прогресса. И в будущем влияние молодёжи на разные стороны общественной жизни станет определяющим. Свободное, развивающееся общество должно думать о том, как вобрать в себя живительные свойства и силы, которые несёт в себе молодёжь.

Б. Ответьте на запросы по тексту, в высказываниях используйте речевые клише и выражения, данные в скобках.

ОБРАТИТЕ ВНИМАНИЕ!

Приведённые в заданиях главы формулировки запросов включают выделенные жирным курсивом конструкции, которые указывают, что именно запрашивается (мнение, информация, сравнение и т. д.). Данные конструкции помогают правильно отреагировать на запрос и дать соответствующий запросу ответ.

Запрос информации: ***Знаете ли вы***, какой будет численность молодых к концу этого столетия и как изменится роль молодёжи в обществе? *(В материалах, опубликованных в Интернете...; Эти данные взяты из публикаций...)*

Запрос обоснования мнения: ***Как вы можете обосновать*** мнение, что именно молодёжь способна заменить культуру войны культурой мира? ***Приведите аргументы.*** *(Аргументом могут служить следующие факты/цифры...; В доказательство приведу следующие факты...; Обоснованием этого мнения служит... .)*

Запрос оценочного суждения: ***Дайте оценку*** интеллектуальному потенциалу молодёжи. *(Важную роль играет...; Имеет большое значение...)*

Запрос сравнения: ***Сравните, пожалуйста***, мобильность и физические возможности молодых людей и представителей старших поколений. *(Если сравнить...; В отличие от...)*

Запрос вывода: ***Что бы вы могли сказать в заключение?*** *(В заключение можно сказать...; Можно сделать вывод...)*

*ЗАДАНИЕ 3. А. Познакомьтесь со следующим высказыванием:

Член Общественной палаты РФ А.В. Соколов пишет, что молодёжь — одна из немногих позитивных сил, которая обладает неограниченным потенциалом в развитии общества. Её активное включение в общественные процессы позволит обеспечить социальное, культурное и экономическое воспроизводство.

Б. Согласитесь / не согласитесь с мнением автора. Аргументируйте свою позицию. Используйте речевые клише и выражения:

согласия: *Безусловно; Несомненно; Я полностью согласен/согласна...;*

возражения: *Не думаю, что это так...; Не могу согласиться с тем, что...;*

сомнения: *Сомневаюсь, что...; Вряд ли...;*

обоснования: *В защиту этой точки зрения можно сказать, что...; Аргументом может служить... .*

ЗАДАНИЕ 4. Подготовьтесь к чтению текста «Проблемы молодёжи». А. Выскажите предположение, о каких проблемах может идти речь в тексте. Б. Вспомните значения следующих слов и словосочетаний: *социально ущемлённая группа; заработок; уязвимый; синоним цивилизации; разложение; утрата; стихийная война; коренные изменения.*

ЗАДАНИЕ 5. А. Прочитайте текст.

ПРОБЛЕМЫ МОЛОДЁЖИ

В новом тысячелетии молодёжь, несмотря на свою значимость для общества, всё ещё остаётся наименее влиятельной и наиболее социально ущемлённой группой, а её положение — острой проблемой нашего времени. Несмотря на то что во многих странах законодательство по вопросам молодёжи, в том числе в сфере труда, изменилось в лучшую сторону, слабости социальной политики в большинстве регионов очевидны. Например, молодые нередко вынуждены работать в неконтролируемых государством секторах экономики, где условия труда гораздо хуже и опасней, рабочий день длиннее, заработок ниже, чем в контролируемой сфере. А массовая безработица молодёжи для многих стран является угрозой номер один.

Молодёжь оказывается уязвимой группой перед комплексом сложных проблем, связанных с быстрым ростом городов. При составлении планов их развития нужды молодых людей, как правило, не учитываются. Город, который долгое время считался синонимом цивилизации, становится для заметной части молодых людей местом морального разложения и утраты здоровья.

Тревожным фактором является то, что молодые люди стали жертвой распространения наркотиков и алкоголя, пропаганды культа насилия в средствах массовой информации. В связи с этим повысился уровень молодёжной преступности, что стало формой протеста молодёжи, её необъявленной стихийной войной с обществом. Эту войну нельзя игнорировать, поскольку молодёжь — это своего рода социальный аккумулятор тех изменений, которые происходят в жизни. Молодёжь — это критические взгляды и настроения в отношении существующей действительности. Но молодёжь также — это и новые идеи, и новая энергия, особенно необходимая в момент коренных изменений.

Б. Ответьте на запросы по тексту, в высказываниях используйте речевые клише и выражения, данные в скобках.

Запрос мнения: ***Каково ваше мнение*** о молодёжных проблемах? *(Я глубоко убеждён/убеждена...; Я считаю, что...)*

Запрос примера: ***Не могли бы вы привести примеры*** того, как решается проблема трудоустройства молодёжи? *(Примером решения этой проблемы...; Примером может служить...)*

Запрос оценочного суждения: ***Как вы можете оценить*** влияние мегаполисов на жизнь молодёжи? *(...что отрицательно влияет на...; ...что оказывает негативное/позитивное влияние на...)*

Запрос вывода: ***Что бы вы могли сказать в заключение?*** *(Подводя итоги, можно сказать...)*

*ЗАДАНИЕ 6. Подготовьтесь к просмотру видеосюжета «Саркози не намерен отказываться от пенсионной реформы». Вспомните значение следующих словосочетаний: *наломать дров; набирать обороты; как на передовой; старость не радость; жаркие дискуссии.*

*ЗАДАНИЕ 7. Посмотрите видеосюжет «Саркози не намерен отказываться от пенсионной реформы». На его основе выполните следующие задания, используйте речевые клише и выражения, данные в скобках.

1. ***Присоединитесь к одному из мнений, обоснуйте свою позицию.***

Закон о пенсии вызвал бурную реакцию французов. Его противники говорят, что закон ухудшит социальное положение работающих. Сторонники считают, что без повышения пенсионного возраста экономика страны не сможет стабильно развиваться. У неработающей молодёжи есть свои доводы против принятия закона. ***Как вы относитесь к этой проблеме? Чьи аргументы кажутся вам более убедительными?*** *(Я присоединяюсь к...; Не могу согласиться с...; Я думаю, что мнение...; Я разделяю точку зрения...; Факты подтверждают...)*

2. ***Скажите, как вы относитесь*** к методам борьбы, которые используют молодые демонстранты. ***Дайте оценку*** их действиям. *(Совершенно очевидно, что...; Такие методы...; Я против...; Я поддерживаю...)*

*ЗАДАНИЕ 8. Прослушайте фрагмент лекции «Молодёжные субкультуры». Выберите правильный вариант ответа и отметьте его в матрице. Проверьте себя по ключам.

I. Определите основную проблему текста лекции.

1. Данная лекция посвящена вопросам, связанным с … .
(А) особенностями молодёжных субкультур XXI века
(Б) историей развития молодёжных субкультур
(В) историей возникновения панк- и готик-рока

II. Проанализируйте содержание текста и определите его детали, выраженные неявно.

2. Автор считает, что молодёжные субкультуры, в основе которых лежат особые ценности, являются … .
(А) формой самовыражения молодёжи
(Б) источником новых идей
(В) объединением по интересам

3. Говоря о движении хиппи, лектор отмечает, что его представители … .
(А) принимали комфорт буржуазной жизни
(Б) не имели собственного мировоззрения
(В) отвергали потребительские ценности общества

4. Рассуждая о молодёжных субкультурах, лектор приводит пример из жизни хиппи, чтобы подчеркнуть … .
(А) желание молодых стать руководителями страны
(Б) временный характер таких движений
(В) талантливость членов молодёжных субкультур

III. На основе анализа текста сделайте вывод о социальном поведении молодёжи.

5. Представители многих молодёжных субкультур, по мнению автора, относятся к обществу взрослых … .
(А) дружелюбно
(Б) негативно
(В) безразлично

IV. Сделайте вывод о стилистической принадлежности текста.

6. На основе следующих выражений определите, какой стиль речи преобладает в лекции: *в социологии субкультура означает; в это понятие также входят; общностями молодёжи являются; обладали выраженной позицией; наибольшее влияние оказали; примером может служить то, что.*
(А) разговорно-обиходный
(Б) официально-деловой
(В) научно-популярный

1.	А	Б	В
2.	А	Б	В
3.	А	Б	В
4.	А	Б	В
5.	А	Б	В
6.	А	Б	В

ЗАДАНИЕ 9. Подготовьтесь к слушанию текста «Молодёжная мода в России». А. Вспомните значение следующих слов: *лапоть/лапти; подражать; блуждать; сетчатый; скоротечный.* **Б. Скажите по-другому:** *куда родители смотрят; кислотный цвет, натуральный цвет; молодёжные фишки; кануть в Лету; как заблагорассудится.*

ЗАДАНИЕ 10. Прослушайте текст «Молодёжная мода в России». Обратите внимание на некоторые особенности отношения старшего поколения к моде молодых.

ЗАДАНИЕ 11. Как вы думаете, что определяет отношение к молодёжной моде людей старшего поколения? Выскажите своё мнение, используйте речевые клише и выражения: *Я думаю/считаю…; Мне кажется…; С одной стороны, …, с другой стороны, … ; Хотелось бы отметить, что…; Можно не соглашаться с…; Полностью согласен с… .*

ЗАДАНИЕ 12. Прочитайте высказывания. Согласитесь / не согласитесь с приведёнными в них мнениями, аргументируйте свою позицию. Используйте речевые клише и выражения, данные в предыдущем задании.

1. Не стоит винить молодёжь в том, что она одевается, как ей хочется. Ведь молодость проходит так же быстро, как и скоротечная мода.

2. Время и одежда меняются, но люди остаются людьми независимо от того, во что они одеты.

ЗАДАНИЕ 13. Подготовьтесь к чтению текста «Как одеваются в Англии и в Нью-Йорке». А. Вспомните значения слов: *самоирония; экстремальность; гротеск; фетиш; скалолазание.* **Б. Скажите по-другому:** *прекрасная половина; демонстрировать внешним видом; перевернуть устои; неодобрительно покачивать головой; блошиный рынок.*

ЗАДАНИЕ 14. А. Прочитайте текст.

КАК ОДЕВАЮТСЯ В АНГЛИИ…

Говорят, что мода для Франции — это высокое искусство, для Италии — своего рода фетиш, а для Англии — род безумия. Поэтому на английских улицах возможно всё! Сегодня именно англичане перевернули устои в мире моды, а Лондон стал одним из главных городов, где рождается мировая мода и альтернативные стили. Желание модно одеваться и выглядеть необычно продиктовано свойственной британцам самоиронией, стремлением продемонстрировать индивидуальность и собственное мировоззрение. Особенно это заметно у юных представительниц «прекрасной половины». Такое впечатление, что не они заглядывают в модные журналы, а журналы «подсматривают» на улицах Лондона за выдумками девушек. Однако в большей мере экстремальность в одежде, иногда доходящая до гротеска, характерна для той части молодёжи, которая своим внешним видом демонстрирует музыкальные или клубные предпочтения.

…И В НЬЮ-ЙОРКЕ

В этом городе нет особой разницы в стиле жизни между молодёжью и более взрослым поколением. Это отражается и в одежде: тебе сорок, но ты можешь быть хипстером[1] и носить непонятно что или увлечься скалолазанием и надеть вместо свитера термобельё. Ньюйоркцы одеваются в соответствии со своими мироощущениями и настроениями, смело смешивая вещи из дорогих магазинов с вещами, купленными на блошиных рынках. Они носят много чёрного, потому что считают, что он богемный и непринуждённый. Но как бы ты ни был одет, шанс поймать на себе осуждающий взгляд в Нью-Йорке равен нулю.

---

[1] Хипстер — человек, презирающий условности, пытающийся создать собственную культуру и следовать ей.

Б. Выскажите своё мнение по следующим вопросам; используйте речевые клише, данные в скобках.

1. **Согласны ли вы с утверждением**, что именно юные представительницы «прекрасной половины» человечества являются авторами модных стилей? *(Конечно; Согласен/Согласна с вами; Напротив; Не согласен / Не согласна с мнением...; Маловероятно, что...; Едва ли...)*

2. **Чем, по вашему мнению**, объясняется то, что в Нью-Йорке сорокалетние могут носить «непонятно что»? *(Я думаю...; По моему мнению, ...)*

3. Если для Франции мода — высокое искусство, для Италии — фетиш, для Англии — род безумия, то чем она является для Нью-Йорка? А для России? *(Если..., то...; В отличие от (кого/чего) (кто/что)...; Как и..., так и...; ... так же, как и...)*

*ЗАДАНИЕ 15. Прочитайте приведённые ниже мнения, присоединитесь к одному из них; не согласитесь с альтернативным мнением, опровергните его. Используйте речевые клише и выражения: *Я присоединяюсь к...; С этим нельзя не согласиться; Аргументом в поддержку...; Присоединяюсь к первому/второму мнению; Несомненно, ...*

1. Молодёжь всегда была и остаётся талантливой, целеустремлённой и перспективной. Молодые люди инициативны, не боятся высказывать и отстаивать своё мнение. Молодёжь — это будущее, и она должна выбирать, каким быть завтрашнему дню.

2. В наше время молодёжь не очень заботится о чести и совести. Ничем не заполненное свободное время приводит к распущенности, иждивенческому отношению к старшим. Нынешнее поколение утратило прежнюю чистоту нравов и катится по наклонной.

§ 2. Образование на современном этапе

*ЗАДАНИЕ 1. Прочитайте текст интервью с ректором МГУ, академиком В.А. Садовничим. А. Определите тему и подтемы интервью. Б. Запишите некоторые выражения, отражающие его содержание.

Корреспондент: Виктор Антонович, каковы сегодня мировые тенденции в образовании?

Садовничий: ЮНЕСКО считает необходимым сосредоточить усилия на глобальной программе «Образование для устойчивого развития». Это своевременная и очень правильная тенденция. Суть её состоит в том, что образование должно быть широким, доступным для всех.

Корр.: Рынок давно присутствует в сфере образования, и если для части молодёжи образование бесплатное, то для многих это платная услуга. Что вы думаете об этом?

Садовничий: Образование должно быть разным: и платным, и бесплатным. Бесплатным оно должно быть для тех, кто талантлив и готов преодолеть любой конкурс.

Корр.: Что помогло выстоять высшей школе в период серьёзных испытаний, которые происходили в стране в конце прошлого и начале этого века?

Садовничий: Интеллект. Система образования содержит огромный человеческий потенциал, и этим она сильна. За эти годы вузы не только сохранили своих преподавателей, сотрудников, студентов и свои традиции, но сумели выйти на новый уровень развития.

Корр.: Вы можете сказать студенту, что не знаете ответ на его вопрос?

Садовничий: Конечно. Но позже я обязательно отвечу. Вообще, я тугодум. Я долго думаю, взвешиваю, прежде чем принять то или иное решение. Это позволяет избежать многих ошибок.

Корр.: Так же нам надо поступать и с системой образования?

Садовничий: Только так. Поспешное решение не даёт желаемых результатов в любой области. Я стою на том, что необходимо сохранить нашу традиционную систему, в основе которой лежит фундаментальное знание. Вот тогда наш вклад в развитие мирового образования на всех уровнях будет весомым. Я уверен, что так думают и в университетах других стран.

Корр.: Что, кроме образования, желания его получить, способно сплотить молодёжь?

Садовничий: Сейчас для молодёжи важны два обстоятельства. Первое зависит от всех нас. Молодых людей надо воспитывать начиная с дошкольного возраста — в семье, затем в школе и университете. Уверен, общество не может быть достойным и богатым, если молодёжь не находится на высоком нравственном и культурном уровне. Ведь невоспитанная молодёжь — это беда. Нельзя сказать, что это вина только этих ребят, это раны общества. А второе — надо создавать достойные условия для становления молодёжи в жизни. Каждый человек должен иметь простор для реализации своего потенциала и своего таланта. Как раз в этом и заключается задача государства и общества.

*ЗАДАНИЕ 2. Выберите правильный вариант ответа, отметьте его в матрице. Проверьте себя по ключам.

I. Определите, какой проблеме посвящено данное интервью.

1. В интервью корреспондент и В.А. Садовничий обсуждают ... .
   (А) тенденции в развитии образования и воспитания молодёжи
   (Б) пути развития высшей школы в России и в других странах
   (В) проблемы вхождения вузов России в европейскую систему

1.	А	Б	В
2.	А	Б	В
3.	А	Б	В
4.	А	Б	В
5.	А	Б	В
6.	А	Б	В

II. Проанализируйте содержание текста и определите его детали, выраженные неявно.

2. Называя себя человеком, осторожным в принятии решений, В.А. Садовничий подчёркивает, что ... .
   (А) поспешные выводы опасны только для системы образования
   (Б) ошибки в воспитании и образовании молодёжи нелегко исправить
   (В) непродуманные решения ведут к ошибкам в любой сфере деятельности

3. Учёный утверждает, что вклад России в развитие мирового образования будет весомым, если Россия ... .
   (А) станет поддерживать научные и дружественные отношения с вузами других стран
   (Б) сформирует свою систему образования, независимую от влияния других стран
   (В) сохранит систему образования, основанную на фундаментальном знании

4. По мнению ректора МГУ, общество не может быть достойным и богатым, если ... .
   (А) молодёжь не имеет высокого нравственного и культурного уровня
   (Б) в государстве нет достаточного количества дошкольных учреждений
   (В) государство не создаёт условия для становления полноценных семей

III. Проанализируйте языковые средства и сделайте вывод о речевом поведении собеседников.

5. Ректор Садовничий называет себя тугодумом, так как ... .
   (А) недостаточно высоко оценивает свои способности
   (Б) хочет подчеркнуть важность взвешенных решений
   (В) пытается оправдаться перед корреспондентом

IV. Проанализируйте речевое поведение собеседников и сделайте вывод об их отношении друг к другу.

6. Корреспондент в процессе беседы демонстрирует в отношении В.А. Садовничего ... .

    (А) корректность

    (Б) высокомерие

    (В) вседозволенность

ЗАДАНИЕ 3. Посмотрите видеосюжет «Для чего современная молодёжь поступает в вузы». Выберите правильный вариант ответа и отметьте его в матрице. Проверьте себя по ключам.

1. При выборе учебного заведения молодые жители России отдают предпочтение тем вузам, ...

    (А) в которых лучшая материальная и спортивная база

    (Б) дипломы которых высоко котируются среди работодателей

    (В) которые порекомендовали им родители или родственники

2. Высшее образование, по мнению российской молодёжи, необходимо, чтобы ... .

    (А) сделать успешную карьеру

    (Б) повысить престиж в обществе

    (В) успокоить своих родственников

3. Наиболее нацелены на карьеру и получение знаний студенты ... .

    (А) из стран ближнего зарубежья

    (Б) из Москвы и Подмосковья

    (В) из обеих российских столиц

4. У отличников более скромные запросы к будущим работодателям, так как они ... .

    (А) не имеют представления о рынке труда

    (Б) лучше, чем троечники, знают рынок труда

    (В) надеются на помощь в трудоустройстве

1.	А	Б	В
2.	А	Б	В
3.	А	Б	В
4.	А	Б	В

*ЗАДАНИЕ 4. Познакомьтесь со следующими высказываниями. Вспомните значение слов: *водопой; сентенция; предпосылка; познание.*

Мудрость жителей пустыни гласит: «Можно привести верблюда на водопой, но нельзя заставить его напиться». Эта сентенция отражает основной принцип обучения — могут быть созданы все необходимые условия и предпосылки для учёбы, но само познание начнётся только тогда, когда ученик захочет познавать.

Другая мудрость, сформулированная древним китайским философом, учит: «Скажи мне, и я забуду. Покажи мне, и я запомню. Дай мне действовать самому, и я пойму». Таков иной принцип обучения, в основе которого собственная активность. Проблема заключается в том, чтобы эти принципы эффективно работали, дополняя друг друга.

*ЗАДАНИЕ 5. Согласитесь / не согласитесь с высказываниями, содержащимися в предыдущем задании. Аргументируйте свою позицию. Используйте речевые клише для выражения:

согласия: *Я согласен/согласна с...; Не могу не согласиться с...;*

возражения: *Не могу согласиться с...; Напротив, ...; Категорически не согласен / не согласна;*

сомнения: *Едва ли...; Сомневаюсь, что...;*

обоснования: *Доводом в пользу...; Аргументировать это мнение можно так: во-первых..., во-вторых... .*

*ЗАДАНИЕ 6. Подготовьтесь к просмотру видеосюжета «Физики Гейм и Новосёлов продолжают получать поздравления». А. Вспомните значения следующих слов: *престиж, рейтинг, анекдот, рутина, похвастаться, смириться, удостовериться, ошеломить.* **Б. Скажите по-другому:** *разгребать почту, свежеиспечённые лауреаты, российские корни, пышные торжества, отмечать премию.*

*ЗАДАНИЕ 7. Посмотрите видеосюжет «Физики Гейм и Новосёлов продолжают получать поздравления». Выберите правильный вариант ответа и отметьте его в матрице. Проверьте себя по ключам.

1. В репортаже рассказывается о реакции на присуждение Нобелевской премии … .
   (А) членов семей лауреатов
   (Б) лауреатов и их коллег
   (В) студентов университета

2. По словам доктора Эрни Хилла, открытие в Манчестерском университете лаборатории для будущих лауреатов позволило им … .
   (А) создать рабочую атмосферу
   (Б) улучшить условия труда
   (В) ускорить получение результатов

3. Физик Новосёлов не может поверить тому, что о нём пишут газеты, потому что он … .
   (А) недоверчив по своей натуре
   (Б) ошеломлён сообщением о премии
   (В) критично настроен к прессе

4. По мнению коллег и студентов, талант и работоспособность учёных закономерно увенчались … .
   (А) завоёванной наградой
   (Б) заслуженной премией
   (В) полученной прибылью

5. Журналист считает, что учёные Гейм и Новосёлов видят смысл жизни в … .
   (А) неустанной работе
   (Б) общении с коллегами
   (В) отдыхе в горах

6. Супруга Андрея Гейма относится к увлечённости мужа работой … .
   (А) безразлично
   (Б) с пониманием
   (В) с завистью

1.	А	Б	В
2.	А	Б	В
3.	А	Б	В
4.	А	Б	В
5.	А	Б	В
6.	А	Б	В

*ЗАДАНИЕ 8. Опираясь на информацию заданий 1–7 порассуждайте о роли высшего образования в жизни молодёжи и о тенденциях в его развитии. Ответьте на запросы; в высказываниях используйте речевые клише и выражения, данные в скобках.

1. Изложение альтернативных мнений: Существует мнение, что для успешного старта в жизни необходимо получить высшее образование, и желательно в престижном вузе. Однако немало людей придерживается мнения, что фундаментальные университетские знания в дальнейшем не используются или используются частично и не влияют на карьерный рост. ***Что вы думаете об этом?*** При-

соединитесь к первому мнению, обоснуйте свою позицию *(Я согласен/согласна с...; Поддерживаю это мнение, потому что...; Так как...; сильный преподавательский состав, хорошая учебная база, высокий стандарт обучения)*.

2. Выражение сомнения в высказанном собеседником мнении: Конечно, название престижного вуза может сыграть свою роль при устройстве на работу, но **вряд ли** окажет большое влияние на карьеру. **Сомневаюсь, что** высшее образование вообще может помочь заработать неплохие деньги. Билл Гейтс и создатель социальной сети «Фейсбук» Марк Цукерберг бросили Гарвард, не получили высшее образование, но преуспели в бизнесе. Попытайтесь отстоять свою точку зрения *(Я уверен, что...; И всё же я думаю, что...; И ещё один аргумент...; нобелевские лауреаты, Московский физтех, хорошее образование)*.

3. Запрос разъяснения понятия: **А что вы называете** хорошим образованием? **Что вы подразумеваете под** этим? *(Я называю...; Под этим подразумевается...; качественная подготовка, универсальность и гибкость мышления, способность к самообучению)*

4. Запрос вывода: **Что бы вы могли сказать в заключение?** *(Подводя итоги, можно сказать, что...; Можно сделать вывод, что...; непременное условие, программа ЮНЕСКО «Образование для устойчивого развития»)*

*ЗАДАНИЕ 9. Прослушайте текст «Учёба в чистом поле». А. Определите его тему. Б. Запишите некоторые выражения, отражающие содержание текста.

*ЗАДАНИЕ 10. Порассуждайте о пользе летних школ. Нужны ли они? Выскажите своё мнение, приведите доводы за и против. Используйте речевые клише и выражения: *По моему мнению, ...; Я считаю...; Я имел(-а) в виду...; Это свидетельствует о...; Если сравнить...; Ещё один довод в пользу...; Можно сказать, что... .*

ЗАДАНИЕ 11. Подготовьтесь к чтению текста «Получение образования на расстоянии». А. Выскажите предположение, о чём может идти речь в тексте. Б. Вспомните значения следующих словосочетаний: *проблема модернизации, широкое внедрение, обратная связь, прорыв в развитии, неоспоримое преимущество, престижный вуз.*

ЗАДАНИЕ 12. А. Прочитайте текст.

ПОЛУЧЕНИЕ ОБРАЗОВАНИЯ НА РАССТОЯНИИ

Проблема модернизации образования в последнее десятилетие активно обсуждается в законодательных органах, научных кругах и средствах массовой информации. При этом всё чаще говорится о широком внедрении новой формы обучения — дистанционной. Однако идея такого обучения не нова, её корни нужно искать в XVIII веке. Именно в это время в Европе установилась регулярная и доступная почтовая связь, которая способствовала возникновению «корреспондентского обучения». Учащиеся по почте получали задания, переписывались с педагогами, сдавали экзамены доверенному лицу.

С появлением радио и телевидения аудитория обучающихся на расстоянии возросла в сотни раз. Тем не менее такая форма учёбы имела существенный недостаток — отсутствие обратной связи. Его исправил Интернет, ставший большим, чем радио и телевидение, прорывом в развитии дистанционного обучения: преподаватели смогли общаться со своими учениками, где бы те ни находились. Распространение «быстрого» Интернета дало возможность использовать для обучения онлайн-семинары.

У дистанционного вузовского образования есть неоспоримое преимущество: от студентов не требуется всё время находиться в аудитории. Это позволяет учиться в престижных вузах столицы и в вузах других крупных городов любому желающему, причём за более низкую плату, чем при очном обучении.

Б. Ответьте на запросы по тексту, используйте в ответах речевые клише и выражения, данные в скобках.

Запрос мнения: **Что вы думаете о** внедрении дистанционного обучения в систему высшего образования? *(Я убеждён/убеждена...; Я считаю, что...)*

Запрос информации: **Что вы знаете о** введении этой формы обучения в крупнейших вузах Европы и Америки? *(Я читал, что...; В Интернете можно найти...; К сожалению, у меня нет информации о...)*

Запрос оценочного суждения: **Как вы оцениваете** перспективы развития дистанционного обучения? *(...что быстро войдёт в...; Это положительно/отрицательно повлияет на...)*

Запрос вывода: **Что бы вы могли сказать в заключение?** *(В заключение можно сказать...)*

ЗАДАНИЕ 13. А. Прочитайте размещённое в Интернете объявление о работе курсов дистанционного обучения.

В центре дистанционного обучения «Профессионал» вы можете выбрать индивидуальный способ обучения и удобный режим занятий. Для компаний это прекрасная возможность повысить квалификацию персонала. Вашим сотрудникам не нужно ездить в командировки и тратить на это рабочее время. Более подробные сведения о проведении экзаменов и подготовке к ним вы можете получить по телефону: 205-71-38.

Б. Представьте ситуацию: вы звоните по номеру, указанному в тексте объявления. Попросите дать дополнительную информацию; уточните то, что вы не поняли; выразите намерения. Используйте данные речевые клише и выражения.

Запрос информации: *Скажите, пожалуйста, ...; Я хотел(-а) бы узнать...; Я хочу получить следующую информацию.*

Уточнение: *Уточните, пожалуйста, ...; Я хотел(-а) бы уточнить... .*

Переспрос: *Извините, я не понял(-а), повторите ещё раз, пожалуйста; Извините, я не расслышал(-а). Можно повторить ещё раз?*

Выражение намерения: *Я хочу/планирую/намерен(-а) + инфинитив.*

Выражение удовлетворения: *Прекрасно! (Очень) Хорошо! Отлично!*

Выражение благодарности: *Большое спасибо! Благодарю вас (за исчерпывающую информацию).*

ЗАДАНИЕ 14. Посмотрите фрагмент фильма «Операция "Ы" и другие приключения Шурика». Опишите место действия и героев сюжета; расскажите, что происходит на экране. Предположите, почему так складываются события и что является их причиной: плохая система контроля знаний или низкая дисциплина студентов?

***ЗАДАНИЕ 15. Проведите деловую беседу, разрешите конфликт. Представьте следующую ситуацию. Вы возглавляете центр дистанционного обучения вуза. Вам сообщили, что на сервере института ещё не размещены график прохождения электронного тестирования, расписание семинаров в сети Интернет и обновлённые материалы для студентов. Вызовите для разговора сотрудника, ответственного за эту работу, и выясните подробности случившегося. При выполнении задания используйте предложенную схему беседы и следующие выражения.**

1. Начните разговор с приветствия: *Добрый день. Проходите и садитесь.*

2. Сформулируйте предмет разговора: *Нам нужно обсудить положение с... .*

3. Далее вы можете: а) дать общую положительную оценку работы сотрудника или б) сразу перейти к изложению претензий. Используйте выражения: а) *Я всегда мог/могла положиться на вас, однако...*; б) *Сегодня мне сообщили, что... .*

4. Проанализируйте ситуацию, выясните причины случившегося, объясните, что нужно было сделать в данной ситуации: *Я хотел(-а) бы выяснить, почему... ; Это одна из причин, но были и другие; Скажите, почему вы не сообщили о...; На вашем месте можно было бы... .*

5. Дайте оценку действий сотрудника: *Я не ожидал(-а) от вас такого безответственного отношения; Вы неправильно организовали... .*

6. Объявите о вашем решении: *Хотя вы действовали не лучшим образом, но...; Так как вы допустили подобный промах впервые, ...; Мне придётся объявить вам выговор за... .*

*ЗАДАНИЕ 16. Подготовьтесь к чтению текста «Нелегко быть молодым». А. Выскажите предположение, о чём может идти речь в тексте. Б. Вспомните значения следующих слов: *сотворение; балаган; резвый; уязвимый; мучительный; отшелушиваться; соскоблить; пресловутый; пригодиться; фатальный.* В. Скажите по-другому: *по большому счёту; размером с кончик иглы, в два счёта, крохотная песчинка.*

*ЗАДАНИЕ 17. А. Прочитайте текст.

НЕЛЕГКО БЫТЬ МОЛОДЫМ

Нелегко быть молодым — и не потому, что мир изменился, мир со дня его сотворения всё тот же!

Ну, были резвые кони, стали автомобили. Ну, были книги, стали компьютеры. Были балаганы на площадях, появился телевизор! По большому счёту это ничего не меняет.

Нелегко быть молодым именно потому, что человечество ещё ничему не научилось! Молодость уязвима как раз потому, что она — молодость. Она не учитывает ничьих ошибок и ничего не знает о жизни. Неизвестно кем и зачем придумано так, что каждый приходящий в этот мир всё начинает заново, — зачем, зачем? Ведь есть — были! — те, кто приходил раньше, и вот с них бы начать, с того, что они поняли, осознали, с их мучительных противоречий, с их поисков себя, с инструкций, которые они оставили!

Нелегко быть молодым, потому что самоуверенность слетает в два счёта, и бывает, что вместе с ней отшелушивается и ещё масса всего полезного, нужного, что пригодилось бы когда-нибудь, а уже не пригодится, потому что ничего не осталось, всё соскоблили, как тёркой, обстоятельства, которые — именно из-за молодости — кажутся непреодолимыми и фатальными.

Почему, почему человечество не накапливает опыт, вот вопрос, на который не нашёл ответ никто. Может, потому, что это только нам кажется, что наша история насчитывает многие тысячелетия, а оттуда, сверху, все эти пресловутые тысячелетия — просто крохотная песчинка времени?! И она объединяет всех — и шумеров, и инков, и римлян, и греков, и мрачное Средневековье, и Высокое Возрождение, и нас, грешных! Мы все толчёмся на историческом отрезке размером с кончик иглы, а нам кажется, что этот отрезок — о-го-го! Цивилизации сменяют друг друга. Атлантиды гибнут, Трои пропадают под слоем вечных песков, а на самом деле цивилизация ещё вообще не начиналась и начнётся только тогда, когда люди научатся учиться! (по Т. Устиновой).

Б. Скажите, действительно ли молодость — трудный период в жизни людей? Почему? Выскажите своё мнение и попытайтесь его отстоять. Используйте речевые клише и выражения: *На мой взгляд, ...; По моему мнению, ...; Стоит сказать, что...; Дело в том, что...; Я бы не стал(-а)... .*

*ЗАДАНИЕ 18. Прочитайте приведённые ниже мнения, присоединитесь к одному из них; не согласитесь с альтернативным мнением, опровергните его. Используйте речевые клише: *Я согласен/согласна с мнением, что...; Хочу возразить...; Аргументом против такой позиции может служить... .*

1. Существует мнение, что из-за недостаточного контакта с преподавателем качество знаний, полученных при дистанционном обучении, ниже, чем при очном. Кроме того, освоить практические профессии, например, такие как медицина, можно только в аудитории. Дистанционное обучение подходит людям с развитой самодисциплиной и самоконтролем.

2. Дистанционная форма позволяет обучающимся выбирать индивидуальный план занятий в соответствии с интересами и устремлениями. Такое обучение дает возможность жителям отдаленных регионов учиться в столичных вузах и не нести дополнительные затраты. Дистанционное обучение делает доступным образование для людей, которые по состоянию здоровья не могут покинуть свой дом.

§ 3. Иммиграция: проблемы и пути их решения

ЗАДАНИЕ 1. А. Прочитайте объявление о сдаче экзаменов для приёма в гражданство РФ, помещённое в Интернете.

> Центр тестирования по русскому языку как иностранному (ЦТ РКИ) организует и проводит экзамены на знание русского языка в объёме, достаточном для получения гражданства РФ. В случае успешной сдачи тестовых экзаменов выдаются сертификаты государственного образца.
>
> Тестирование для приёма в гражданство проводится в первую неделю каждого месяца; конкретные даты устанавливаются по индивидуальному согласованию.
>
> Более подробные сведения о проведении экзаменов и подготовке к ним вы можете получить по телефону: 250-31-21.

Б. Представьте ситуацию: вы звоните по номеру, указанному в объявлении. Попросите дать дополнительную информацию. Уточните то, что вы не поняли, попросите повторить то, что не расслышали. Используйте данные ниже речевые клише.

Запрос информации: *Скажите, пожалуйста, ...; Я хотел(-а) бы узнать...; Я хочу получить следующую информацию: ... .*

Уточнение: *Уточните, пожалуйста, ...; Я хотел(-а) бы уточнить... .*

Переспрос: *Извините, я не понял(-а), повторите ещё раз, пожалуйста, ...; Извините, я не расслышал(-а). Можно повторить ещё раз?*

ЗАДАНИЕ 2. Примите участие в диалоге. Выразите заданные интенции, используйте речевые клише, данные в скобках.

1. **Собеседник:** Алло! Центр тестирования. Слушаю вас.
   Вы: представьтесь, выразите намерение *(Я хочу/планирую/намерен(-а) + инфинитив)* — ....
2. **Собеседник:** Вы можете сдать экзамен в ближайшую пятницу.
   Вы: выразите удовлетворение *(Прекрасно!; Отлично!)* — ....
3. **Собеседник:** На экзамене выполняется пять субтестов.
   Вы: выразите беспокойство *(Не окажется ли так, что...; А что, если...; А вдруг...)* — ....

4. **Собеседник:** Если вы не выполните один субтест, то повторить попытку можно будет через год.

   Вы: выразите недоумение *(Неужели...?)* — ....

5. **Собеседник:** Чтобы успешно сдать экзамен, накануне обязательно нужно прийти на консультацию.

   Вы: выразите удовлетворение *(Очень) Хорошо!)* — ....

6. **Собеседник:** Доехать до центра тестирования можно на автобусах № 54 и 75, на маршрутках 33 и 71.

   Вы: выразите благодарность, попрощайтесь *(Большое спасибо за...! Благодарю вас (за исчерпывающую информацию)* — ....

*ЗАДАНИЕ 3. Подготовьтесь к чтению текста «Иммиграция: история, проблемы, пути решения». А. Вспомните значения следующих слов и словосочетаний: *миграция; иммиграция; эмиграция; доминирующая раса; деколонизация; благосклонный; компенсировать; радикально изменить; обрушиться; фобия; превалирующий; ассимилировать.* Б. Определите тему и подтемы текста.

*ЗАДАНИЕ 4. А. Прочитайте текст.

ИММИГРАЦИЯ: ИСТОРИЯ, ПРОБЛЕМЫ, ПУТИ РЕШЕНИЯ

Миграция людей — это общественное явление, столь же древнее, как и сам человек. В прошлые столетия различные темпы роста населения, экономические условия и политика правительства приводили к массовой миграции греков, евреев, скандинавов, турок, русских, китайцев и других народов. Однако с начала XIX века в миграции наметилась определённая тенденция: миграционные потоки направлялись преимущественно в Северную Америку, а доминирующей расой в этих потоках были европейцы. С 1821 по 1924 гг. около пятидесяти пяти миллионов человек из Европы мигрировало за океан.

Конец XX в. ознаменовался другой, ещё большей миграционной волной, которая изменила ситуацию: Европа из поставщика иммигрантов превратилась в их потребителя. Эта новая волна была отчасти результатом деколонизации, образования новых стран и политики государств, которые поощряли отъезд людей. Особенностью этой волны стало явление, получившее в современном мире название «утечка мозгов» — перемещение из развивающихся стран в развитые высококвалифицированных специалистов и учёных. Кроме того, подобно тому, как экономический рост Запада стимулировал эмиграцию в XIX веке, экономическое развитие незападных обществ стимулировало эмиграцию в двадцатом столетии. «Миграционный поток, однажды начавшись, — утверждает современный политолог Майрон Вайнер — увеличивает свою скорость. Мигранты дают возможность мигрировать своим друзьям и знакомым, снабжая их информацией о том, как мигрировать, а также оказывают помощь в поиске работы и жилья».

До семидесятых годов прошлого века европейские страны в общем благосклонно относились к иммиграции и поощряли её в некоторых случаях, для того чтобы компенсировать нехватку рабочей силы. Соединённые Штаты в этот период также радикально изменили свои законы, значительно повысив число иммигрантов. Однако к концу XX века высокий уровень безработицы, увеличившееся количество иммигрантов и преимущественно «неевропейский» характер иммиграции привели к резким изменениям в европейских взглядах и политике (к середине девяностых годов в одной только Франции проживало четыре миллиона мусульман, а по всей Западной Европе — до тринадцати миллионов). Несколько лет спустя такие же проблемы встали и перед Соединёнными Штатами.

Естественный рост населения в США очень низок, а в Европе практически равняется нулю. Среди мигрантов уровень рождаемости высок, поэтому именно на них приходится большая часть будущего роста населения в европейских странах. В результате этого жители Европы всё больше боятся того, что «на них обрушилось нашествие не армий и танков, а мигрантов, которые говорят на других языках, молятся другим богам, принадлежат к другим культурам, и возникает страх, что они отберут у европейцев работу, оккупируют их земли, съедят все деньги социального обеспечения и будут угрожать их образу жизни». По наблюдению американского учёного Стэнли Хоффмана, эта фобия, корни которой лежат в относительном демографическом спаде, «основывается на реальных столкновениях культур и обеспокоенности за национальную идентичность».

Сегодня остро стоит вопрос о том, станут ли Европа и США странами, состоящими из двух разных цивилизаций. И проблема эта зависит от количества иммигрантов и степени, в которой они будут ассимилированы в западные культуры, превалирующие в Европе и Америке. Европейские общества, как правило, либо не хотят ассимилировать иммигрантов, либо наталкиваются на трудности, пытаясь сделать это. Таким образом, продолжительная и значительная иммиграция, скорее всего, приведёт к появлению стран, разделённых на христианскую и мусульманскую общины. Этого исхода можно избежать — всё зависит от того, насколько готовы правительства и простые люди к последствиям ограничения иммиграции.

Б. На основе прочитанного текста выполните следующие задания. Используйте речевые клише и выражения, данные в скобках.

1. Некоторые исследователи считают, что миграционная волна конца XX — начала XXI века негативно влияет на состояние обществ и в развитых, и в развивающихся странах. Согласитесь / не согласитесь / частично не согласитесь с высказанным мнением, обоснуйте свою позицию. *(Не могу не согласиться с…; Я придерживаюсь другого мнения; В общем, это правильно, но…; В доказательство приведу следующие факты.)*

2. Разъясните, что означает выражение «иммигранты из незападных обществ». *(Под этим понимается…; Это надо понимать как…)*

3. Опровергните существующее мнение, что «иммигранты отберут у европейцев работу, оккупируют их земли, съедят все деньги социального обеспечения». Обоснуйте свою точку зрения. *(Я придерживаюсь противоположного мнения; У меня иная позиция; Это подтверждают такие примеры)*

4. Выскажите предположение о возможных изменениях в европейских странах в связи с увеличением потока иммигрантов. *(Если предположить / допустить / представить, что…)*

5. Предложите свой вариант решения проблем, связанных с увеличением потока иммигрантов, сделайте вывод. *(Проблемы можно решить…; Хорошо было бы…; Решение этих проблем…; Подводя итоги, можно сказать…; Можно сделать вывод…)*

ЗАДАНИЕ 5. Подготовьтесь к просмотру видеосюжета «Цыгане в Финляндии». Вспомните значение следующих слов и словосочетаний: *милостыня; подавать милостыню; попрошайничать; попрошайка; ужесточить; выдворить; отправить восвояси; оседлый.*

ЗАДАНИЕ 6. Посмотрите видеосюжет «Цыгане в Финляндии» и на его основе выполните следующие задания. Используйте речевые клише и выражения, данные в скобках.

1. Как вы считаете, обоснованны ли претензии граждан и правительства Финляндии к цыганам-мигрантам? Поддерживаете ли вы обвинения, которые выдвигаются в адрес нелегалов? Выскажите своё мнение. *(По моему мнению, …; Я считаю…; Конечно, это справедливое/несправедливое обвинение; С этим можно согласиться…; Я придерживаюсь мнения, что…)*

2. Лидер финской цыганской общины видит решение проблемы в том, чтобы страны, откуда приезжают цыгане, занялись профессиональной подготовкой мигрантов и их трудоустройством. Выскажите предположение, помогут ли такие меры разрешить проблему нелегалов и снизить напряжённость в обществе. *(Если предположить, что…; Мне кажется, что…)*

3. Ряд европейских стран закрыл для цыган въезд на свои территории, нарушив тем самым закон о свободном перемещении по объединённой Европе. Предложите своё решение этой пробле-

мы. Аргументируйте его. *(Может быть, это следовало бы...; Думаю, можно сделать так...; Аргументом в пользу...)*

ЗАДАНИЕ 7. Прослушайте аудиотекст «Хиджаб для Марии». Выберите правильный вариант ответа и отметьте его в матрице. Проверьте себя по ключам.

1. По мнению автора, причиной обострения ситуации на узком миграционном пространстве является ... .

(А) приезд иностранных рабочих из бывших республик СССР

(Б) низкая рождаемость среди коренного населения

(В) появление компактных национальных анклавов

2. Сравнивая соотношение коренного и некоренного населения России и США, автор высказывает мнение, что население страны превращается в единый народ ... .

(А) при условии, если иммигранты составляют не более двадцати процентов

(Б) независимо от процентного соотношения иммигрантов и коренного населения

(В) при условии, если иммигранты составляют более сорока пяти процентов

3. Рассматривая ситуацию в Западной Европе, автор приходит к выводу, что включение иммигрантов в жизнь и культуру титульной нации возможно ... .

(А) при низком проценте иммигрантов на ограниченной территории

(Б) при условии полной занятости коренного населения

(В) тогда, когда подрастёт молодое поколение, родившееся в стране

4. Употребление в тексте выражений *проблема рассосётся, национальная крепость, политик национал-социалистического разлива* указывает на то, что это ... .

(А) научная статья

(Б) учебная лекция

(В) газетная статья

1.	А	Б	В
2.	А	Б	В
3.	А	Б	В
4.	А	Б	В

*ЗАДАНИЕ 8. Подготовьтесь к просмотру видеосюжета «Закон о парандже». Вспомните значение следующих слов и словосочетаний: *дебаты; общие ценности; скандальный; человеческое достоинство; ревнитель традиций; апеллировать; железный аргумент.*

*ЗАДАНИЕ 9. Посмотрите видеосюжет «Закон о парандже» и на его основе выполните следующие задания. Используйте речевые клише и выражения, данные в скобках.

1. Как вы оцениваете факт, что несогласный с законом о запрещении паранджи сообщил о минировании Эйфелевой башни? Одобряете ли вы подобные методы борьбы? Дайте вариант возможного разрешения ситуации. *(Я не одобряю подобные методы, потому что...; Мне кажется, что возможен и...; Лучше было бы...)*

2. Согласны ли вы с мнением депутатов Сената, что граждане Франции, независимо от религиозных взглядов, должны объединиться вокруг общих ценностей и жить по обязательным для всех правилам? Приведите доводы в поддержку или против позиции Сената. *(Не могу не присоединиться...; Вне всякого сомнения, ...; Это, конечно, правильно, но...; Аргументом в поддержку этого мнения...; Доводом против такой позиции...)*

3. Не считаете ли вы штраф в тридцать тысяч евро слишком тяжёлым наказанием для мужчин-мусульман? Выскажите своё мнение. *(По моему мнению, ...; Я считаю, что...; Мне кажется, что...)*

4. Считаете ли вы мнение о том, что под паранджой может скрываться преступник, серьёзным аргументом в пользу нового закона? Обоснуйте свою позицию. *(Я думаю, что...; По-моему, ...; На мой взгляд, ...; Аргументом может служить...)*

5. Предположите, как могут развиваться события, если женщины-мусульманки не подчинятся закону о запрете паранджи. *(Если предположить, что...; Предположим, что...)*

*ЗАДАНИЕ 10. Подготовьтесь к чтению полилога «Чужой среди чужих». А. Выскажите предположение, о чём будет идти речь. Б. Вспомните значение следующих слов: *оседлый; адаптация; тотальный; неприязнь; суицид; соматический.* **В. Скажите по-другому:** *улететь из своего гнезда; строить новую жизнь; выть на луну; терпеть, стиснув зубы; уверенность в завтрашнем дне; языковой барьер.*

*ЗАДАНИЕ 11. Прочитайте полилог, запомните некоторые сведения об особенностях психологического состояния иммигрантов.

ЧУЖОЙ СРЕДИ ЧУЖИХ

В беседе принимают участие доктор психологии Эрик Шираев (США) и кандидат психологических наук Ольга Маховская (Россия).

Корреспондент: Психологи говорят, что мигранты — это совершенно особая группа, которая может иметь те же проблемы, что и люди «оседлые». Но у них есть одна особенность: мигранты улетели из своего гнезда. Ведь дом — это не только четыре стены.

Ольга Маховская: Опыт эмиграции, кстати, интересен тем, что даёт понять, как развивается состояние одиночества в разлуке с родными и друзьями. Если дети и подростки переживают адаптацию бурно и быстро, то у взрослых этот процесс более растянут. Вначале у них наступает так называемый «медовый месяц». Потом восприятие становится спокойным, и, наконец, возникает ощущение выключенности из жизни. Это состояние нарастает, и ко второму году приходит чувство тотального одиночества. Алкоголизм и депрессия — типичная эмигрантская проблема. Тяжесть эмиграции в том, что её последствия отсрочены во времени.

Эрик Шираев: Люди, которые чувствуют себя одинокими, подавленными, становятся чрезмерно самокритичными и чувствительными к своим переживаниям. Но более тревожно то, что они слишком критичны по отношению к другим. Вы говорите, что алкоголизм и депрессия — это типичная эмигрантская проблема. Однако это не совсем так. Научные исследования в США за последние двадцать лет показывают, что иммигранты менее подвержены таким проблемам, чем основное население. Почему? Потому что иммигранты очень заняты: они строят новую жизнь и справляются с психологическими проблемами сами. Им просто некогда обращать внимание на эти моменты.

О.М.: Извините, но, во-первых, иммигранты живут не только в странах массовой иммиграции — США и Канаде. Исследования показывают, что среди вынужденных мигрантов большинство испытывает психологические трудности. И как раз немногие выдерживают высокий темп жизни, неприязнь коренных жителей страны и многолетнюю борьбу за гражданство. Именно среди иммигрантов наибольшее число суицидов, соматических и психологических заболеваний. Среди иммигрантов наибольшее число разводов, а значит, опять есть повод повыть на луну. Во-вторых, по данным психологов, около семидесяти процентов детей иммигрантов живут в продолжительном отрыве от взрослых, которые уезжают, чтобы устроиться, и забирают детей позже. Вы думаете, детское одиночество в эмиграции менее острое? И, кроме того, иммигранты — по крайней мере, из бывшего СССР — терпят все невзгоды, стиснув зубы и никому не жалуясь.

Э.Ш.: Иммигранты — это очень специфическая группа, что тут возразить? Но мы говорим и о других группах. Если у человека есть работа и медицинская страховка, любимая еда на столе, чистый воздух, возможность путешествовать и не слишком зависеть от правительства, то у него появляется уверенность в завтрашнем дне и потенциал для развития. В таком случае чувство одиночества, если оно всё-таки есть, — это результат отсутствия социальных навыков или болезнь. Является человек иммигрантом или нет, его одиночество — это результат несформированных навыков общения и понимания самого себя.

О.М.: Ну да, ваши слова можно понять и так: чтобы не быть одиноким, всем надо стремиться стать членом американского общества с его ценностями, а потом уже можно решать свои психологические проблемы.

Э.Ш.: О нет! Всё, что я хотел сказать, так это то, что люди сами виноваты в своём одиночестве. Многим и в Америке, и в России просто не хватает умений, чтобы быть социально востребованными и не страшиться своего одиночества.

Корр.: Должен вам сказать, что в Германии нашли хороший выход из таких ситуаций. Например, это «телефон доверия» для русскоязычных иммигрантов. Его номер знает едва ли не каждый из трёх миллионов бывших граждан СССР, живущих сегодня в Германии. Количество звонков доходит до пятидесяти в день. Поздно ночью звонят те, кто находится на грани нервного срыва, их главная проблема — языковой барьер. Многие переселенцы просто не хотят или не могут выучить язык, при этом они знают, что от голода не умрут, потому что власти выдают пособия. Люди перестают чего-либо добиваться и через пять-шесть лет приходят к социальной смерти. А это страшно! Для таких отчаявшихся и работает «телефон доверия».

*ЗАДАНИЕ 12. Представьте, что вы участвуете в подобной беседе в качестве ведущего. Сформулируйте обсуждаемую проблему, обоснуйте её значимость. Используйте речевые клише и выражения: *Сегодня мы обсуждаем...; Эта проблема является...; Я глубоко убеждён, ...; Обоснованием проблемы является... .*

*ЗАДАНИЕ 13. Согласитесь с мнением О. Маховской, что иммигрантам трудно выдерживать темп жизни и борьбу за гражданство. Обоснуйте свою позицию, используйте речевые клише и выражения: *С этим можно согласиться...; Это, несомненно, ...; Это подтверждают такие примеры...; Обоснованием может служить... .*

*ЗАДАНИЕ 14. Не согласитесь / частично не согласитесь с мнением Э. Шираева, что иммигранты в меньшей степени, чем коренное население, испытывают психологические трудности. Какие доводы Э. Шираева вы считаете допустимыми, а какие — нет? Обоснуйте свою позицию, используйте речевые клише и выражения: *Я категорически с этим не согласен...; Готов с вами согласиться, но при условии...; Всё это так, но...; Аргументом является... .*

*ЗАДАНИЕ 15. Выскажите своё мнение по поводу того, как решаются психологические проблемы иммигрантов в Германии. Предложите свой вариант решения таких проблем, сделайте вывод. Используйте речевые клише и выражения: *Хотелось бы сказать также о...; Дело в том, что...; Я глубоко убеждён...; Подводя итоги, можно сказать...; В заключение хотелось бы... .*

*ЗАДАНИЕ 16. Прочитайте приведённые ниже мнения, присоединитесь к одному из них; не согласитесь с альтернативным мнением, опровергните его. Используйте данные речевые клише и выражения: *Поддерживаю точку зрения, что...; Я (не) согласен с... ; Не могу согласиться с...; Доказательством могут служить следующие факты/цифры... ; Хорошо было бы... .*

В последнее десятилетие много говорят и пишут о проблемах миграции. Одни высказывают мнение, что без иммигрантов странам с развитой и интенсивно развивающейся экономикой не обойтись. Другие считают, что проблемы, которые несёт иммиграция, трудноразрешимы, и миграционный поток нужно свести на нет.

§ 4. Основные проблемы экологии

*ЗАДАНИЕ 1. Подготовьтесь к чтению текста. А. Вспомните значения следующих слов: *урбанизация; круговорот; биосфера; самовосстановление; противостоять; преобразоваться.* **Б. Скажите по-другому:** *давление на природу; гибель в огне; жить в согласии друг с другом; предъявлять требования.*

*ЗАДАНИЕ 2. А. Прочитайте текст.

СОХРАНИТЬ ЖИЗНЬ НА ЗЕМЛЕ!

«Кончилось детство человечества, когда мать-природа ходила и убирала за нами. Наступил период зрелости. Теперь надо убирать самим, а вернее, научиться жить так, чтобы не сорить. Отныне вся полнота ответственности за сохранение жизни на Земле ложится на нас», — пишет современный российский учёный-эколог П.Г. Олдак.

В настоящее время человечество переживает едва ли не самый опасный момент за всю историю своего существования. Современное общество находится в глубоком кризисе. Быстрая индустриализация и урбанизация, резкое увеличение численности населения планеты, интенсивная химизация сельского хозяйства, другие виды антропогенного давления на природу существенно нарушили круговорот веществ и естественные энергетические процессы в биосфере, повредили механизмы её самовосстановления. Это поставило под угрозу здоровье и жизнь современного поколения людей и в целом дальнейшее существование цивилизации.

Анализируя сложившуюся ситуацию, многие специалисты приходят к выводу, что в настоящее время человечеству угрожают две смертельные опасности:

1) сравнительно быстрая гибель в огне глобальной ракетно-ядерной войны;

2) медленное вымирание из-за ухудшения качества жизненной среды, которое вызвано нерациональной хозяйственной деятельностью.

Вторая опасность, по-видимому, более реальна и более грозна, ведь для её предотвращения недостаточно одних лишь дипломатических усилий. Необходим пересмотр всех традиционных принципов природопользования и коренная перестройка всего хозяйственного механизма в большинстве стран мира.

Говоря о современной ситуации, нужно понимать, что кризис охватил не только экономику и природу. В кризисе находится прежде всего сам человек с его веками сложившимися образом мыслей, потребностями, привычками, способами поведения. Весь образ жизни человечества противостоит природе.

Выйти из этой ситуации можно только в том случае, если человек преобразуется в существо, дружественное природе, понимающее её и умеющее находиться в согласии с ней. Но для этого люди обязаны научиться мирно жить друг с другом и проявлять заботу о будущих поколениях. Всему этому должен научиться каждый человек, где бы ему ни пришлось работать и какие бы задачи ему ни предстояло решать. Человечество сейчас держит экзамен на подлинную разумность, и выдержать его можно, если выполнить требования, которые предъявляет природа. Хотелось бы, чтобы ещё многие поколения людей могли вслед за поэтом сказать:

Всегда прекрасное прекрасно: и первоцвет, и листопад.

И на рассвете звёзды гаснут, как гасли сотни лет назад.

Пусть это — истины земные, но, восторгаясь и любя,

Я этот древний мир впервые вновь открываю для себя.

Б. Ответьте на запросы по тексту, в высказываниях используйте речевые клише и выражения, данные в скобках.

Запрос мнения: В СМИ много пишут и говорят о том, что быстрая индустриализация, увеличение народонаселения, другие виды антропогенного влияния на природу угрожают жизни будущих поколений. ***Что вы думаете об этой проблеме?*** *(По моему мнению, …; Существует точка зрения, что…)*

Запрос обоснования мнения: ***Можете ли вы привести какие-либо аргументы*** в защиту вашей точки зрения? *(В доказательство приведу следующие факты; Аргументом в пользу… может служить…; Во-первых, …, во-вторых, …, в-третьих, …)*

Запрос предположения: Как дальше будут развиваться события, ***если предположить***, что человечество не пересмотрит принципы природопользования? *(Если представить, что…; Предположим, что…)*

Запрос разъяснения понятия: Автор пишет, что кризис охватил не только экономику и природу, но и самого человека. ***Не могли бы вы пояснить***, что подразумевается под выражением «кризис человека»? *(Под этим надо понимать…; Это надо понимать как…)*

Запрос вывода: ***Подводя итоги***, что бы вы могли сказать об условиях выхода мирового сообщества из кризисного положения? *(В заключение… ; На основании сказанного можно сделать вывод, что…)*

*ЗАДАНИЕ 3. Подготовьтесь к прослушиванию аудиотекста «Пора покончить с экологическим нигилизмом». А. Вспомните значения следующих слов и словосочетаний: *ужесточить наказание; наносимый; природоохранный; нигилизм; обращение к санкциям; механизм возмещения; последствие; разорить*. Б. Скажите по-другому: *поощрять рублём; рубить сплеча; поставить на колени; начинать уже вчера*.

*ЗАДАНИЕ 4. Прослушайте аудиотекст «Пора покончить с экологическим нигилизмом». А. Запишите некоторые выражения, отражающие его содержание. Б. Запомните сведения о состоянии природоохранной деятельности в России.

*ЗАДАНИЕ 5. Выберите правильный вариант ответа и отметьте его в матрице. Проверьте себя по ключам.

1. На заседании президиума Госсовета президент России говорит … .
    (А) только об ужесточении наказания за вред, наносимый окружающей среде
    (Б) о необходимости разработать единые правила природопользования
    (В) о финансовом положении крупной нефтяной компании

2. Приводя в качестве примера катастрофу в Мексиканском заливе, президент … .
    (А) подчёркивает необходимость ответственного отношения к природе
    (Б) высказывает сомнение в целесообразности проводимых в Арктике работ
    (В) отмечает нарушения при проведении работ в Каспийском море

3. Президент РФ считает, что сегодня экологическая ответственность настолько высока, что может разорить … .
    (А) крупную компанию
    (Б) фонд охраны природы
    (В) даже государство

1.	А	Б	В
2.	А	Б	В
3.	А	Б	В
4.	А	Б	В

4. Употребление выражений типа «рубить сплеча» и «поставить на колени» указывает на то, что в тексте используются … .

    (А) элементы научного стиля

    (Б) элементы разговорной речи

    (В) лекторский приём

*ЗАДАНИЕ 6. Проведите деловую беседу. Представьте, что вы директор химического завода. На вашем предприятии по недосмотру сотрудников произошла авария, и ядовитые отходы попали в реку. Теперь завод должен заплатить большой штраф. Проведите с начальником очистных сооружений завода разговор, в ходе которого вы должны обозначить его предмет, выяснить причины, которые привели к конфликтной ситуации, высказать своё мнение по поводу произошедшего и объявить о своём решении подчинённому.
При выполнении задания используйте предложенную схему беседы и следующие выражения.

1. Начните разговор так: *Проходите, пожалуйста, садитесь.*

2. Сформулируйте предмет беседы: *Возникла неприятная ситуация и нам нужно её обсудить; Я хотел(-а) поговорить с вами вот по какому поводу.*

3. Далее вы можете а) дать общую положительную оценку работы сотрудника или б) сразу перейти к изложению претензий. Используйте выражения: а) *В целом меня устраивает ваша работа, однако…*; б) *Пятого сентября произошла авария, которая… .*

4. Затем проанализируйте ситуацию, спросите подчинённого о причинах, приведших к аварии; уточните детали; объясните, что нужно было бы сделать в данной ситуации: *Хотелось бы знать причины…; Назовите причины, которые…; Это объективные причины, но были и субъективные. Объясните, почему…; Почему же вы не…; На вашем месте можно было бы… .*

5. Дайте оценку действий сотрудника: *Вы не смогли правильно оценить ситуацию…; Вы допустили серьёзную ошибку…; Вы неправильно организовали… .*

6. Объявите о вашем решении: *Вы показали себя как человек…; Я вынужден объявить вам выговор; Нам придётся расстаться с вами.*

ЗАДАНИЕ 7. Подготовьтесь к просмотру видеосюжета «Южно-Камчатский заповедник». Вспомните значения следующих слов и словосочетаний: *заповедник; федеральный заказник; браконьер; лосось; нёрест; нерести́лище лососёвых.*

ЗАДАНИЕ 8. Посмотрите видеосюжет «Южно-Камчатский заповедник». Выберите правильный вариант ответа и отметьте его в матрице. Проверьте себя по ключам.

1. Курильское озеро, находящееся на территории федерального заказника, охраняется … .

    (А) от браконьеров

    (Б) от медведей

    (В) от охотников

2. Курильское озеро является самым крупным в Азии … .

    (А) местом обитания медведей

    (Б) нерестилищем лососёвых

    (В) местом лова лососёвых

3. Медведи не проявляют агрессивности и не нападают, если … .

    (А) их не провоцировать

    (Б) не говорить громко

    (В) они набрали жир и вес

1.	А	Б	В
2.	А	Б	В
3.	А	Б	В
4.	А	Б	В

4. В месте впадения реки Озерной в Курильское озеро учёные ... .

    (А) ведут лов лососёвых

    (Б) наблюдают за медведями

    (В) подсчитывают нерестовую рыбу

ЗАДАНИЕ 9. Подготовьтесь к чтению текста «Спасаем природу». А. Вспомните значения следующих слов и словосочетаний: *водно-болотные угодья; пожертвовать; диковинный; вступительный взнос; стилизованный; добродушный.* **Б. Скажите по-другому:** *ровным счётом никого/ничего; ровным счётом никакого (внимания, значения); художник-анималист.*

ЗАДАНИЕ 10. А. Прочитайте текст.

СПАСАЕМ ПРИРОДУ

Когда в сентябре 1961 года несколько человек объявили о создании Всемирного фонда дикой природы (WWF), никто не обратил на это событие ровным счётом никакого внимания. Целью WWF было заявлено сохранение основных природных экосистем: лесов, океана, водно-болотных угодий, прибрежных участков суши.

Известность и финансовую независимость фонд обрёл только через десять лет после своего возникновения. В 1971 году президент фонда принц Голландии Бернард обратился к тысяче самых влиятельных и известных людей мира с просьбой поддержать фонд дикой природы и пожертвовать по десять тысяч долларов. Собранный таким образом капитал явился основой WWF. Стать спонсором можно и сегодня, но только после личного приглашения принца и оплаты вступительного взноса, который составляет двадцать пять тысяч долларов. С момента своего создания организация уже предоставила средства на реализацию около одиннадцати тысяч проектов в ста тридцати странах мира.

Символ фонда — большая панда, диковинный чёрно-белый медведь, живущий в лесах Китая. Один из основателей фонда, учёный и художник-анималист сэр Питер Скотт, сделал стилизованный портрет панды и решил, что изображение этого добродушного и нуждающегося в защите животного будет прекрасным символом организации.

Российское Представительство WWF открылось в 1994 году. С тех пор фонд успешно осуществил более ста пятидесяти проектов в сорока регионах России. Среди них стабилизация численности амурских тигров на Дальнем Востоке, сохранение популяции снежного барса на Алтае, увеличение численности леопардов на Кавказе. Российский фонд дикой природы совместно с орнитологами Ирана, Казахстана и Китая осуществил программу по защите легендарного сибирского журавля. В семидесятые годы прошлого века эти птицы были на грани исчезновения, и только благодаря усилиям экологов четырёх стран сегодня насчитывается до трёх с половиной тысяч особей сибирских журавлей.

Б. Ответьте на запросы по тексту, в высказываниях используйте речевые клише и выражения, данные в скобках.

Запрос мнения: *Как вы думаете*, целесообразно ли создание Всемирного фонда дикой природы и почему? *(С моей точки зрения...; Я считаю...; По моему мнению...)*

Запрос обоснования: *На чём основано ваше мнение? Аргументируйте, пожалуйста,* вашу позицию. *(В качестве аргумента можно привести...)*

Запрос примера: *Можете ли вы привести примеры* помощи природе, которую оказывает фонд? *(Известны случаи...)*

Запрос конкретного примера: *Приведите, пожалуйста, конкретный пример* оказания помощи фондом дикой природы. *(Возьмём, к примеру, ...; Конкретным примером является...)*

Запрос информации: *Что вы знаете* о деятельности WWF на территории вашей страны? *(Из публикаций в газетах и журналах мне известно...; В материалах, размещённых в Интернете...; К сожалению, мне ничего не известно о...)*

*ЗАДАНИЕ 11. Подготовьтесь к просмотру видеосюжета «Человек и климат». Вспомните значения следующих слов и словосочетаний: *нестерпимый; остаться на плаву; Северное полушарие; Ноев ковчег; библейский.*

*ЗАДАНИЕ 12. Посмотрите видеосюжет «Человек и климат». Выберите правильный вариант ответа и отметьте его в матрице. Проверьте себя по ключам.

1. Учёный Кёртис Мэриэн нашёл подтверждение гипотезы Великого переселения народов … .

(А) в будущем

(Б) в прошлом

(В) в настоящем

2. Прародителями современной цивилизации стали люди, переселившиеся на юг Африки из-за наступления … .

(А) глобального потепления

(Б) нестерпимой жары

(В) ледникового периода

3. По пессимистическому прогнозу, к 2300 году из-за резкого потепления сорок процентов суши … .

(А) исчезнет под водой

(Б) появится из океана

(В) останется на плаву

4. Спастись человечество сможет … .

(А) в российских Уральских горах

(Б) в библейском Ноевом ковчеге

(В) в горах Северного полушария

5. В России количество природных катаклизмов за последние двадцать лет … .

(А) значительно увеличилось

(Б) осталось неизменным

(В) уменьшилось в два раза

1.	А	Б	В
2.	А	Б	В
3.	А	Б	В
4.	А	Б	В
5.	А	Б	В

*ЗАДАНИЕ 13. Подготовьтесь к чтению текста «Первейшая в мире власть». А. Вспомните значение следующих слов и словосочетаний: *умеренный климат; бассейн реки; прогнозировать; цунами; пострадавший.* **Б. Скажите по-другому:** *власть климата; уклад жизни; число жертв; из года в год; львиная доля.*

*ЗАДАНИЕ 14. А. Прочитайте текст.

ПЕРВЕЙШАЯ В МИРЕ ВЛАСТЬ

Французский мыслитель и писатель XVIII века Шарль Монтескье утверждал, что «власть климата есть первейшая в мире власть». Во второй половине XIX века немецкий философ Карл Маркс высказал мнение, что умеренный климат больше всего подходит для развития капитализма. В начале XX века российский учёный Л.И. Мечников указывал на то, что мировые цивилизации развивались в бассейнах великих рек, на берегах морей и океанов. Из этих умозаключений можно сделать вывод, что психические особенности людей, уклад их жизни находятся в прямой зависимости от природных условий данной местности.

Экологи Всемирного Фонда защиты природы (WWF) прогнозируют, что изменение климата в ближайшие десять-пятнадцать лет повлечёт за собой удвоение частоты и увеличение силы опасных метеорологических явлений, таких как землетрясения, цунами, извержения вулканов. В связи с этим ожидается, что число жертв на планете из года в год также будет увеличиваться.

На сегодняшний день количество опасных метеорологических явлений пока остаётся на прежнем уровне, но число пострадавших растёт. Причём львиная доля жертв приходится на плотно заселённые и низко расположенные по отношению к уровню моря районы Юго-Восточной Азии. В свою очередь в службе ООН по климатическим изменениям было заявлено, что такое состояние погодных условий на Земле может привести к дефициту энергоресурсов.

Однако не все учёные разделяют эту точку зрения. «Величайшим обманом в истории» считает теорию о глобальном изменении климата ведущий эксперт в области климатологии Джон Колман. «Воздействие человечества на климат Земли ничтожно, — утверждает он. — Через одно-два десятилетия несостоятельность теории глобального потепления будет очевидна для всех». По мнению же британского натуралиста Дэвида Беллами, опасность подстерегает человечество совсем с другой стороны: реальной угрозой является исчезновение лесов, в которых обитает две трети всех видов животных и растений.

Б. Опираясь на текст, порассуждайте о проблемах изменения климата. Присоединитесь к одному из мнений, в которых оцениваются последствия антропогенного воздействия на природу. Приведите аргументы за и против. В высказываниях употребите речевые клише и выражения: *Я считаю, что...; Я придерживаюсь мнения...; Это свидетельствует о...; Не могу согласиться с...; В отличие от первого..., второй...; С одной стороны, ..., с другой стороны, ...; Аргументом за может служить... .*

ЗАДАНИЕ 15. Согласны ли вы с мнением Шарля Монтескье, который говорил: «Власть климата есть первейшая в мире власть»? Выскажите своё мнение, аргументируйте его. Используйте речевые клише и выражения: *Полностью разделяю точку зрения...; Не могу полностью согласиться с...; Не могу согласиться с...; Думаю, что...; Аргументом в пользу этого мнения... .*

ЗАДАНИЕ 16. Посмотрите видеосюжет «Часть планеты затоплена» и расскажите об увиденном друзьям.

Начните свой рассказ так: *Вчера видел сюжет о... .*

Расскажите, где и что происходит, как выглядят люди и что они делают. Дайте оценку: *Ты себе представить не можешь!; Очень страшно.*

Предположите, почему возникла такая ситуация: *Можно предположить, что... .*

Скажите, как, на ваш взгляд, будут развиваться события в этом регионе в дальнейшем: *Думаю, что...; Мне кажется, что...; Если..., то... .*

ЗАДАНИЕ 17. Посмотрите видеосюжет «Птицы предсказывают погоду». Выберите правильный вариант ответа и отметьте его в матрице. Проверьте себя по ключам.

1. Аномально холодную зиму предсказали ... .

    (А) сибирские утки

    (Б) тундровые лебеди

    (В) британские гуси

2. Птицы прилетели на зимовку в один из заповедников Великобритании ... .

    (А) на месяц раньше срока

    (Б) на три недели позже

    (В) на три недели раньше

3. Лебеди прилетели с Таймырского полуострова, преодолев … .

(А) две с половиной тысячи километров

(Б) около двадцати тысяч километров

(В) незначительное расстояние

4. Российский метеоцентр считает, что нынешняя зима будет … .

(А) чрезвычайно холодной

(Б) теплее, чем в прошлом году

(В) холоднее, чем в прошлом году

1.	А	Б	В
2.	А	Б	В
3.	А	Б	В
4.	А	Б	В

*ЗАДАНИЕ 18. Прослушайте фрагмент лекции «Контроль над антропогенным воздействием». Выберите правильный вариант ответа и отметьте его в матрице. Проверьте себя по ключам.

1. Данное выступление посвящено … .

(А) защите окружающей среды

(Б) отношению человека к природе

(В) истории развития глобалистики

2. Приводя примеры из трудов Платона и Аристотеля, учёный … .

(А) говорит об истоках контроля над антропогенным воздействием

(Б) высказывает предположение о возможности контроля над рождаемостью

(В) говорит о возникновении глобалистики в античном мире

3. Учёный утверждает, что толчком к созданию мониторинга биосферы … .

(А) послужило открытие пестицида ДДТ химиком Мюллером

(Б) явилась публикация книги Р. Карсона «Безмолвная весна»

(В) стало вручение в 1948 г. Нобелевской премии П.Г. Мюллеру

4. Говоря об исследовании модели взаимодействия человека и природы, учёный подчёркивает необходимость … .

(А) превентивных мер

(Б) экстренных мер

(В) упреждающих мер

5. Учёный считает, что сегодня человечество пытается … .

(А) наблюдать за отношением к природе в разных странах

(Б) исследовать природу и разрабатывать новые идеи

(В) исправить сделанные им ошибки и не допустить новые

6. Употребление слов и словосочетаний типа «глобалистика», «концепция», «вывести закон», «экологические последствия» указывает на принадлежность к … стилю речи.

(А) научно-популярному

(Б) разговорно-обиходному

(В) официально-деловому

1.	А	Б	В
2.	А	Б	В
3.	А	Б	В
4.	А	Б	В
5.	А	Б	В
6.	А	Б	В

*ЗАДАНИЕ 19. Прочитайте приведённые ниже мнения, присоединитесь к одному из них; не согласитесь с альтернативным мнением, опровергните его. Дайте пример возможного разрешения ситуации. Используйте речевые клише и выражения: *Я придерживаюсь мнения...; Категорически не согласен / не согласна с...; Хочу возразить; Думаю, можно сделать так...; Это следовало бы... .*

1. Сегодня экологическая ситуация в мире характеризуется как близкая к критической. Отношение человека к природе лишь как к объекту получения благ и богатств может привести к катастрофе, поэтому человечество должно изменить потребительский подход к окружающей среде. Решать эту задачу нужно только путём формирования у каждого человека экологического сознания и чувства самоограничения.

2. Во взаимоотношениях природы и общества противоречия неизбежны. Движение вперёд науки, техники и технологии утверждает господство человека над природой и увеличивает возможности получения новых благ. Чтобы смягчить последствия такого воздействия, необходимо проводить экспертизу новых проектов, создавать безотходные производства, расширять применение атомной энергии.

Раздел III
ПОДГОТОВКА УСТНОГО ПУБЛИЧНОГО ВЫСТУПЛЕНИЯ

Глава 1
СЛУШАЕМ И ВЫСТУПАЕМ

§ 1. Готовимся к докладу

1.1. Доклад — монологическое выступление, особенностью которого является непосредственное общение оратора со слушателями. Основная цель докладчика — предоставление информации в учебно-научной или профессиональной ситуации. Обычно выступление длится от двадцати до сорока пяти минут, так как дольше удерживать внимание аудитории сложно. Психологи определили периоды кризиса внимания взрослого человека: первый наступает через пятнадцать-двадцать минут после начала выступления, второй — через тридцать минут. Специалисты советуют учитывать такую особенность восприятия устной речи слушателями и через каждые десять минут активизировать аудиторию. Для этого можно использовать специальные приёмы: юмористическое отступление, неожиданную постановку вопроса, провоцирование несогласия слушателей. Однако считается, что оратора, умеющего динамично излагать свои мысли, можно слушать очень долго.

Если время выступления ограниченно, то целесообразнее из нескольких вопросов выбрать один и проанализировать его. Работа над докладом строится по определённым правилам.

1.2. Подготовка к докладу. Начинать готовиться к публичному выступлению надо за несколько дней. Это позволит «вжиться» в тему и хорошо в ней разобраться. Прежде всего необходимо продумать содержание и основные идеи выступления, определить общую цель речи (информирование слушателей) и конкретную цель (получение определённого результата). Кроме того, нужно подобрать факты, примеры, иллюстрации.

1.3. Расположение материала. Материал выступления располагается преимущественно на основе дедуктивного метода: формулируется тезис, который затем доказывается. Если между оратором и аудиторией существует хороший контакт, то используется индуктивный метод: говорящий идёт от примеров, частных наблюдений к общему выводу.

1.4. Композиция публичного выступления. Обычно доклад имеет трёхчастную форму изложения: *введение, основная часть, заключение.*

Введение служит для привлечения внимания и установления контакта со слушателями. В этой части доклада формулируется тема, подчёркивается её важность, определяются цели выступления. Здесь же даётся краткий план речи, называются вопросы, которые будут освещаться. Объём введения составляет примерно одну восьмую часть от всей речи, и пишется оно в самом конце, когда выступление в целом готово.

Основная часть не должна включать более трёх-четырёх положений, иначе внимание слушателей удержать трудно. Не стоит выходить за пределы избранной темы, «перескакивать» с одного пункта плана на другой и усложнять отдельные положения речи. Целесообразно также приводить другие мнения по рассматриваемым вопросам. Доказательства следует располагать от самого слабого к более сильному, последовательно останавливаясь на каждом.

В заключении необходимо повторить самое главное из того, о чём говорилось в докладе. Можно закончить речь косвенным итогом всего выступления — цитатой или каким-либо высказыванием, которое отражает главную идею сказанного. Никаких дополнительных сведений и мыслей в заключении быть не должно.

1.5. Основная функция доклада — дать информацию. В связи с этим оратору необходимо внимательно следить за исполнением второго закона речевой коммуникации (закон продвижения и ориентации адресата), согласно которому слушатели должны понимать, о чём будет говориться далее. Для того чтобы речь представляла собой единое целое, следует употреблять фразы-связки между отдельными частями. При этом план речи может выглядеть так (фразы-связки обозначены как переходы):

I. Введение
    1. Сравнение
    2. Переход к формулировке темы
    3. Формулировка темы
    4. Переход к основной части
II. Основная часть
    1. Положение I
    2. Переход от положения I к положению II
    3. Положение II
    4. Переход от положения II к положению III
    5. Положение III
    6. Переход от положения III к положению IV
    7. Положение IV
    8. Переход к заключению
III. Заключение

В качестве примера рассмотрим текст возможного выступления на тему «Женщины тоже были фараонами» (фразы, связывающие части текста, выделены курсивом). Общая цель речи — активизация исторического сознания аудитории, конкретная цель — показать на примере из истории Древнего Египта, что женщина может руководить государством.

I. Введение: *Считается, что* женщина не способна быть хорошим руководителем и тем более стоять во главе государства. Женщина-президент не слишком частое явление в наше время.

1. Сравнение: *А тысячи лет назад* ситуация *была* гораздо *хуже*. Сам вопрос о равноправии женщин в то время даже не рассматривался. Главенство мужчин освящала религия, например, в Древнем Египте фараон считался сыном бога солнца Ра.

2. Переход к формулировке темы: *Поэтому женщина* в принципе *не могла стать* законной правительницей страны.

3. Формулировка темы: Тем больший интерес вызывают *отдельные представительницы* прекрасного пола, которые *совершили невозможное*.

4. Переход к основной части: *Естественно, таких случаев* даже за три тысячи лет истории Древнего Египта *было мало*.

II. Основная часть. 1. Положение I: *Первый список фараонов* составил жрец по имени Манефон, живший во II веке до нашей эры. Список получился не очень точным, так как от Манефона до нас прошло меньше времени, чем от первых египетских царей до него. О первой претендентке на пост фараона Манефон не сообщил ничего, но упомянул имена нескольких женщин-правительниц.

2. Переход от положения I к положению II: *Египтологи до сих пор* дополняют этот список на основе результатов археологических раскопок.

3. Положение II: *Современные исследователи* обнаружили более трёхсот пятидесяти фараонов-мужчин и *только семь фараонов-женщин*. Реальные следы первого женского правления учёные нашли около ста лет назад.

4. Переход от положения II к положению III: *Первой из известных* на сегодняшний день *цариц* Египта была Мернейт. Она жила во времена Раннего царства.

5. Положение III: *Археологи обнаружили* её гробницу, надписи на которой сообщали, что Мернейт была женой фараона Джета и матерью фараона Дена. Муж Мернейт правил недолго, и Ден оказался на престоле в младенчестве. Мернейт впервые в истории Египта получила титул «царёвой матери» и правила от имени своего малолетнего сына.

6. Переход от положения III к положению IV: *Учёные считают, что* царица была не только женой и матерью фараонов, но и дочерью фараона.

7. Положение IV: *Тогда становится понятным,* почему эта женщина могла прийти к власти — она была очень знатной, чему трудно было противостоять даже в глубокой древности. Так или иначе, но традиция мужского правления в Египте впервые была нарушена.

8. Переход к заключению: *Очевидно, что правила царица Мернейт успешно: её сын выстроил для матери огромную гробницу, которая по своим размерам превосходила гробницы других фараонов Раннего царства.*

III. Заключение: *Итак, с титулом «царёвой матери» Мернейт была включена в царские списки. Но впервые традицию, согласно которой женщины тоже могли быть царями, письменно зафиксировал жрец Манефон во II веке до н. э.*

§ 2. Работаем над языком и стилем выступления

2.1. Специальные языковые средства, употребляемые в публичной речи. Необходимо, чтобы все идеи, заложенные в выступлении, получили словесное выражение, соответствующее нормам русского литературного языка. При устном выступлении традиционно используются специальные языковые средства, так называемые «цветы красноречия», которые делают речь более разнообразной и выразительной. Использовать их следует всегда мотивированно, учитывая контекст речи и особенности аудитории. Рассмотрим те из них, которые наиболее часто употребляются в научном стиле речи, а точнее, в его подстилях — научно-популярном и научно-учебном.

Антитеза — противопоставление, в основе которого лежит столкновение идей и мыслей; часто строится на антонимах: *Разговор по душам в рассказах Василия Шукшина происходит не только между родными людьми, точнее между братьями, но и между малознакомыми людьми, например, попутчиками; Да здравствует солнце! Да скроется тьма!* (А.С. Пушкин); *Со всеми буду я смеяться, а плакать не хочу ни с кем* (М.Ю. Лермонтов).

Бессоюзие — это опущение союзов, связывающих грамматически однородные слова или предложения. Придаёт высказыванию динамичность. Вместо союзов в таких предложениях употребляются запятые, двоеточие или тире: *Мелькают мимо будки, бабы, / Мальчишки, лавки, фонари, / Дворцы, сады, монастыри, / Бухарцы, сани, огороды, / Купцы, лачужки, мужики, / Бульвары, башни, казаки, / Аптеки, магазины моды, / Балконы, львы на воротах / И стаи галок на крестах* (А.С. Пушкин); *Сказано — сделано.*

Многосоюзие — намеренное увеличение количества союзов, подчёркивающее значение каждого компонента конструкции: *Человеческие убеждения появляются там, где присутствуют и мораль, и этика, и религия, и спорные научные знания.*

Сравнение — уподобление одного предмета или явления другому предмету или явлению на основании их общего признака: *Периоды человеческой истории иногда ползут черепахой, а иногда летят стрелой.*

Метафора — употребление слова в переносном значении на основе сходства двух предметов или явлений (*дверная ручка, крылатые слова, нос корабля, ножка стола, стрелка часов, бегут года*): *Организация «Гринпис» участвует в борьбе за оздоровление экологической обстановки во всём мире; Приручением животных люди занимались только на заре человеческой культуры* (М.М. Пришвин).

Повтор используется для того, чтобы дать слушателям время вдуматься в определённую мысль и запомнить самое необходимое. Уместно повторять тему и общий тезис во фразах-связках (при переходе от одной части к другой), в заключении. Повторы бывают лексические и синтаксические.

Лексический повтор — намеренное повторение одного и того же ключевого слова или ключевых слов: *Смысл общения с литературой, искусством в том, что мы делаемся богаче ещё на одну жизнь, на жизнь художника. И даже не на одну жизнь, а на миллион жизней* (Е.М. Богат[1]).

Синтаксический повтор (параллелизм) — одинаковое построение расположенных рядом предложений или частей предложения: *По данным этимологических словарей, существительное «богатство» происходит от общеславянского слова «Бог», прилагательное «богатый» также происходит от этого общего для всех*

---

[1] Богат Евгений Михайлович (1923–1985) — журналист и писатель.

славян слова; *Объекты науки — явления или условия явлений. Объекты искусства — сущности* (В.Я. Брюсов[1]).

Инверсия — расположение слов в предложении в непрямом порядке: *Пониманию смысла текста при его устном восприятии не всегда способствует использование терминов* (прямой порядок слов: *Использование терминов при устном восприятии текста не всегда способствует пониманию его смысла*). Инверсия усиливает смысл и придаёт высказыванию экспрессивно-эмоциональную окраску: *Я памятник себе воздвиг нерукотворный* (А.С. Пушкин).

Перечисление конкретизирует отдельную мысль, делая её зримой: *Магнитофоны, компьютеры, электронные библиотеки, мобильные телефоны были изобретены для того, чтобы сберечь человеку время.*

Риторический вопрос не требует от адресата ответа; формирует мнение аудитории так, как это желательно для выступающего: *Можно ли встретить образованного человека, который бы не знал, кто такой Пушкин или Достоевский[2], Толстой или Чехов?*

ОБРАТИТЕ ВНИМАНИЕ!

В социально-культурной сфере могут употребляться и другие специальные выразительные средства языка. Например:

Метонимия — употребление названия одного предмета вместо названия другого предмета на основании внешней или внутренней связи между ними: *выпить стакан молока (выпить молоко), завоевать серебро (выиграть серебряные медали), читать русских поэтов (читать стихи русских поэтов).*

Градация — расположение близких по значению слов в порядке нарастания (восходящая градация) или ослабления (нисходящая градация) их эмоционально-смысловой значимости: *При одном предположении подобного случая вы бы должны были... испустить ручьи... реки, озёра, океаны слёз!* (Ф.М. Достоевский); *У старинушки три сына: старший умный был детина, средний сын и так и сяк, младший вовсе был дурак* (П.П. Ершов[3]).

Гипербола — преувеличение размера, силы, значения какого-либо предмета или явления для усиления его значимости: *Об этой проблеме говорилось уже тысячу раз; На торжественную встречу выпускников закупили столько продуктов, что на полжизни хватит.*

Перифраз — использование описательного оборота вместо названия: *туманный Альбион* (= Англия); *научное светило* (= учёный); *чёрное золото* (= нефть).

ОБРАТИТЕ ВНИМАНИЕ!

Языковые средства могут использоваться не только в научном стиле, но и в публицистическом и разговорном стилях речи, а также в языке художественной литературы.

ЗАДАНИЕ 1. Прочитайте и сопоставьте исходные (1) и созданные на их основе (2) предложения, которые включают специальные языковые средства, указанные в скобках. Используйте данные образцы для выполнения последующих заданий этого параграфа.

I. 1) Природа даёт человеку силу. Она окрыляет его душу. И помогает человеку понять, как прекрасен этот мир.

2) Природа даёт человеку силу. Природа окрыляет его душу. Природа помогает человеку понять, как прекрасен этот мир (*лексический повтор*).

II. 1) Химик Д.И. Менделеев сделал свои великие открытия в конце XIX столетия.

2) Свои великие открытия сделал в конце XIX столетия химик Д.И. Менделеев (*инверсия*).

III. 1) Первый неэлектронный компьютер шведский учёный Джордж Шотц изобрёл не так давно; люди увидели эту машину на Всемирной выставке в Париже в 1855 году.

---

[1] Брюсов Валерий Яковлевич (1873–1924) — поэт-символист.
[2] Достоевский Фёдор Михайлович (1821–1881) — писатель.
[3] Ершов Пётр Павлович (1815–1869) — писатель.

2) Можно ли представить себе современное общество без компьютеров? (*риторический вопрос*) А ведь первый неэлектронный компьютер шведский учёный Джордж Шотц изобрёл не так давно; люди увидели эту машину на Всемирной выставке в Париже в 1855 году.

IV. 1) Молодым, только вступающим в жизнь, хочется пожелать: сделайте мир добрее и лучше, храните в себе уважение к традициям и мечтайте о большем.

2) Молодым, только вступающим в жизнь, хочется пожелать: сделайте мир добрее, лучше, храните в себе уважение к традициям, мечтайте о большем (*бессоюзие*).

ЗАДАНИЕ 2. Трансформируйте исходные предложения в предложения, содержащие специальные языковые средства.

1. Люди делают историю. (использовать инверсию)

2. Президент Португалии вручил ирландским рок-музыкантам высшую государственную награду «Орден свободы» за их благотворительную деятельность. (использовать перифраз)

3. Знаменитый учёный древности Аристотель, живший в IV в. до н. э., первым научно доказал, что Земля имеет форму шара. (использовать риторический вопрос)

4. Вода сыграла важнейшую роль в геологической истории планеты. Она делает возможным существование живых организмов на Земле. Является обязательным компонентом большинства технологических процессов. (использовать лексический повтор)

ЗАДАНИЕ 3. Определите, к каким специальным языковым средствам относятся выделенные слова. Проверьте себя по ключам.

1. *Ученье — свет*, а *неученье* — тьма (пословица).

2. Почему же ты *смотришь на соломинку* в глазу твоего брата, а в своём глазу *не замечаешь бревна*? (Евангелие от Матфея 7: 1–3).

3. Всё тебе: *и* молитва дневная, *и* бессонницы млеющий жар, *и* стихов моих белая стая, *и* очей моих синий пожар (А.А. Ахматова).

4. *Я звал тебя, но ты не* оглянулась. *Я слёзы лил, но ты не* снизошла (А.А. Блок).

ЗАДАНИЕ 4. Найдите в тексте специальные языковые средства.

Мой отец был удивительным человеком. Всё в нём было какое-то оригинальное, не такое, как у других. Он знал несколько языков: румынский, турецкий, болгарский, татарский, но ни французского, ни немецкого он не знал. Имел он голос, но когда пел, ничего нельзя было разобрать — такой это был густой, низкий голос. Любил отец столярные работы — но тоже они были как-то ни к чему — делал он только деревянные пароходики. Со мной у него были хорошие отношения, но характеры мы имели различные. Я любил книжки, а он купил мне полдюжины каких-то голубей. В ту же ночь кошка передушила всех голубей, принеся мне облегчение, а отцу горе и тихие слёзы. Как всё в отце было оригинально, так же была оригинальна и необычна его страсть — покупать редкие вещи. Требования его были следующие: чтобы вещь приводила своим видом всех окружающих в удивление, чтобы она была монументальна и чтобы все думали, что вещь куплена за пятьсот рублей, когда за неё заплачено только тридцать (по А. Аверченко).

2.2. Стилистические особенности текста публичной речи.

2.2. Стилистические особенности текста публичной речи. Ораторская речь стилистически разнообразна: в ней употребляются языковые средства как книжных стилей (научного, официально-делового, публицистического), так и разговорного стиля. Стилевое многообразие объясняется взаимопроникновением книжных и разговорных средств при устном общении.

Но стоит отметить, что предпочтение отдаётся всё-таки книжным стилям, поскольку выступление готовится по письменным источникам и вмещает в себя большой объём интеллектуальной информации. Однако, чтобы сделать речь более доходчивой и создать у слушателей определённое ощущение сопричастности, выступающему рекомендуется использовать элементы разговорного стиля. Например:

• «мы-совокупности» (мы с вами, мы все): *Мы с вами сегодня рассмотрели очень важный вопрос*;

• глагольные формы, объединяющие оратора со слушателями: *Анализируя сложившуюся ситуацию, понимаем, что…*;

• активные конструкции вместо пассивных: *Программа предусматривает разработку экономических инструментов охраны окружающей среды* (вместо: *Программой предусмотрена разработка…*);

• глагольные конструкции вместо отглагольных существительных: *Чтобы предотвратить негативные экологические последствия, необходимо выявить причины, которые ведут к нарушению экологических норм* (вместо: *Для предотвращения негативных экологических последствий необходимо выявление причин, ведущих к нарушению экологических норм*);

• простые предложения с одним главным членом (сказуемым или подлежащим): *Смотришь на природу и не можешь ею не восхищаться;*

Байкал. Самое чистое, глубокое и таинственное озеро на нашей планете;

• придаточные определительные и обстоятельственные предложения вместо причастных и деепричастных оборотов: *Молодёжь — демографическая группа, которая находится на этапе социального становления* (вместо: *Молодёжь — демографическая группа, находящаяся на этапе социального становления*); *Когда человек оказывается в новой социальной среде, он не только формирует у себя новые качества и свойства, но и изменяет саму среду* (вместо: *Оказываясь в новой социальной среде, он не только формирует у себя новые качества и свойства, но и изменяет саму среду*);

• сложные предложения с союзами *где, когда, если, потому что, поэтому, хотя*: *Сегодня мы знаем, что научные достижения могут быть использованы в разных целях, поэтому учёные должны ясно осознавать, что принесут человечеству их открытия;*

• вводные конструкции: *как это часто бывает; самое большее; что гораздо важнее; представьте себе; если не ошибаюсь: Если не ошибаюсь, Мориц Эшер был голландским художником-графиком, жившим в XX веке;*

• вопросно-ответные комплексы, в которых автор речи задаёт вопрос и сам на него отвечает: *Означает ли это, что человек должен жить как аскет, не заботясь о себе, ничего не приобретать и не радоваться повышению в должности? Отнюдь нет!* (Д.С. Лихачёв[1]).

ОБРАТИТЕ ВНИМАНИЕ!

При устном выступлении большие по объёму предложения лучше разбить на несколько самостоятельных частей, так как оперативная память человека может воспринять максимум четырнадцать-пятнадцать слов.

---

[1] Лихачёв Дмитрий Сергеевич (1906–1999) — филолог, искусствовед.

ЗАДАНИЕ 5. Прочитайте микротексты. Найдите языковые средства, придающие высказываниям разговорность. Проверьте себя по ключам.

1. Человек становится более свободным благодаря тому, что всё меньше зависит от внешних факторов. Происходит это потому, что технологии стремительно развиваются. И мы с вами знаем, что научно-технический прогресс остановить невозможно.

2. Рост свободы приводит к увеличению разнообразия внутри общества, что делает общество сильнее и способствует его дальнейшему развитию. Однако, как это часто бывает, тенденция увеличения свободы вступает в противоречие со многими культурными установками, затрагивает основы менталитета людей.

3. Набор ценностей каждого общества, каждой культуры меняется с течением времени. Культурные ценности всех цивилизаций изменяются примерно в одном направлении, хотя различия между культурами остаются всегда.

ЗАДАНИЕ 6. Замените выделенные словосочетания с отглагольными существительными глагольными конструкциями; измените синтаксическую организацию предложений.

1. *Создание экологичного предприятия* предполагает *использование энергосберегающих технологий*.

2. Из загрязнённой атмосферы в организм человека проникает очень вредный химический элемент — свинец. В организме происходит *частичное перемещение свинца из крови в волосы и ногти с его последующим удалением* (при стрижке волос и состригании ногтей).

3. Свободные радикалы очень вредны для человека, поскольку *увеличение их количества* приводит к стрессу, который ускоряет старение организма. Вещества, связывающие свободные радикалы, находятся в овощах и фруктах, например в яблоках. *Для улучшения своего состояния* полезно съедать в день несколько яблок или выпивать стакан яблочного сока.

ЗАДАНИЕ 7. Внесите изменения в текст, трансформируя выделенные фрагменты предложения в вопросно-ответные комплексы.

В IV тысячелетии до н. э. человек сделал одно из самых замечательных открытий — изобрёл колесо. *Сейчас трудно утверждать, как именно это произошло*, ведь нас отделяет от того времени более шести тысяч лет. Однако благодаря археологическим находкам, мы можем утверждать, что *первое колесо было изобретено на Древнем Востоке*. Археологам удалось обнаружить там части древних телег и даже сами колёса, сделанные из дерева и камня.

Вероятно, *этому открытию способствовало* наблюдение за круглым предметом, летящим с горы. Впрочем, не станем гадать, но так или иначе человек изобрёл колесо, и на его древних рисунках появились первые изображения примитивных транспортных средств.

ЗАДАНИЕ 8. Сопоставьте два варианта текста. Отметьте, какие элементы разговорного стиля были внесены во второй вариант.

ВАРИАНТ 1

Для сохранения и рационального использования леса, являющегося единственной средой обитания многих видов растений и животных, необходимо совершенствование системы управления лесными ресурсами. Воспроизводство и защита леса, включая меры по предотвращению пожаров, восстановление экологического равновесия, поддержание биологического разнообразия на землях лесного фонда, повышение интенсивности ведения лесного хозяйства — всё это следует осуществлять с учётом экологических и экономических факторов.

ВАРИАНТ 2

Чтобы сохранить и рационально использовать лес, который является единственной средой обитания многих видов растений и животных, необходимо совершенствовать систему управления лесными ресурсами. Надо воспроизводить и защищать лес, предотвращать пожары, восстанавливать экологическое равновесие, поддерживать биологическое разнообразие на землях лесного фонда. Необходимо также повышать интенсивность ведения лесного хозяйства и при этом учитывать экологические и экономические факторы.

§ 3. Выступаем перед аудиторией

3.1. Обращаемся к аудитории во время публичной речи. Во время выступления принято использовать различные формы обращения к слушателям. Это делается для того, чтобы привлечь внимание аудитории и чтобы достичь взаимопонимания между оратором и теми, кому адресована его речь.

Обращение может быть прямым, в этом случае оно направлено:

• к аудитории: *Дамы и господа! Друзья! Дорогие коллеги!*;

• к самому себе: *Если бы вы меня спросили: «Что вы, Ярослав Алексеевич, думаете об этом?» — я бы сказал...*

Обращение к аудитории может быть и косвенным, при этом употребляются такие конструкции, как: *Вы, конечно, об этом слышали. Позволю себе лишь напомнить; Как вам известно; Уверен, что вас заинтересует эта информация.*

ОБРАТИТЕ ВНИМАНИЕ!
Чрезмерное использование таких выражений может снизить эффективность речи.

ЗАДАНИЕ 1. Прочитайте отрывок нобелевской лекции академика А.Д. Сахарова[1]. Какие языковые средства использует оратор?

Глубокоуважаемые члены Нобелевского комитета!
Глубокоуважаемые дамы и господа!
Мир, прогресс, права человека — эти три цели неразрывно связаны, нельзя достигнуть какой-либо одной из них, пренебрегая другими. Такова главная мысль, которую я хочу отразить в этой лекции.
Я глубоко благодарен за присуждение мне высокой, волнующей награды — Нобелевской премии мира — и за предоставленную возможность выступить сегодня перед вами.

3.2. Используем разные варианты подготовки к докладу. При работе над докладом можно пользоваться двумя разными способами: 1) написать текст целиком или 2) составить развёрнутый план.

1) Пишем текст доклада. Этот вариант подготовки уместен, если выступающий не имеет достаточного опыта общения с аудиторией и тем более если доклад надо делать на иностранном языке. При этом следует учитывать, что текст, предназначенный для слушания, должен отличаться от письменного текста.

В Таблице 1 приводятся два варианта одного и того же текста. Обратите внимание на различия в способе презентации материала и в употреблении языковых средств.

---

[1] Сахаров Андрей Дмитриевич (1921–1989) — физик, политический деятель, лауреат Нобелевской премии мира.

Письменный текст	Текст для слушания
	Уважаемые слушатели!
До недавнего времени считалось, что *тяга к курению* является исключительно физиологической потребностью.	До недавнего времени считалось, что *желание курить — простая* физиологическая потребность.
Однако психологи из Калифорнийского университета доказали, что *в этом процессе важную роль играют такие факторы, как*, например, характер человека.	Однако психологи из Калифорнийского университета доказали, что *здесь важную роль играет* характер человека.
После проведённых исследований оказалось, что *курение является своеобразным наказанием* за тяжёлый нрав, в связи с чем больше других склонны к курению *люди, которые отличаются вредным и сварливым характером.*	*Учёные провели исследования и пришли к такому выводу: курение — это наказание* за тяжёлый нрав. Вот почему *люди с неуживчивым характером* обычно курят.
Замечена также связь между курением и значительным ухудшением памяти. *Последняя, в свою очередь, приводит к снижению* уровня интеллекта, *к уменьшению* скорости и точности мышления, *к невозможности решать* сложные профессиональные задачи.	*Есть также связь* между курением и ухудшением памяти. *А плохая память снижает* интеллект курильщика, *уменьшает* скорость и точность его мышления, *мешает решать* сложные профессиональные задачи.
	Дорогие друзья! Все мы должны понимать, что здоровье нужно не только для того, чтобы радоваться жизни, но и для того, чтобы профессионально состояться в ней. Спасибо за внимание.

ЗАДАНИЕ 2. Опираясь на варианты текста, данные в Таблице 1, напишите доклад. Используйте приведённую ниже информацию.

1. Мексику называют родиной табака. Великая цивилизация майя погибла, и не исключено, что курение стало одной из причин её гибели. В Европе табак появился в конце XV века. В Старый Свет его семена завезли испанцы и португальцы, принимавшие участие в экспедиции Христофора Колумба.

2. Курение в европейских странах очень быстро стало престижным. Для удобства любителей табака создавались отдельные вагоны в поездах, салоны в самолётах и залы в ресторанах, для них также был придуман специальный пиджак — смокинг. Мода на курение оказалась долговечной: сегодня молодёжь катается на роликах с сигаретой в зубах, а люди постарше предпочитают спокойно покурить на так называемых сигарных ужинах.

3. Многие великие и известные личности, властвовавшие над целыми странами или умами людей, имели неистребимую слабость — курение, которое властвовало над ними самими. Фрейд считал, что сигары помогали ему в жизни и в работе. Уинстон Черчилль однажды отказался лететь на самолёте только потому, что в салоне запрещалось курить. Писатель Марк Твен был курильщиком с многолетним стажем, хотя более сорока раз старался избавиться от этой вредной привычки.

4. В России до середины XIX века курение в общественных местах преследовалось полицией. В XX веке табакокурение стало повсеместным и очень популярным. Сегодня продавцы табачной продукции утверждают, что хорошие сигары и сигареты раскупаются очень быстро, хотя на каждой пачке изделий из табака написано, что курение опасно для здоровья и сокращает жизнь.

5. Табак — это парадокс человеческой истории. В то время как во всём мире идёт борьба с курением, хозяин одной компьютерной фирмы в немецком городе Бохум уволил с работы несколько некурящих сотрудников, которые просили своих коллег не дымить в офисе. Директор больше не собирается брать в фирму некурящих специалистов, поскольку у его подчинённых слишком много работы, чтобы уходить на перекуры в другое помещение. Пусть курят прямо на рабочем месте!

6. Табак — один из самых опасных наркотиков на земле. Наркотиком называется любое вещество, которое ввергает человека в состояние эйфории, то есть в состояние неестественного возбуждения. Вместе с сигаретным дымом курящий всасывает синильную кислоту, фенол, окислы азота — всего около двухсот смертельно опасных компонентов! Под их воздействием снижается иммунитет, расширяются сосуды головного мозга, разрушается психика, половая сфера, все внутренние органы.

7. Привычка к курению формируется с детства под влиянием окружения. Если ребёнок повсюду видит курящих людей, то в его сознание внедряется программа «Курение — удовольствие». Это значит, что когда он подрастёт, то будет делать то же самое. Чтобы у детей не выработалась эта пагубная привычка, необходимо запретить курение в общественных местах и удалить рекламу табака из средств массовой информации.

2) Составляем развёрнутый план. Для фиксирования элементов будущей речи докладчики обычно пользуются развёрнутым планом, отражающим основные положения выступления. При работе над планом рекомендуется оставлять большие поля, на которых записываются опорные слова, помогающие восстанавливать в памяти текст.

На полях можно также помещать фактический справочный материал (даты, названия, цифры), который запоминать наизусть не обязательно.

Оратору необходимо помнить, что для эффективного общения с аудиторией следует фиксировать в памяти не отдельные выражения, а идеи, заложенные в выступлении.

ЗАДАНИЕ 3. Прочитайте текст и развёрнутый план к нему. Соотнесите части текста и пункты плана.

ДРЕВНЕРУССКОЕ КРАСНОРЕЧИЕ

В Древней Руси[1] красноречие родилось на основе взаимодействия русской устной речевой традиции с византийскими[2] и южнославянскими риторическими произведениями. Образцами для древнерусских ораторов были литургии и проповеди величайших Отцов Церкви — Иоанна Златоуста[3], Василия Великого[4], Константина Философа[5]. Крещение Руси[6] и её знакомство с греко-славянской культурой привели к возникновению оригинальных по идеям и формам произведений русских авторов, среди которых были митрополит Илларион[7], Феодосий Печерский[8], Кирилл Туровский[9].

---

[1] Древняя Русь — государство восточных славян, существовавшее в период с IX по XIII в.
[2] Византия — Восточная Римская империя, существовала в период с 395 по 1453 г.; преобладало греческое население и господствовала греческая культура. Христианство пришло на Русь из Византии.
[3] Иоанн Златоуст (347–407) — богослов, духовный писатель.
[4] Василий Великий (329–378) — христианский церковный деятель, теолог, философ.
[5] Константин (Кирилл) Философ (826–869) — первоучитель славян, один из создателей славянской письменности, богослов.
[6] Принятие христианства на Руси в 988 году.
[7] Митрополит Илларион (ум. в 1055 г.) — церковно-политический деятель и писатель.
[8] Феодосий Печерский (1030–1074) — церковно-политический деятель, монах, писатель.
[9] Кирилл Туровский (1130–1182) — проповедник, писатель.

Характеризуя русское ораторское искусство той эпохи, следует отметить, что оно мыслилось как способ общения проповедника с народом, как средство укрепления единомыслия общества и утверждения его единства. Объединение разрозненных территорий и людей, живших на них, было очень важной целью устного слова. Это и определило особенности риторических выступлений и сформировало образ их автора — высоконравственного человека, которого волнуют проблемы общественной жизни и который стремится решить их при помощи своей деятельности.

Развёрнутый план текста

1. Основа возникновения красноречия в Древней Руси.	устная традиция и античные образцы Византии и Болгарии
2. Влияние крещения Руси на развитие ораторского искусства: — греко-славянские риторические образцы (литургии и проповеди); — древнерусские риторические произведения.	988 г. Иоанн Златоуст, Василий Великий, Константин Философ новые оригинальные идеи и формы: митр. Илларион, Феодосий Печерский, Кирилл Туровский
3. Отличительные особенности русского ораторского искусства: — укрепление единомыслия; — утверждение единства общества.	
4. Цель русского красноречия.	объединение земель и людей
5. Образ оратора в Древней Руси.	высокая нравственная и гражданская позиция

ЗАДАНИЕ 4. Прочитайте текст и составьте к нему развёрнутый план.

Русская литература в XI–XIII веках создавала и развивала речевые произведения, способные отвечать потребностям русской действительности. Периодом расцвета древнерусского красноречия называют XII век. Он объединяет две культуры — византийскую и русскую, две поэтические системы — устную народную и высокую риторическую, две языковые стихии — русскую и древнеславянскую. Это столетие отмечено появлением «Слова о полку Игореве», чей автор неизвестен.

В древнерусском красноречии того времени преобладают два основных жанра: дидактическое поучение и торжественное хвалебное слово. История ораторской прозы начинается с «Поучения к братии[1]» новгородского священника Луки. Поучение имеет своей целью воспитание человеческой души и формирование тела. Оно адресовано не слишком образованному молодому читателю, поэтому написано доступным, простым языком. Слово трактует высокие темы: духовные, политические, социальные. Этот жанр более сложен по форме и использованным языковым средствам, поскольку произведения предназначались кругу образованных людей. Кроме того, слово следует византийским традициям торжественной речи, которая отличалась удивительным изяществом языка, так как произносилась в церкви при большом скоплении народа.

---

[1] Братия (*устар.*) — братья.

3.3. Используем невербальный язык. Невербальный язык представляет собой совокупность телодвижений, жестов и мимики. Движение уместно в тех частях звучащей речи, где оно отмечает переход к новой мысли или выделяет какое-либо утверждение. У каждого народа существует свой невербальный язык, поэтому следует учитывать национальную принадлежность слушателей.

При выступлении оратору нужно демонстрировать, что он чувствует себя комфортно. Например, если выступающий стоит, то свободно, спокойно опустив руки; если сидит, то ровно, не облокачиваясь на спинку стула. Руки при этом лежат на столе или на коленях, что говорит о готовности к жесту. Направление их движения сообщает о характере эмоций: чем сильнее эмоция, тем интенсивней жестикуляция. Мимика выступающего должна быть естественной в любой ситуации, а выражение лица — ненапряжённым. В деловом и профессиональном общении различными средствами невербального языка стоит пользоваться в разумных пределах.

3.4. Опираемся на общие принципы управления вниманием слушателей. Эти принципы сводятся к следующему:

1) заранее составляется социальный портрет аудитории, в котором учитывается пол, возраст, уровень образования и интересы слушателей;

2) выявляется степень информированности аудитории по освещаемой проблеме;

3) новая информация чередуется с уже известной для слушателей;

4) выступление разделяется на смысловые части;

5) контролируется темп речи;

6) рационально используется зрительный и голосовой контакт: взгляд направляется в одну часть аудитории до получения ответной реакции, затем переводится на других слушателей, голос посылается вслед за взглядом.

ЗАДАНИЕ 5. Прочитайте текст публичного выступления. А. Определите общую и конкретную цель речи. Б. Проанализируйте элементы структуры речи (введение, основную часть, заключение, фразы-связки). В. Найдите специальные языковые средства.

ГОЛОС — ВАШЕ БОГАТСТВО

При речевом общении семь процентов внимания слушателей уделяется вербальным, языковым средствам. Пятьдесят пять процентов привлекают к себе невербальные характеристики: поза, мимика, жесты. Тридцать восемь процентов — паравербальные характеристики: интонация, темп и манера речи, тембр голоса. Считается, что тембр голоса является наиболее важной речевой характеристикой индивида.

Голос характеризует человека полностью, так как он есть отражение его внутреннего мира. Древние греки полагали, что там, где рождается дыхание, живёт душа и, следовательно, вся сила личности проявляется в голосе. По мнению психологов, сегодня профессиональной болезнью многих руководителей является так называемое усыхание личности, проявляющееся через голос. Человек умеет жёстко руководить, отчитывать, делать замечания, и голос его слушается. Но такие простые задачи, как поздравление коллектива с праздником или выражение похвалы подчинённым, он решить не может.

В науке воздействие человеческого голоса на окружающий его мир изучается давно. Современные учёные доказали, что слово и интонация, с которой оно сказано, даже меняют структуру воды. А так как человеческий организм на восемьдесят процентов состоит из воды, то, когда мы слышим хорошие, приятные слова или сами их произносим, запускается программа положительных изменений как в нас самих, так и в тех, с кем мы общаемся. Иными словами, если человеку комфортно, то он создаёт благоприятные условия для общения. И достигается это с помощью слова, интонации и тембра голоса.

Позитивное отношение к миру необходимо каждому профессионалу, особенно если он руководит людьми. Голос здесь играет огромную роль, ведь в голосовых и внешних данных человека заключено девяносто процентов его профессионального и личного успеха.

ЗАДАНИЕ 6. Составьте план речи на тему «Голос и речевое общение».

ЗАДАНИЕ 7. Прочитайте текст доклада «Участие женщин в политической жизни», обратите внимание на выделенные конструкции. А. Отметьте, какие характеристики текста, предназначенного для слушания, встречаются в этом докладе. Б. Как вы думаете, какой невербальный язык использовал оратор при выступлении?

Уважаемые коллеги!

Многие считают, что женщина и политика — противоположные полюсы. Однако мировой опыт показывает, что женщина-политик по многим параметрам может превзойти своих коллег-мужчин.

Давайте заглянем в глубину веков и посмотрим, как часто женская рука была на руле власти. *Прошу обратить ваше внимание на экран. Вы видите изображение женщины-фараона* Хатшепсут, которая благодаря незаурядным политическим способностям стала одним из самых известных египетских правителей.

Нередко женщине удавалось надолго оставаться во главе государства, и здесь стоит вспомнить императрицу России Екатерину II, жившую в XVIII веке, королев Великобритании Викторию и Елизавету II. *В материалах, которые лежат у вас на столах, вы можете найти краткое жизнеописание их деятельности.* Но в основном женщины всегда стояли за мужскими спинами.

Во второй половине XX века женщины прорвались в высшие эшелоны власти и доказали свою состоятельность в мужской профессии. *Посмотрите, пожалуйста, на экран: перед вами таблица, содержащая сведения о женщинах — политических лидерах этого периода. Как вы видите,* первой женщиной, возглавившей целую страну, стала Сиримаво Бандаранайке. Её выбрали главой Шри-Ланки в 1960 году. *Далее,* женщина-президент появилась в Исландии в 1980 году. Самыми известными премьер-министрами XX века были Индира Ганди в Индии и Маргарет Тэтчер в Великобритании. *Из таблицы видно, что* первой женщиной-мусульманкой, возглавившей государство, стала Беназир Бхутто. *Обратите внимание на сведения, касающиеся сегодняшнего дня.* Женщины находятся у власти в Аргентине, Гвинее-Бисау, Индонезии, Ирландии, Бангладеш, Мозамбике, Либерии, ФРГ и Финляндии. Женщина возглавляет министерство обороны во Франции и спецслужбы в Великобритании.

Однако на сегодняшний день в большинстве стран доля женщин в высшем эшелоне власти не соответствует их доле в составе населения. *На следующем слайде можно увидеть* данные экспертов ООН, согласно которым наибольшее влияние на политическую жизнь своих стран оказывают жительницы Европы. Так, в национальных парламентах Франции и Швеции женщины имеют четырнадцать и сорок три процента голосов соответственно. Наименьшие показатели — в арабских странах, где присутствует около пяти процентов женщин-парламентариев. Недалеко от них находится Россия с показателем в восемь процентов.

Мировой опыт говорит о том, что минимум «женских» мест в правительстве должен составлять десять процентов, иначе развитие страны идёт неровно. В странах, где женщины составляют тридцать-сорок процентов в структурах власти, общество социально ориентировано и развивается более стабильно. Поэтому удаление женщин от власти — серьёзный просчёт политиков-мужчин.

Уважаемые слушатели! Я заканчиваю своё выступление. Есть ли у вас ко мне вопросы? Благодарю за внимание.

ЗАДАНИЕ 8. Прочитайте текст, на его основе составьте доклад и выступите с ним перед аудиторией. При работе воспользуйтесь следующей инструкцией:

1) **сформулируйте письменно общую и конкретную цель речи;**
2) **составьте план речи, на его основе напишите введение, основную часть, заключение;**
3) **используйте дедуктивный или индуктивный метод изложения;**
4) **употребите известные вам специальные языковые средства;**
5) **не забывайте, что вы создаёте текст, предназначенный для слушания;**
6) **помните, что невербальный язык помогает удерживать внимание аудитории.**

ВСЕМИРНЫЙ ЯЗЫК

В Библии существует притча о том, что раньше на Земле у людей был единый язык. По мнению известного антрополога Хелен Фишер, в будущем человечество также будет говорить на одном языке, и это принесёт людям в разных странах экономические и социальные преимущества. Другие учёные считают, что существование единого языка не просто обеднит культуру, но приведёт к её исчезновению. Язык — это мир целого народа как отдельной, уникальной общности, это набор его коллективных генов. Поэтому утрата любого языка, даже самого экзотического, может нарушить равновесие на всей Земле, и даже во Вселенной.

С другой стороны, человечество всегда стремилось преодолеть многоязычие. Эта идея возникла ещё в Античности — автором первого проекта всеобщего языка был древнеримский врач Гален, живший во втором веке нашей эры. В XVI–XVII веках проблемой создания единого языка интересовались Исаак Ньютон, Рене Декарт, Фрэнсис Бэкон, Готфрид Лейбниц. С XVII по XX век были созданы сотни проектов международного языка. Но все эти искусственные лингвистические системы не стали по-настоящему международными. Только один язык смог претендовать на это звание, поскольку явился основой для своеобразной субкультуры. Он получил название эсперанто. Автором этого уникального языка был польский медик Людвик Заменгоф, кстати, говоривший на восемнадцати языках.

Ещё учась в гимназии, Людвик решил создать язык, который объединит все нации и преодолеет языковые и этнические барьеры. Замечено, что психика человека, изучающего иностранные языки, меняется к лучшему. Следовательно, можно придумать такую лингвистическую систему, которая, влияя на умы, смягчала бы агрессию, делала людей более великодушными. Поэтому созданный Заменгофом единый и понятный для всех язык имел, имеет и будет иметь особую ценность.

Эсперанто — язык очень лёгкий в изучении, поскольку вся его грамматика насчитывает шестнадцать простых правил без исключений. Слова на этом языке пишутся так, как слышатся, а все существительные оканчиваются на букву «о». Тем не менее этот язык нельзя упрекнуть в бедности и невыразительности: эсперанто достаточно гибок и хорошо приспособлен к передаче оттенков человеческой мысли. Логичность у него от латыни, музыкальность — от итальянского, свобода словообразования — от русского.

В 1887 году в Варшаве на русском языке вышла небольшая, всего в сорок страниц, книга, она называлась «Международный язык. Предисловие и полный учебник». Вместо фамилии автора стояли слова Doktoro Esperanto, что в переводе означает «Доктор Надеющийся». Надеющийся на то, что искусственный язык поможет достичь взаимопонимания между народами всего мира. На адрес варшавского медика стали поступать тысячи писем от людей, которых увлекла его идея, а французское правительство наградило его орденом Почётного легиона.

Творение Заменгофа пережило своего создателя — язык эсперанто распространился по всему миру. И сегодня «язык надежды» продолжает жить и развиваться: в Варшаве и Пекине на эсперанто по нескольку раз в день вещают радиостанции, на нём пишутся и издаются книги, ставятся спектакли, снимаются кинофильмы, проходят конференции и конгрессы.

ЗАДАНИЕ 9. Напишите и прочитайте перед аудиторией доклад на любую из предложенных тем: «Слова — ступеньки для идущих вверх»; «Когда не знаешь слов, то нечем познавать людей» (Конфуций); «Нет ничего могущественнее слова» (А. Франс[1]).

---

[1] Анатоль Франс (1844–1924) — французский писатель.

КЛЮЧИ К ЗАДАНИЯМ

РАЗДЕЛ I

Глава 1

§ 3

Задание 7. а — 8; б — 1; в — 5; г — 7; д — 6; е — 9; ж — 4; з — 2

Задание 9. 1. лама; 2. союз; 3. патрон; 4. штат

Задание 11. а — 6; б — 8; в — 5; г — 9; д — 3; е — 4; ж — 2; з — 1

Задание 12. а — абонент не отвечает; б — выбор профессии; в — мелкая рыба; г — экономная хозяйка; д — короткий день; е — пустая комната; ж — эффектный наряд; з — усложнить задание; и — охладить сок

Задание 13. 1. невежда; 2. невежа; 3. Дипломанты; 4. Дипломаты; 5. психологических; 6. психических; 7. обидные; 8. обидчивым; 9. усвоить; 10. освоить

Задание 16. а — 6; б — 5; в — 1; г — 7; д — 8; е — 4; ж — 2; з — 9

Задание 17. 1) печальный, невесёлый, нерадостный, грустный, тоскливый; 2) невинный, чистый, неиспорченный, безгрешный; 3) одинаковый, равный, тождественный, идентичный, похожий

Задание 18. река; незаконнорождённый; построить; смертельно

Задание 19. а — 4; б — 7; в — 1; г — 8; д — 2; е — 3; ж — 9; з — 6

Задание 21. А) 1. скучноватый; 2. мрачноватые; 3. кисловатое; Б) 4. узенький; 5. миленький; 6. серенький; В) 7. маловато; 8. далековато; 9. многовато; 10. бледновато

Задание 23. а — 6; б — 9; в — 7; г — 2; д — 4; е — 8; ж — 5; з — 1

Задание 25. 1. банальный, глупый; 2. бледным и лживым; 3. трудно, тяжело; 4. тёмных; 5. трусливый; 6. слабее

Задание 26. несвежий, устаревший; свежий, мягкий; мелкий, неполный/поверхностный; жёсткий, твёрдый/стальной/жёсткий; высокие, благородные/высокие; мёртвый, записанный

Задание 27. 1. разочарование; 2. просторное, короткое, жестокое, неумное, драчливое; 3. прекрасно; 4. глуп, мал; 5. тень, боль, бесславие, приобретения

Глава 2

§ 3

Задание 3. 1. открытие, мегаполисах; 2. мирных, массового; зубные; 3. дворце; снижают; возможной

Задание 4. 1. США; 2. Иран; 3. декабря 2008, 73 %; 4. Боливия, Венесуэла; 5. более предсказуемым

Задание 5. сухой; настоящее; дорожное; крупнейших; неожиданному

Задание 6. 1 Б; 2 Б; 3 В

Задание 7. 1 нет; 2 да; 3 нет; 4 да; 5 нет; 6 нет

Задание 9. 1 нет; 2 нет; 3 да; 4 нет; 5 да

Задание 10. сообщило, общественно-делового; мнение общественности; активная дискуссия

Задание 11. прошла церемония; переговоры; двустороннее; По итогам переговоров; обсудят проблемы

Задание 12. рабочим визитом; проведёт переговоры; будет подписан; взаимодействию; деятелями культуры

§ 4

Задание 4. а — 6; б — 1; в — 5; г — 3; д — 2
Задание 8. а — 3; б — 1; в — 2; г — 5

РАЗДЕЛ II

Глава 1

§ 2

Задание 1. 1. укор; 2. удивление; 3. недовольство; 4. сочувствие; 5. утешение; 6. возмущение
Задание 4. 1. возмущение; 2. утешение; 3. недовольство; 4. совет
Задание 5. 1. не покладая рук; 2. второе дыхание; 3. из рук вон; 4. со своим уставом; 5. светлая голова
Задание 6. 1. удивление; 2. возмущение; 3. радость; 4. недовольство; 5. разочарование

§ 3

Задание 2. Меня зовут; Не могли бы вы; скажите; у меня ещё; уточнить; подробнее; за информацию
Задание 5. Возможные варианты реплик: 1. Здравствуйте. Звоню вам по объявлению. Скажите, когда начинаются занятия? 2. Сколько раз в неделю они проходят? 3. А сколько стоит обучение? 4. Я хотел(-а) бы уточнить, по каким предметам проводятся практические занятия? 5. Скажите, пожалуйста, планируются ли выступления для слушателей курсов? 6. Ещё один вопрос. Где вы находитесь? 7. Большое спасибо. До свидания.

§ 6

Задание 2. 1. запрос мнения; 2. запрос мнения
Задание 3. 1. запрос информации; 2. запрос мнения
Задание 5. 1. запрос разъяснения понятия; 2. запрос вывода

Глава 2

§ 1

Задание 3. 1. путешествовать; перспективными; равнодушным; экологами; поляну; экотуристы; 2. экстремального, пещер; побережье; туристическими; 3. здоровье, курорты; сравнить; курс лечения; девятнадцатого века; отдыхающих
Задание 4. Антонимы: однообразный; крошечный, слабый; ловкий, короткий, редкий. Синонимы: всевозможный; очень большой, могучий; неловкий, лохматый
Задание 7. 1. отличный; остальной; с любовью; 2. крупный, проверять; немолодой; покорность; 3. единственный; благородный, оставить; отзываться; 4. мудрый, элементарный; талант, еда, простой
Задание 11. 1 Б; 2 А; 3 В; 4 А; 5 Б
Задание 13. 1 Б; 2 В; 3 А; 4 Б; 5 Б; 6 В
Задание 14. 1 нет; 2 да; 3 да; 4 да; 5 нет; 6 нет
Задание 15. 1 Б; 2 А; 3 В; 4 А; 5 Б

§ 2

Задание 3. 1. прекрасное; дружбу; любовь; 2. встать на ноги; распространённому; материально; преувеличивать; 3. разводятся; окончательный, помирятся; холостяком; доказательства; предупреждает
Задание 4. 1. глупый, второстепенный; настойчивый; предусмотрительный; 2. легкомысленный; простой; 3. неоскорбительный; другой; ненужный
Задание 9. согласие; существенный; принадлежать; второстепенный; глупый; шаг за шагом; нередкий; союзник; непохожий; многолетний

Задание 12. 1 Б; 2 В; 3 А; 4 Б

Задание 14. 1 В; 2 Б; 3 Б; 4 В; 5 А

Задание 15. 1 нет; 2 да; 3 нет; 4 да; 5 да; 6 нет; 7 да; 8 да; 9 нет

Задание 16. 1 Б; 2 Б; 3 В; 4 А; 5 В

§ 3

Задание 3. 1. от солнца; солнцезащитные; подсознательно; необходимостью; ультрафиолетовые; серьёзный; 2. настроение; различные; целебное воздействие; благоприятной; звучащего; душевное равновесие; 3. химических; особой силой; замечательной; горного; важнейших, внешние

Задание 4. Антонимы: слабый; медленный, короткий; бесполезный; ужасный, грустный, пассивный; минимальный. Синонимы: крепкий; в темпе, длительный; благотворный; замечательный, радостный, деятельный; самый большой

Задание 7. 1. возникновение; охлаждать, снижать; 2. употребляющий, появление, подобный; сидячий, нечастый; 3. Через, найти; пить, хороший

Задание 11. 1 В; 2 Б; 3 Б; 4 В; 5 А

Задание 13. 1 В; 2 А; 3 Б

Задание 14. 1 да; 2 нет; 3 нет; 4 да; 5 нет; 6 да; 7 нет; 8 да

Задание 15. 1 Б; 2 В; 3 Б; 4 А

§ 4

Задание 3. 1. творческое; изобразительное; искусство речи; человеческой; 2. пространственные; временных; изобразительные; зримые; Выразительные; синтетическими; 3. не универсально; в меньшей; тончайшие; каждый

Задание 4. Антонимы: непостоянный; обыкновенный; незначительный; неверный; мелкий, глупый; худший, поддельный. Синонимы: основательный; своеобразный; весомый/значительный; верный/меткий; серьёзный, глубокий; избранный, настоящий/истинный

Задание 7. 1. художник, знаменитый; церковь, талант; построить; замечательный; 2. постоянно, зарубежный; огромный; существенный, широко известный; главный; 3. последний; популярный, первый; находящийся; результативно; с оглушительным успехом

Задание 11. 1 В; 2 Б; 3 В; 4 А; 5 Б

Задание 13. 1 Б; 2 В; 3 В; 4 А; 5 В; 6 А; 7 Б

Задание 14. 1 нет; 2 да; 3 нет; 4 нет; 5 да; 6 да; 7 да; 8 нет

Задание 15. 1 А; 2 Б; 3 В; 4 Б

Глава 3

§ 1

Задание 8. 1 Б; 2 А; 3 В; 4 Б; 5 Б; 6 В

§ 2

Задание 2. 1 А; 2 В; 3 В; 4 А; 5 Б; 6 А

Задание 3. 1 Б; 2 А; 3 В; 4 Б

Задание 7. 1 Б; 2 В; 3 Б; 4 Б; 5 А; 6 Б

§ 3

Задание 7. 1 В; 2 Б; 3 А; 4 В

§ 4

Задание 5. 1 Б; 2 А; 3 В; 4 Б

Задание 8. 1 А; 2 Б; 3 А; 4 В

Задание 12. 1 Б; 2 В; 3 А; 4 В; 5 А

Задание 17. 1 Б; 2 В; 3 А; 4 Б

Задание 18. 1 В; 2 А; 3 Б; 4 Б; 5 В; 6 А

РАЗДЕЛ III

Глава 1

§ 2

Задание 3. 1 — антитеза; 2 — метафора; 3 — многосоюзие; 4 — синтаксический повтор (параллелизм)

Задание 5. 1 — «мы-совокупности»; 2 — вводная конструкция; 3 — сложное предложение с союзом *хотя*

ОЦЕНОЧНЫЕ ТАБЛИЦЫ И ПОЯСНЕНИЯ К ИХ ЗАПОЛНЕНИЮ
(для преподавателей)

Пояснение к заполнению оценочных таблиц

1. В частях «Выражение намерения», «Соответствие теме», «Привлечение заданных лексических единиц» и «Содержательный компонент» стоимость одного объекта контроля **составляет 2 балла**.

Если проверяемый объект не соответствует необходимым требованиям, то из 2 баллов **вычитается 1 балл**. Если объект контроля не отражён в ответе, то **вычитается 2 балла**.

2. Общая стоимость части «Языковые средства» — **6 баллов**.

За каждую ошибку, не ведущую к нарушению коммуникации, из 6 баллов **вычитается 0,5 балла**. За каждую ошибку, ведущую к нарушению коммуникации, **вычитается 1 балл**.

Оценочная таблица № 1
(оценивается задание 3, раздел II, глава 1, § 2)

Объекты контроля	Стоимость теста 12 баллов
Выражение намерения 1. Умение выразить заданное намерение с использованием соответствующих языковых средств. 2. Умение оформить высказывание с соответствующей интонацией. <div align="right">Из 4 баллов набрано</div>	
Соответствие теме 3. Умение построить высказывание, соответствующее заданной теме. <div align="right">Из 2 баллов набрано</div>	
Языковые средства 4. Умение выбрать стилистические средства, соответствующие ситуации общения. 5. Лексико-грамматическая и фонетическая правильность. <div align="right">Из 6 баллов набрано</div>	
Общая сумма баллов Задание считается выполненным, если набрано **не менее 8 баллов**.	

Оценочная таблица № 2

(оценивается задание 7, раздел II, глава 1, § 2)

Объекты контроля	Стоимость теста 4 баллов
Выражение намерения 1. Умение выразить заданное намерение с использованием соответствующей интонации. 2. Правильность произношения и словесного ударения. <div align=right>Из 4 баллов набрано</div>	
Общая сумма баллов Задание считается выполненным, если набрано **не менее 2 баллов**.	

Оценочная таблица № 3

(оценивается задание 9, раздел II, глава 1, § 2)

Объекты контроля	Стоимость теста 12 баллов
Выражение намерения 1. Умение выразить заданное намерение с использованием соответствующих языковых средств и интонационных конструкций. <div align=right>Из 2 баллов набрано</div>	
Соответствие теме 2. Умение построить высказывание, соответствующее заданной теме. <div align=right>Из 2 баллов набрано</div>	
Привлечение заданных лексических единиц 3. Умение использовать антонимичные оценочные слова. <div align=right>Из 2 баллов набрано</div>	
Языковые средства 4. Умение выбрать стилистические средства, соответствующие ситуации общения. 5. Лексико-грамматическая и фонетическая правильность. <div align=right>Из 6 баллов набрано</div>	
Общая сумма баллов Задание считается выполненным, если набрано **не менее 8 баллов**.	

Оценочная таблица № 4
(оценивается задание 11, раздел II, глава 1, § 2)

Объекты контроля	Стоимость теста 12 баллов
Выражение намерения 1. Умение выразить заданное намерение с использованием соответствующих языковых средств и интонационных конструкций. *Из 2 баллов набрано*	
Соответствие теме 2. Умение построить высказывание, соответствующее заданной теме. *Из 2 баллов набрано*	
Привлечение заданных лексических единиц 3. Умение использовать неоднокоренные синонимы. *Из 2 баллов набрано*	
Языковые средства 4. Умение выбрать стилистические средства, соответствующие ситуации общения. 5. Лексико-грамматическая и фонетическая правильность. *Из 6 баллов набрано*	
Общая сумма баллов Задание считается выполненным, если набрано **не менее 8 баллов**.	

Оценочная таблица № 5
(оценивается задание 13, раздел II, глава 1, § 2)

Объекты контроля	Стоимость теста 14 баллов
Выражение намерения 1. Умение выразить заданное намерение с использованием соответствующих языковых средств и интонационных конструкций. 2. Решение коммуникативной задачи с использованием достаточного количества реплик. *Из 4 баллов набрано*	
Соответствие теме 3. Умение построить высказывание, соответствующее заданной теме. *Из 2 баллов набрано*	
Привлечение заданных лексических единиц 4. Умение использовать разные языковые средства. *Из 2 баллов набрано*	
Языковые средства 5. Умение выбрать стилистические средства, соответствующие ситуации общения. 6. Лексико-грамматическая и фонетическая правильность. *Из 6 баллов набрано*	
Общая сумма баллов Задание считается выполненным, если набрано **не менее 9 баллов**.	

Оценочная таблица № 6

(оценивается задание 7, раздел II, глава 1, § 3)

Объекты контроля	Стоимость теста 12 баллов
Содержательный компонент 1. Умение вести деловой телефонный разговор в соответствии с предложенной ситуацией. 2. Умение расспросить, уточнить информацию, задав необходимое количество вопросов. <div align="right">*Из 4 баллов набрано*</div>	
Соответствие теме 3. Умение построить диалог в соответствии с темой и по заданной схеме. <div align="right">*Из 2 баллов набрано*</div>	
Языковые средства 4. Умение выбрать стилистические средства, соответствующие ситуации общения. 5. Лексико-грамматическая и фонетическая правильность. <div align="right">*Из 6 баллов набрано*</div>	
Общая сумма баллов Задание считается выполненным, если набрано **не менее 8 баллов**.	

Оценочная таблица № 7

(оценивается задание 7 раздел II, глава 1, § 4)

Объекты контроля	Стоимость теста 12 баллов
Содержательный компонент 1. Умение вести деловой разговор в соответствии с ситуацией и предложенной ролью. <div align="right">*Из 2 баллов набрано*</div>	
Соответствие теме 2. Умение построить диалог в соответствии с темой и по заданной схеме. 3. Умение использовать формулы речевого этикета и выражения в соответствии с ситуацией и предложенной ролью. <div align="right">*Из 4 баллов набрано*</div>	
Языковые средства 4. Умение использовать элементы официально-делового стиля речи. 5. Лексико-грамматическая и фонетическая правильность. <div align="right">*Из 6 баллов набрано*</div>	
Общая сумма баллов Задание считается выполненным, если набрано **не менее 8 баллов**.	

Оценочная таблица № 8

(оценивается задание 5, раздел II, глава 1, § 5)

Объекты контроля	Стоимость теста 14 баллов
Содержательный компонент 1. Умение создать текст с элементами описания, повествования и рассуждения. 2. Умение представить действующих лиц и ситуацию сюжета. 3. Умение сделать предположение, опираясь на ситуацию, и аргументировать его. <div align="right">Из 6 баллов набрано</div>	
Соответствие теме 4. Умение построить текст в соответствии с темой и по заданной схеме. <div align="right">Из 2 баллов набрано</div>	
Языковые средства 5. Умение оформить высказывание в соответствии с выбранным стилем речи. 6. Лексико-грамматическая и фонетическая правильность <div align="right">Из 6 баллов набрано</div>	
<div align="center">Общая сумма баллов Задание считается выполненным, если набрано **не менее 9 баллов**.</div>	

Оценочная таблица № 9

(оценивается задание 9, раздел II, глава 1, § 5)

Объекты контроля	Стоимость теста 14 баллов
Содержательный компонент 1. Умение заявить тезис, выдвинуть аргументы и сделать вывод. 2. Умение оценить ситуацию и сделать вывод с опорой на сюжет. 3. Умение выразить собственное отношение к проблеме с позиций морали. <div align="right">Из 6 баллов набрано</div>	
Соответствие теме 4. Умение построить текст в соответствии с темой и по заданной схеме. <div align="right">Из 2 баллов набрано</div>	
Языковые средства 5. Умение оформить высказывание в соответствии с выбранным стилем речи. 6. Умение использовать средства связи сложносочинённого и сложноподчинённого предложения. 7. Отсутствие немотивированных пауз, связанных с правильным подбором слов и грамматических конструкций. <div align="right">Из 6 баллов набрано</div>	
<div align="center">Общая сумма баллов Задание считается выполненным, если набрано **не менее 9 баллов**.</div>	

ТЕКСТЫ ДЛЯ АУДИРОВАНИЯ

Раздел I

Глава 2

§ 3

ЗАДАНИЕ 2.

В одном из зоопарков в вольер с обезьянами случайно упала детская компьютерная игра. Обезьяны сумели освоить её самостоятельно и стали развлекаться. Цивилизация делает технику всё более доступной и понятной даже для животных. Компьютер, телевизор, микроволновая печь — вот далеко не полный перечень предметов, доступных животным, которые имеют определённый интеллект и развитую мелкую моторику.

ЗАДАНИЕ 3.

1

Неожиданное открытие сделали австралийские экологи: города в конце концов исчезнут, так как люди не смогут жить в мегаполисах уже во второй половине XXIII века.

2

Российские и американские учёные нашли способ использования в мирных целях нанотитана — материала, который применяют в производстве оружия массового уничтожения. Теперь из него будут делать зубные имплантаты.

3

Королева Великобритании Елизавета II в целях экономии отменила рождественский приём в Букингемском дворце. В Кремле, по словам пресс-секретаря Управления делами президента, тоже снижают расходы, в том числе и на приёмы. С начала кризиса бюджет управления сократился на пятнадцать процентов. Однако о возможной отмене новогодних и рождественских торжеств в Москве пока не объявляли.

ЗАДАНИЕ 4.

Ведутся переговоры о вступлении США в организацию, которая называется «Форум стран — экспортёров газа», сокращённо ФСЭГ. Этот картель действует с декабря 2008 года и объединяет владельцев 73 % мировых запасов газа. Создание организации в 2001 году инициировал Иран, а в 2008 году в Москве был принят её устав. Генеральным секретарём форума стал кандидат от России. На сегодняшний день членами организации являются Россия, Алжир, Боливия, Индонезия, Нигерия, Египет, Венесуэла и другие страны. В качестве наблюдателей в форуме принимают участие Норвегия, Нидерланды и Казахстан. Эксперты считают, что появление американских представителей в этой организации поможет консолидировать мировой газовый рынок и сделать его более предсказуемым.

ЗАДАНИЕ 5.

Экстремальные погодные условия сложились на севере Чили, в самой сухой пустыне нашей планеты, которая носит название Атакама: здесь выпал снег. Для этих мест снег — настоящее стихийное бедствие. Сугробами завалило несколько городов. Непогода нарушила дорожное сообщение и энергоснабжение. Временно пришлось приостановить работу одной из крупнейших обсерваторий мира. Между тем неожиданному подарку природы обрадовались дети. Пока взрослые расчищали дороги, они лепили снеговиков.

ЗАДАНИЕ 6.

Австралийские исследователи пришли к выводу, что использование лазерных принтеров оказывает влияние на санитарное состояние офиса. Работающий принтер делает воздух в четыре раза грязнее, чем за окном. Особенно ухудшает состояние воздуха принтер с новым картриджем. Наиболее мощный выброс вредных для человека веществ происходит при печатании различных картинок. Поэтому учёные советуют устанавливать принтеры как можно дальше от рабочих мест, чаще проветривать помещения и реже печатать изображения.

ЗАДАНИЕ 7.

В мире существует более сорока тысяч профессий. Они относятся к различным сферам человеческой деятельности и изменяются вместе с развитием общества. В психологическом центре «Анима», созданном специально для выпускников школ, помогают в выборе будущей профессии в соответствии с индивидуально-личностными особенностями молодых людей. Специалисты центра в своей работе используют профессиограммы, которые учитывают следующие психологические характеристики: тип личности, способ мышления, способ взаимодействия с другими людьми. Ведётся индивидуальный приём. Услуги центра платные: стоимость одной консультации — четыреста пятьдесят рублей; при повторной консультации даётся скидка в размере ста рублей.

ЗАДАНИЕ 8.

Как передаёт ИТАР-ТАСС, в высших руководящих кругах Евросоюза за несколько часов до открытия важнейшего саммита ЕС разразился скандал. Еврокомиссар по вопросам юстиции Вивиан Рединг обвинила Францию и Германию в сговоре с целью изменения фундаментальных соглашений Евросоюза.

ЗАДАНИЕ 9.

В Бранденбурге в рамках официального визита президента России в Германию состоялись его переговоры с федеральным канцлером республики. Политики обсудили актуальные вопросы двусторонних и международных отношений. По итогам переговоров президент и канцлер дали пресс-конференцию. Главы двух стран признали, что позиции России и Германии сблизились по многим пунктам. Оба лидера заявили, что довольны результатами встречи, а президент России ещё раз поднял вопрос о безвизовом режиме между Россией и Евросоюзом.

ЗАДАНИЕ 10.

Агентство «Интерфакс» сообщило, что власти Санкт-Петербурга приняли окончательное решение о переносе общественно-делового комплекса «Охта» из центра города на его окраину, в Приморский район. На решение о переносе повлияло мнение общественности, политических деятелей и деятелей культуры. В течение двух лет в средствах массовой информации велась активная дискуссия о целесообразности строительства подобных зданий в историческом центре города.

Раздел II

Глава 1

§ 1

1. Выражение радости

1. Я ра[2]д — мы вместе го[2]ры свернём!

2. Отли[2]чно! Ответ на резюме положи[1]тельный.

3. Ты поступи[2]л в университет? Вот хорошо[3]! Какой ты молоде[5]ц!

4. Так хорошо[5], что всё сделали вовремя! Как здоро[6]во!

ЗАДАНИЕ 1.

1. Я очень ра[2]д нашей встрече.

2. Такая уда[3]ча! За один де[2]нь все документы оформила!

3. Это замеча[5]тельно, что у нас всё так получилось!

4. У нас такая ра[5]дость! В но[2]вую квартиру переезжаем.

5. Друг прие[6]хал! Вот здо[3]рово!

2. Выражение удивления

1. Ваш сын же[3]нится? Пра[3]вда? Неуже[2]ли?

2. Я удивлё[2]н её реакцией. Не ду[2]мал, что она обидится.

3. Ты интересуешься японской поэ[3]зией? Вот не ожида[3]ла!

4. Ты пра[3]вда занимаешься вокалом? Вот это да[2]!

5. Ка[2]к? Он не позвони[4]л?; Что[4]? Вы не зна[2]ли об этом?

6. Вот неожи[6]данность! Вот сюрпри[6]з!

ЗАДАНИЕ 2.

1. — Он совсем ничего не чита[1]ет. — Пра[3]вда?

2. — Представля[3]ешь, сдал экзамен на отли[2]чно. — Вот неожи[6]данность! Молоде[2]ц.

3. — Я зна[1]ю этого музыканта. — Пра[4]вда? Вы с ним знако[4]мы?

4. — Вы что, действи[2]тельно были на «Еврови[3]дении»? На[2]до же[3]!

3. Выражение совета

1. В этой ситуации могу посоветовать вам только одно[1]: поговорите с ним споко[3]йно и извини[1]-
тесь.

2. Послушай мой сове[1]т: не ходи завтра на рабо[2]ту, а ещё лу[3]чше — вызови врача[1].

3. Обязательно посмотри[2]те этот фильм. Он был отмечен на Берлинском фестива[1]ле.

4. Не заплывайте дале[2]ко. Это опа[2]сно!

5. А не пое[3]хать ли нам на выходные на дачу?

6. Хорошо бы ему самому[2] сделать это.

7. Ну ты уж[2], пожалуйста[2], не опаздывай больше.

ЗАДАНИЕ 3.

1. Послушайте мой совет[1]. Сходите к директору[3] и попросите его решить эту проблему[1].

2. Прекрасный[5] диск! Я бы на твоём месте купил[2] его.

3. Не пропускай[2] занятия! Не за горами сессия[1]. Будут неприятности.

4. А не поговорить[3] ли тебе с родителями? Они плохого не посоветуют[2].

4. Выражение желания (пожелания)

1. Я хотела бы сама[1/2] во всём разобраться.

2. Мне бы хотелось[3], чтобы вы всё-таки выступили[2] на вечере.

3. Хорошо[5] бы поехать к морю! Такая[5] жара!

4. Как мне хочется[5] купить этот компьютер!

5. Вот[3/5] бы снег пошёл!; Снег[6] бы пошёл! А то всё дождь[6] да дождь[6].

ЗАДАНИЕ 4.

1. Мне бы хотелось[3], чтобы в программу включили экскурсию по каналам Петербурга[1].

2. Хорошо бы получить тезисы до начала[2] конференции.

3. Вот[3] бы отдохнуть, хоть немного[2]!

4. В гости я не хочу[1]. Вот если бы ты пригласил меня в кино[3]!

5. Как бы я хотела[5] съездить в Париж[5]! Вот если бы мы поехали все вместе!

6. На Байкале[6] бы побывать! Такое озеро[6]!

5. Выражение сожаления

1. Мне жаль[2], что мы больше не увидимся.

2. Жалко[2], что он уехал. Мы даже не успели поговорить[1/2].

3. Так жаль[3], что ты не поехал с нами!; Мне так[5] жаль, что вы не смогли прийти!; Какая жалость[5]! Флешку[2] потерял; Не застала директора[2] на месте. Вот жалко[6]!

ЗАДАНИЕ 5.

1. Жалко[2], что так быстро закончились праздники.

2. Так жалко[3], что мы не встретились вчера.

3. Так жаль[5], что не было бабьего лета!

4. Как жаль[5], что он теперь работает не у нас.

5. Вот жалость[6]! Приезжала сестра[3] с детьми, а я была в командировке[1].

6. Выражение сочувствия

1. Бедный[2]! Сочувствую[1] тебе. Без поддержки близких[1] трудно.

2. Я тебя понимаю[1]! У меня тоже были такие[2] проблемы.

3. Как это грустно[2]! Как я тебе сочувствую[3]!; Как я тебя понимаю[5]!

ЗАДАНИЕ 6.

1. Я тебе сочу^{1}вствую. Столько вре^{5}мени пролежать в больнице!

2. Сочу^{2}вствую вам. Сделать такую рабо^{5}ту — и всё напрасно.

3. Как я вас понима^{3}ю! Моя семья то^{1}же патриархальная, и с этим нужно счита^{1}ться.

4. Так далеко ездить на рабо^{1}ту. Как я тебе сочу^{5}вствую!

7. Выражение утешения

1. Не волну^{2}йся ты так, всё у тебя получится.

2. Всё нала^{1}дится, и вы ещё будете счастли^{2}вы.

3. Ты опоздал на по^{3}езд? Ну ничего^{2}, не пережива^{2}й. Поедешь на авто^{1}бусе.

ЗАДАНИЕ 7.

1. — Жа^{2}ль, что я не попал на концерт этой группы. — Ну ничего^{1}, сходишь ещё^{2}, они снова^{1} приедут.

2. — Представля^{3}ешь, не могу купить большой слова^{1}рь. — Не пережива^{2}й, бери мо^{2}й, когда будет нужно.

3. — Не знаю, что де^{2}лать. Компьютер не включается. — Не расстра^{2}ивайся. Я знаю хорошего ма^{1}стера. Он в момент всё исправит.

4. — Жена хочет подать на разво^{1}д. — Не пережива^{2}й ты так! В жизни всякое случа^{2}ется. У вас всё ещё может нала^{1}диться.

8. Выражение сомнения

1. Я сомнева^{2}юсь, что он говорит правду. Он не раз нас обманывал.

2. Вряд ли она сделала это специа^{3}льно, а вообще — кто зна^{7}ет?; Неужели я не говорил ему об э^{2}том?

3. Неуже^{3}ли вы не знали, что мы переехали в другое здание?

4. Неужели у вас не^{2}т мобильного телефона?

ЗАДАНИЕ 8.

1. Что-то мне не ве^{2}рится, что она сама^{2} написала курсовую.

2. Сомневаюсь, что из-за морозов отменя^{2}т занятия.

3. Вряд ли^{3} до наступления зимы они закончат ремонт.

4. А разве существуют препараты, которые нейтрализу^{3}ют радиацию?

5. Неуже^{3}ли аптека закрыта? Ещё ра^{2}но.

6. Неужели она забыла позвони^{2}ть?

9. Выражение недовольства

1. Я очень недово^{2}лен, что вы задерживаете плату за квартиру.

2. Мне о^{2}чень не нравится, что ты так поздно возвращаешься домой.

3. Мне так неприя^{5}тно слышать, что ты плохо у^{1}чишься.

4. Как ты разговариваешь?; Сколько можно тебе повторя^{2}ть?; Почему вас не было на совеща^{4}нии?

5. Он что, доро^{2}ги не знает, что ли?; Что за лю^{5}ди! Не дают работать; Какое там написа^{2}л реферат^{7}! Ещё не нача^{1}л.

ЗАДАНИЕ 9.

1. Я очень недоволен те[3]м, как ты относишься к своим обя[1]занностям.

2. Мне очень непри[2]ятно, что он так говорит.

3. Что[2] она, светофо[3]ра не видит, что ли?

4. Почему ты не слушаешь, когда я к тебе обраща[2]юсь?

5. Как[5] вы могли промолчать, если знали об этом!

6. — Ты не идёшь на дискоте[3]ку? — Да какая там дискоте[7]ка! Курсову[2]ю пишу!

10. Выражение укора

1. Напра[2]сно ты обидел человека. Он ни в чё[2]м перед тобой не виноват; Зря[2] ты её ругаешь, она хорошая хозя[1]йка.

2. Разве мо[3]жно так? Ты же мне делаешь бо[2]льно; Ну[5] как ты можешь так говорить?

3. Неужели вы не могли меня предупреди[3]ть?

ЗАДАНИЕ 10.

1. Напра[2]сно вы перестали заниматься музыкой. У вас есть спосо[1]бности.

2. Ну что же вы меня не подожда[2]ли, хотя бы пять мину[2]т?

3. Зря[2] вы отказались поехать с нами. Было так[3] интересно!

4. Ну ка[5]к же так? Опять ничего[2] не делаешь!

5. Разве мо[3]жно так относиться к своему здоровью?

11. Выражение согласия/несогласия и частичного несогласия

1. Ты[1] прав, здесь у тебя будет бо[5]льше возможностей; С этим положением трудно не согласи[2]ться!

2. — Она хорошо[2] учится. — Ска[3]жешь тоже, у неё с английским большие[2] проблемы.

3. Ты права, но с деканом лучше поговорить по[2]сле праздников; Это не совсе[1]м так. Не могу[2] полностью с вами согласиться.

4. Разуме[2]ется, наши студенты пое[2]дут на Олимпиаду по русскому языку.

5. Я думаю, что вы ошиба[1]етесь; Мне кажется, это утверждение бездоказа[1]тельно.

6. — Говорят, он неплохой худо[1]жник. — Да какой он худо[7]жник! Куда[7] ему!

ЗАДАНИЕ 11.

1. — Мне кажется, вас не интересу[2]ет психология. — Это не совсем та[1]к. Я чита[1/2]л некоторые работы Фрейда.

2. — Надо его как-то образу[2]мить, а то он совсем[2] не работает. — Согла[1]сен, но, может, это от мо[3]лодости?

3. — Ты что[2], не был на семина[3]ре? — Разуме[2]ется, был, и даже выступа[2]л.

4. — Он собирается поступать в аспиранту[1]ру. — Куда[7] ему в аспирантуру! Он с трудом университе[2]т окончил.

5. — Вы спортом занима[3]етесь? — Да какой[7] из меня спортсмен! Я и заря[2]дку не делаю.

§ 2

ЗАДАНИЕ 1.

1. Ну разве можно так? Всю неделю сидишь сложа руки. 2. Разве я не говорила тебе, что еду завтра? 3. Я что, и посуду за тебя мыть должна? 4. Как я вас понимаю! У нас тоже дочь замуж выходит. Столько волнений! 5. Не переживай ты так. Поедешь в отпуск через месяц. 6. Ты куда на красный свет едешь? Ты что, правил не знаешь?

ЗАДАНИЕ 3.

1. Выразите пожелание:
   — Какой номер вы хотели бы снять?
   — ....

2. Выразите удивление:
   — У нас сейчас, к сожалению, нет свободных одноместных номеров.
   — ....

3. Выразите несогласие:
   — Могу предложить вам только одноместный люкс.
   — ....

4. Выразите радость:
   — Простите, я забыла, что через час освобождается одноместный номер.
   — ....

ЗАДАНИЕ 5.

1. — Как я тебе сочувствую! С утра до вечера работаешь не покладая рук.
   — Да нет, ничего. Работа мне нравится.

2. — Наверное, брошу танцы. Очень устаю.
   — Мой тебе совет: не бросай. И не заметишь, как откроется второе дыхание.

3. — Ты почему такой сердитый?
   — Видела бы ты мои фотографии! Фотограф снял из рук вон плохо.

4. — Ты скажи им, чтобы не смотрели телевизор так долго.
   — Неудобно как-то, я ведь в гостях. А в чужой монастырь со своим уставом не ходят.

5. — Твой сын хорошо учится?
   — Да, учителя говорят, что у него светлая голова.

ЗАДАНИЕ 6.

1. — Я хочу купить диски со всеми операми Чайковского.
   — Ничего себе! Ты что, музыкант?

2. — Автобуса не было. Пришлось идти пешком три километра.
   — Ничего себе! Они же должны ходить каждый час.

3. — Вот мы и дома.
   — Приехали! В гостях хорошо, а дома лучше.

4. — Бензин кончился, надо заправляться.
   — Приехали. Не мог об этом раньше подумать?

5. — Дверь не открывают. Кажется, никого нет дома.
   — Приехали! Так я и знала.

ЗАДАНИЕ 9.

— День рождения Антона удался, отличная вечеринка.

— ...

— Его подруга приготовила замечательные закуски, а брат рассказывал такие остроумные анекдоты.

— ... .

— Гости подарили прекрасные подарки, и музыка была просто изумительная.

— ... .

ЗАДАНИЕ 11.

1. А: — Читал новую повесть Козырева. Захватывающая история.
   Б: — Точно, невозможно оторваться.
   Вы: — ... .

2. А: — Все персонажи написаны очень выразительно.
   Б: — Да-да, герои — яркие личности.
   Вы: — ... .

3. А: — Читается на одном дыхании.
   Б: — Ты прав, трудно оторваться.
   Вы: — ... .

4. А: — А вот оформление скучноватое.
   Б: — Согласна, так себе.
   Вы: — ... .

ЗАДАНИЕ 13.

— Представляешь, подарили мобильник, а он мне не нравится. Какой-то он уж очень большой.

— ... .

— Мне кажется, что это не последняя модель.

— ... .

— И потом, у него недостаточно функций.

— ... .

— И ещё внешний вид какой-то невзрачный.

§ 3

ЗАДАНИЕ 2.

— Доброе утро. Компания «Компьютерные технологии». Наташа Каменская. Слушаю вас.

— Доброе утро. Меня зовут Дмитрий Федотов. Я студент факультета высоких технологий университета. Звоню по поводу летней стажировки в вашей компании. Я подал заявку и выполнил тестовые задания первого тура. Не могли бы вы сказать, какие у меня результаты?

— Думаю, вам надо подождать приглашения на собеседование. Если вы его получите, то это значит, что вы допущены ко второму туру.

— Понятно. Если это не секрет, скажите, сколько человек претендует на одно место? Я слышал, что могут принять только семерых.

— Восемьдесят человек выполняли задания первого тура. У вас есть ещё вопросы?

— Да, у меня ещё два вопроса. Вы не могли бы сказать, чем занимаются стажёры в вашей компании?

— Они перенимают опыт у наших ведущих специалистов.

— Хотелось всё-таки уточнить, что входит в круг обязанностей стажёров?

— Они учатся проектному делу и принимают участие в одном из проектов.

— Если я не пройду конкурс, у меня есть возможность попробовать ещё раз?

— Конечно, шанс есть у всех.

— А не могли бы вы рассказать поподробнее?

— Могу сказать, что стажировки у нас ежегодные, потому что компания заинтересована в молодых талантливых сотрудниках. Так что если в этом году вы не выиграете конкурс, не отчаивайтесь. Всегда можно сделать ещё одну попытку.

— Спасибо за информацию. До свидания!

— Успехов. До свидания!

Глава 2

§ 1

ЗАДАНИЕ 3.

1

В России есть много мест, которые стоит посетить тем, кто любит путешествовать. Немало замечательных уголков природы имеется и на юге страны: в Южном федеральном и Северо-Кавказском округах, которые называют перспективными туристическими регионами страны. Например, незабываемой будет экскурсия по долине реки Баксан, где растут реликтовые сосновые леса, и по Чегемскому ущелью, где шумят величественные водопады. Никого не оставит равнодушным поездка в Тебердинский заповедник с его скалистыми горами, зелёными долинами и живописными озёрами. В этом заповеднике экологами найдено тысяча триста видов растений, двадцать пять из которых занесены в Красную книгу. Можно также отправиться на знаменитую Домбайскую поляну, расположенную у подножья Главного Кавказского хребта. Здесь построены многоэтажные гостиницы, мотели и кемпинги, где встречаются экотуристы, приехавшие из разных стран мира.

2

Любители экстремального туризма могут поохотиться в Ростовской области, заняться конным спортом в Калмыкии, альпинизмом и горными лыжами в Приэльбрусье, изучением пещер в Адыгее. Тем, кто предпочитает проводить свой отпуск спокойно, любит загорать на пляже и купаться в море, можно поехать на Черноморское побережье Кавказа — главное место отдыха на юге нашей страны. Здесь расположены благоустроенные города с многочисленными домами отдыха, гостиницами, пансионатами и туристическими комплексами.

3

Если вы хотите поправить своё здоровье, попить минеральную воду и подышать горным воздухом, то вам следует посетить курорты Северного Кавказа — Пятигорск, Железноводск, Кисловодск. Эти небольшие уютные города можно сравнить с Карловыми Варами или Баден-Баденом, известными европейскими местами лечения и отдыха. В этих краях можно не только пройти курс лечения, но и побывать на интересных экскурсиях.

Исторически территория Северного Кавказа связана с именем Михаила Юрьевича Лермонтова — одного из лучших русских поэтов XIX века. Здесь он жил, служил в армии, здесь же и погиб. Экскурсии по лермонтовским местам пользуются у отдыхающих неизменным спросом.

ЗАДАНИЕ 6.

1

Традиция заводить домашних животных существует с доисторических времён. Кошки и собаки являются верными спутниками человека уже не одну тысячу лет. В России в конце XX века сложилась необычная ситуация: любители животных, в основном это были бизнесмены, всё чаще стали заводить экзотических диких зверей. В домах жили тигры, пантеры или крокодилы. Сегодня хищники не так популярны, люди не хотят себе лишних проблем, поэтому предпочитают собаку редкой породы или кота-чемпиона.

2

Нередко человек селит у себя дома какую-нибудь необычную тварь только для того, чтобы бороться с заложенными в подсознании страхами. Присмотреться к ужасному зверю поближе, привыкнуть к нему и полюбить его — вот лучший способ избавиться от своих психологических проблем.

3

Домашние животные недёшево обходятся своим хозяевам. Кошкам, собакам, попугаям и хомячкам необходима еда, которая стоит немалых денег. К тому же за этими животными надо часто убирать, а с собаками ещё и гулять по нескольку раз в день. У кого-то имеется аллергия на звериный пух и шерсть. А вот пауки и змеи едят раз в месяц, убирать за ними почти не надо, и они не вызывают аллергию. Так что в доме удобнее содержать именно такую живность.

ЗАДАНИЕ 9.

1

Давно известно о целительных способностях кошек: четвероногий друг спешит на помощь человеку и ложится на больное место. У хозяев кошек и котов гораздо меньший процент сердечных заболеваний. Вероятно, своим успокаивающим «мур-мур» животные отлично снимают стресс и помогают работе человеческого сердца. Сейчас предпринимаются попытки использовать записи кошачьих «песен» для лечения и других болезней, например, остеопороза. Врачи отмечают, что это будет отличным естественным способом укрепления костей. Но, издавая подобные звуки, кошки также лечатся сами: мурлыканье способствует более быстрому заживлению их ран.

2

Интересное открытие сделали российские зоопсихологи: многие животные, обитающие в мегаполисах, приобрели навыки, которыми ранее не располагали. Так, собаки стали понимать символику цвета светофоров и пользоваться метро: они знают, как переходить улицу и ездить на эскалаторе. В городе начинают обживаться и некоторые лесные птицы, например совы: сюда они прилетают на охоту за мелкими грызунами.

3

Антарктида всегда считалась континентом, населённым только пингвинами. Но в последнее время люди сталкиваются здесь и с другими животными. Например, аргентинский биолог Гомес Торе, работавший на Земле Сан-Мартин, встретил льва. Тот был крупнее своего африканского собрата, имел крепкие короткие лапы и густой белый мех. Зверь держался у самого берега, его поза напоминала позу домашнего кота у мышиной норы. Лев прыгнул в воду, через минуту вынырнул обратно с тюленем в пасти и затрусил прочь. Когда Торе рассказал об увиденном коллегам, то выяснилось, что ещё два человека видели похожих существ. По этому поводу криптозоологи говорят, что нет ничего невозможного в том, что на антарктическом побережье сохранились реликтовые полярные львы, которые не боятся ни воды и ни холода.

4

Антарктида. По льдине идёт папа-пингвин, за ним бежит маленький пингвинёнок.
— Папа, почему люди говорят, что пингвины глупые?
— Что?
— Люди говорят, что пингвины неумные.
— Что?
— Ну, понимаешь, люди говорят, что мы недалёкие.
— Что?
— Ладно, пошли купаться.

ЗАДАНИЕ 11.

КОРМИЛИЦА ДОНСКИХ СТЕПЕЙ

Это море обладает неброской естественной красотой. Вода прозрачная и почти не солёная, пляжи с бархатным песком и мелкими камешками — трудно вообразить себе лучшее место для отдыха. Солнце светит осторожно, а воздух наполнен ароматами двух стихий — моря и степи.

Согласно мифам, здесь проживали амазонки — женщины-воительницы. Древние греки называли это море Меотида, что значит «кормилица», скифы — Каргулак, или «богатое рыбой». В русских летописях море именуется по названию города Сурожа — Сурожским. В наше время оно называется Азовским.

Азовское море омывает юго-западные берега России и юго-восточные берега Украины. Море является внутренним водоёмом, но в то же время относится и к системе Атлантического океана, так как через проливы связано с Чёрным и Средиземным морями. В него впадают две крупные реки — Дон и Кубань и ещё двадцать небольших речек. В Азовском море есть залив Сиваш, вода которого считается целебной. В ней присутствует около ста химических элементов, что по составу соотносится с плазмой человеческой крови.

Очень богат растительный и животный мир моря. В нём водится много рыб ценных пород, а по разнообразию пернатых азовское побережье не имеет себе равных.

Азовское море — природный раритет мирового масштаба: оно самое маленькое, самое мелкое, самое пресноводное и самое отдалённое от Мирового океана. Его средняя глубина составляет семь метров, площадь — около сорока тысяч квадратных километров. На катере его можно пересечь за несколько часов, но тем не менее это самое настоящее море. Моряки относятся к нему с уважением, ведь Азовское море — важный транспортный путь. По нему ежегодно проходит почти девять тысяч грузовых и пассажирских судов под флагами разных стран.

ЗАДАНИЕ 12.

1

Американские исследователи обнаружили у человекообразных обезьян способность к освоению компьютера. В ходе исследований выяснилось, что шимпанзе могут не только работать на компьютере, но даже программировать. Правда, у них возникают трудности с многоуровневым меню. Однако если обезьяне интересно, то животное способно запомнить до семи уровней в меню.

2

В XXI веке учёные открывают ранее неизвестные виды животных. Удивительно, что они так долго оставались незамеченными в современном мире. Так, например, в китайской провинции Сычуань было поймано загадочное существо, не похожее ни на один известный науке вид. По словам очевидцев, зверь немного напоминает медведя, хотя он не рычит, а издаёт звуки, похожие на мяуканье. Животное транспортировали в Пекин, где учёные возьмут образцы ДНК для дальнейшего изучения необыкновенной находки.

3

В Институте экологии растений и животных Российской академии наук состоялась конференция молодых учёных. На конференции собралось более ста участников из шестнадцати регионов России. Тематика научных направлений была широкой. Собравшиеся вели разговор о значении фундаментальных исследований в области экологии и об антропогенном воздействии на природу. С интересом были прослушаны доклады о реконструкции и восстановлении природных ландшафтов. Ведущие учёные-экологи также выступили с докладами, в которых была представлена концепция ноосферного пути развития общества.

ЗАДАНИЕ 13.

1

Недавно научный мир представил новые доказательства гипотезы, согласно которой все люди, живущие на нашей планете, являются потомками небольшого племени, обитавшего на территории юго-восточной Африки. По словам учёных, в этой части земного шара найдены самые древние останки человека и самые древние каменные орудия.

2

Учёными из разных стран осуществлён уникальный проект по созданию генетической карты всемирной истории. Исследователи в течение пяти лет собирали пробы ДНК у сотен тысяч человек по всему миру. Помимо изучения генофонда человечества, проект выполнил и другую задачу. Теперь любой человек может проследить свою родословную из глубокой древности до наших дней.

3

Статистические исследования последних лет показывают, что жизнь очень многих людей на Земле зависит не от успехов современной агрономии, а от милостей природы. Так, например, более трёх миллиардов человек питаются рыбой, морскими животными и растениями. Полтора миллиона поддерживают своё существование, пользуясь лесными дарами. Около миллиарда человек включают в свой рацион всё, что прыгает, ползает и растёт в пустынях и засушливых районах. Если учесть, что из-за хозяйственной деятельности человечества идёт быстрое исчезновение многих видов животных и растений, то становится ясным, что жизнь большей части населения земного шара находится под угрозой. Однако остановить потребление невозможно, так как на нём основана вся мировая экономика. Поэтому необходимо всеми способами беречь дикую природу и развивать биотехнологии, которые помогут вернуть планете всё то, что у неё отняли люди.

ЗАДАНИЕ 14.

Учебный центр «Приазовье» открывает набор на курсы ландшафтных дизайнеров. Группы формируются по мере подачи заявлений. Количество мест ограниченно. Обучение рассчитано на шесть месяцев. В программе помимо специальных предметов предусмотрено изучение ботаники, химии, экологии. Занятия ведут преподаватели университета. Для желающих за дополнительную плату проводятся практические занятия на ферме, расположенной на Таманском полуострове и специализирующейся на разведении лотосов. Учебная группа не превышает пятнадцати человек. Стоимость — пять тысяч рублей в месяц. После окончания курсов выдаётся сертификат.

ЗАДАНИЕ 15.

Русское географическое общество объявляет конкурс для молодых учёных на лучшую научную работу в области экологии. К конкурсу допускаются соискатели от двадцати пяти до тридцати пяти лет. Заявки принимаются в течение трёх месяцев со дня публикации объявления. Тематика научных исследований любая, но предпочтение отдаётся исследованиям по прогнозированию изменения климата. Победитель конкурса получит возможность стажироваться в Великобритании, в Кембриджском университете, в течение одного года.

§ 2

ЗАДАНИЕ 3.

1

Люди всегда знали, что любовь — это прекрасное чувство. В древнеиндийском трактате «Ветка персика» о любви говорится так: «Влечение человека имеет три источника: влечение душ порождает дружбу, влечение ума порождает уважение, влечение тела порождает желание. Соединение трёх влечений порождает любовь».

2

Российские психологи установили: молодые люди, которым родители помогают встать на ноги, взрослеют быстрее; те же, кто с ранних лет старался стать независимым, приспосабливаются к жизни гораздо медленнее. Это противоречит распространённому мнению, что детей нужно как можно раньше начинать приучать к самостоятельности. По мнению психологов, родители должны помогать взрослым детям материально, даже если они покидают родной дом. Тем, кто вступает во взрослую жизнь без поддержки семьи, приходится очень трудно, поскольку они склонны преувеличивать свои возможности, а это приводит к стрессам.

3

В разных странах разводятся по-разному. В Англии развод не разрешён, если его требуют сразу оба супруга. В Иране существует два вида разводов: окончательный развод и развод, который можно отменить, если в течение года супруги помирятся. В Японии поводом для развода может послужить жалоба мужа, что его жена некрасиво спит. Абориген Австралии становится холостяком, если скажет своей жене одно слово: «Уходи!» Женщина же, чтобы получить развод, должна иметь веские доказательства, что муж изменяет ей. У жителей Мадагаскара существуют временные разводы: по их понятиям, это предупреждает более сложные семейные конфликты.

ЗАДАНИЕ 8.

1

Современные психологи и социологи уверяют, что нашли рецепт любви. Итак, формула любви:

по-польски: надо, чтобы мужчина был в 1,09 раза выше женщины, так как он подсознательно выбирает себе партнёршу именно с таким коэффициентом; подобные союзы обычно благополучны;

по-немецки: каждое критическое замечание в адрес партнёра должно быть компенсировано пятью комплиментами, которые укрепляют отношения и не дают угаснуть любви;

по-американски: самое главное в браке — эмоциональная привязанность друг к другу и умение правильно разрешать конфликты;

по-английски: ключ к семейному счастью — разделение домашних обязанностей.

2

Пока точно не установлено, от каких факторов зависит пол будущего ребёнка. Социологи считают, что у молодых мужчин с высоким социальным статусом чаще рождаются мальчики, а у отцов в возрасте и тех, кто испытывает стресс, — девочки. Учёные-биологи, напротив, полагают, что пол ребёнка зависит от матери. У активных женщин-лидеров вырабатывается больше мужского гормона — тестостерона, поэтому они становятся мамами сыновей. Податливые и безынициативные женщины обычно рожают девочек.

3

В разные времена и у разных народов существовали свои взгляды на супружеские отношения. В одной восточной притче говорится так:

— Что такое удачный брак? — спросил ученик у учителя. — Это когда мужчине уютно в доме, хорошо с женой, и он не мечтает о свободе?

— Нет, — ответил учитель. — Удачный брак — это когда мужчине и женщине уютно в доме, хорошо друг с другом, и они свободны.

ЗАДАНИЕ 10.

1

Брачные контракты появились не сегодня, они заключались ещё в Древнем Египте, Древней Греции и Риме. Так, в договоре у египтян фиксировалась сумма приданого, сроки строительства нового дома и условия развода. Греки и римляне, прежде чем создать семью, также оформляли соглашение, в котором описывались вопросы наследования совместно нажитого имущества. В наши дни истинным назначением брачного договора является облегчение процедуры раздела имущества в случае развода. Наверное, брачный контракт — это хорошо. Но возникает вопрос: что же это за семья, для которой самый важный вопрос — раздел имущества при разводе?

2

Отношение в обществе к однополым бракам на сегодняшний день остаётся отрицательным. Так, например, в Парагвае при незаконной попытке обвенчаться были арестованы две женщины, одна из которых пришла на церемонию в мужской одежде. Бдительный священник распознал подлог и вызвал полицию: несостоявшихся новобрачных взяли под стражу прямо в церкви. По словам женщины, выступившей в роли «жениха», в ближайшее время она планировала сделать операцию по смене пола. Однако теперь её ждёт не больничная палата, а тюремная камера. Ей грозит лишение свободы на пять лет за подделку документов. «Невеста» же предстанет перед судом в качестве сообщницы.

ЗАДАНИЕ 12.

ЛЮДИ И ОДИНОЧЕСТВО

Согласно статистике, с каждым годом одиноких и разведённых людей становится всё больше. На сегодняшний день самыми одинокими считаются скандинавы — почти половина взрослого населения. В Великобритании людей, не имеющих семьи, немного меньше — около 45 %, а в среднем во всей Европе — 30–35 %. В России, несмотря на её традиционные семейные ценности, также увеличивается процент одиноких людей.

Безусловно, уединение необходимо каждому, а сегодня нехватка личного пространства и времени ощущается особенно остро. Так, после развода человек действительно какое-то время чувствует себя свободным. Однако рано или поздно многие начинают ощущать, что жизнь теряет смысл и что одиночество не самая приятная вещь на свете. В результате одинокие люди нередко становятся клиентами психологов: они страдают депрессиями и неврозами. Кроме того, доходы одиноких на 63 % ниже, чем у семейных, они в два раза чаще скоропостижно умирают. По прогнозам социологов, в ближайшее время проблема одиночества станет ещё острее.

ЗАДАНИЕ 13.

1

Первый загс был создан в Древнем Риме во II веке нашей эры по приказу императора Марка Аврелия. В этом заведении совершались не только свадебные обряды, но и регистрация новорождённых детей.

2

Отцом самого большого семейства признан марокканский султан Мулай Исмаил, живший в XVII–XVIII веках. Он имел пятьсот сорок восемь сыновей и триста сорок дочерей. В его гареме каждые двадцать дней рождался очередной ребёнок.

3

В старину на Руси младенца обычно крестили на восьмой или на сороковой день после рождения. Своё имя новорождённый получал по имени православного святого, в чей день происходили крестины. При крещении на ребёнка надевали крест, который был с ним всю жизнь. После церковного обряда родители готовили праздничный стол, а гости дарили подарки матери и её малышу.

4

В древнегреческой Спарте в день праздника весны наказывали холостяков: их ловили, вели к статуе богини брака, а там секли розгами и бранили. Этот обычай был следствием древнегреческого закона, согласно которому мужчина должен был обязательно вступать в брак до тридцати лет.

5

Слова *поцелуй* и *целовать* имеют старославянский корень «цел», который также лежит в основе слова *целый*. Это слово первоначально обозначало «здоровый» и «полный». Того же корня и слово *целебный*. Следовательно, слова *поцелуй* и *целовать* первоначально означали «желать здоровья».

ЗАДАНИЕ 14.

1

В Италии, на острове Сицилия, есть музей, где собраны предметы, имеющие отношение к свадьбам и любовным историям прошлого и настоящего. В музее представлены образцы свадебных платьев, костюмов и подарков. На стендах размещена информация, благодаря которой можно узнать о различных свадебных обрядах, приметах и традициях.

2

У жителей Никобарских островов, расположенных в Бенгальском заливе, есть такой обычай: если молодой человек хочет жениться, то на полгода или на год он становится слугой в доме своей любимой. В течение этого времени девушка должна решить, достоин жених её или нет. Если да, то деревенский совет объявляет их мужем и женой. Если парень не выдерживает испытания, то возвращается к себе домой, так и не женившись.

3

Жительница Южно-Африканской Республики Анна Свэнпул пережила сильный шок, когда узнала о смерти своего жениха. Она заснула и не проснулась. На тот момент ей было девятнадцать лет. Врачи отказались от наблюдения за пациенткой, но её родные не теряли надежды. Анна проспала более тридцати лет и однажды открыла глаза. Она хорошо себя чувствовала и даже могла разговаривать. Только ничего не помнила и за годы сна сильно похудела. К моменту своего пробуждения ей исполнилось пятьдесят лет.

4

Молодой житель Лондона после каждой ссоры с подругой угонял большой городской автобус. По ночам он останавливал его перед домом своей возлюбленной и сигналил изо всех сил. Проделывал он это девять раз. От своей подруги парень так ничего и не добился, но зато от полиции получил неделю заключения за угон автобуса и заплатил большой штраф за нарушение тишины.

5

На индонезийском острове Суматра жених, чтобы доказать, что он сильный и выносливый мужчина, должен на руках отнести свою невесту из дома её родителей к себе домой.

ЗАДАНИЕ 15.

Модельное агентство «Престиж» организует «Модные вечера» для вступающих в брак. Женихам и невестам агентство помогает сэкономить время. На «Модных вечерах» можно не только узнать адреса магазинов и ателье, но и познакомиться с их продукцией, а также приобрести нужные аксессуары, платья или костюмы. Здесь же невесты имеют возможность заказать для себя свадебный букет, а женихи — купить обручальные кольца. Для молодых людей, желающих научиться держаться перед фотообъективом и видеокамерой, агентство проводит консультации по моделингу. Для тех, кто хочет получить несколько уроков бальных и современных танцев, открыт танцкласс, где преподают профессиональные балетмейстеры. Учебные группы состоят не более чем из пяти пар. Стоимость любой услуги — пятьсот рублей в час. Имеется пятипроцентная скидка для лиц, вступающих в брак впервые.

ЗАДАНИЕ 16.

Газета «Вечерние новости» открывает новую рубрику «Знакомства для вас». В ней редакция планирует помещать объявления людей, которые хотят вступить в брак. Объявление должно представлять собой короткий текст с указанием имени, отчества, фамилии, возраста и полного адреса. Содержание текста должно быть пристойным. Публикацию необходимо оплатить в любом почтовом отделении города. Её стоимость — сто рублей. Объявление печатается только при наличии квитанции об оплате. При объявлении возможно размещение фотографии, стоимость публикации в таком случае составит сто тридцать рублей. Текст объявления и квитанцию об оплате просьба пересылать в редакцию газеты по адресу: г. Ростов-на-Дону, улица Зелёная, 14.

§ 3

ЗАДАНИЕ 3.

1

Первые очки от солнца появились около двухсот лет назад во Франции. Они предназначались для альпийских стрелков наполеоновской армии. Первые общедоступные солнцезащитные очки стали продавать в США в 1929 году. Психологи заметили: когда человек в очках, особенно в тёмных, то он подсознательно считает, что его глаз защищён. В то же время ослабляются защитные функции глаз, так как мы не можем долго находиться в темноте. Свет для глаз является необходимостью! Иначе наше зрение ухудшается. Чаще всего людей в тёмных очках можно встретить на пляже. Очки у них, как правило, сделаны из тонкой пластмассы, которая не задерживает ультрафиолетовые лучи. Врачи-офтальмологи не советуют постоянно носить тёмные очки. Привыкание к ним — серьёзный фактор риска для здоровья наших глаз.

2

О том, что с помощью музыки можно лечить многие заболевания и поддерживать хорошее настроение, знали ещё в глубокой древности. Интересно, что каждый из музыкальных инструментов по-своему воздействует на различные органы или системы нашего организма. Так, кларнет положительно влияет на систему кровообращения, флейта — на лёгкие и бронхи, а фортепиано и скрипка успокаивают нервную систему. Звуки оказывают целебное воздействие только в том случае, если они правильно подобраны, в соответствии с эмоциональными потребностями нашей нервной системы и психики. Сеансы музыкотерапии желательно проводить в одно и то же время в благоприятной обстановке. Для более глубокого восприятия можно слушать музыку с закрытыми глазами, представляя себе образы, картины и сюжет звучащего произведения. Такие сеансы помогут нам избавиться от тяжёлых переживаний и восстановить душевное равновесие.

3

Драгоценные камни — результат химических процессов, происходивших в период формирования земной коры. Но во все времена считалось, что эти сияющие камни обладают особой силой, которую им дали земля и высшие сферы. Медицинский институт терапии в индийском городе Калькутта располагает замечательной коллекцией драгоценных камней, которые применяются в лечебных целях. В странах Европы существуют разные методы лечения при помощи горного хрусталя, а также малахита, лазурита и бирюзы. Обычно используются камни недорогие и твёрдые. Они помещаются на важнейших точках тела пациента, где в наибольшей степени проявляются жизненные силы организма и воспринимаются внешние влияния.

ЗАДАНИЕ 6.

1

Учёные университета Индианы из американского города Индианаполиса посвятили своё исследование опровержению некоторых мнений, устоявшихся в медицинском сообществе.

Например, оказалось ложным представление, что голова отличается максимальной теплоотдачей. Было доказано, что если обнажить на морозе любую другую часть тела, то эффект будет таким же. Исследователи также развенчали мифы о том, что сахар делает детей гиперактивными, что употребление пищи на ночь способствует ожирению, а бананы и аспирин снимают похмелье.

2

Многие люди думают, что готовить еду в микроволновой печи вредно для здоровья. Однако авторитетные врачи-диетологи считают, что в мясе и овощах, которые приготовлены в микроволновке, сохраняется витаминов на пятьдесят процентов больше, чем в тех же продуктах, сваренных на газовой плите. А например, в картофеле, обработанном в микроволновой печи, сберегается до девяноста процентов аскорбиновой кислоты.

3

Распространению пивного алкоголизма способствует мнение о пользе употребления пива, в частности после бани. В реальности банная процедура является значительной нагрузкой для организма. Спиртное в этой ситуации задаёт дополнительную работу всем органам, поэтому человек может почувствовать себя плохо. Врачи установили, что частое употребление пива, и не только после бани, приводит к опасным нарушениям здоровья. В первую очередь из строя выходят сердце и сосуды, нарушается работа желудка и печени, развивается общее ожирение. Пиво также губительно влияет на нервную систему и мозг. У пьющего пиво человека замедляется скорость мышления и снижается объём памяти.

ЗАДАНИЕ 9.

СПОРТ — ЭТО ЗДОРОВО!

С давних времён хорошо известен универсальный и абсолютно надёжный способ укрепления здоровья и увеличения долголетия. Этот способ — спорт.

Спортом стоит заниматься всем, но не надо слишком высоко поднимать планку и претендовать на мировой рекорд. Следует ставить перед собой более скромные задачи: укрепление здоровья, приобретение силы и ловкости, создание стройной фигуры. Кроме того, регулярные занятия помогут человеку лучше справляться со своими обязанностями дома и на работе. Только надо помнить, что нагрузки должны соответствовать полу, возрасту и физическим возможностям.

Выбирая определённый вид занятий, необходимо посоветоваться с врачом или инструктором. Они предложат виды спорта и упражнения, подходящие для каждого индивидуально. Например, для людей, работающих сидя, — лыжные прогулки, а работающим стоя — плавание.

Кроме того, существуют общие, наиболее распространённые виды активных физических упражнений. Это интенсивная ходьба, езда на велосипеде, теннис, спортивные танцы, аэробика, занятия на тренажёрах.

ЗАДАНИЕ 11.

КАК БЫТЬ СЧАСТЛИВЫМ?

Люди часто желают друг другу счастья, подразумевая под этими словами хорошее здоровье, успехи в работе и семейное благополучие. Но когда заходит более серьёзный разговор, то оказывается, что в большинстве случаев счастье понимается и переживается по-разному.

Счастливыми чаще всего себя считают оптимисты и экстраверты. Они не жадные и не завистливые, не склонны драматизировать сложную ситуацию и верят в свои силы. Среди людей, живущих в гармонии с собой, часто встречаются люди религиозные. Вера в Бога наполняет их жизнь большим смыслом: свои трудности и невзгоды они обычно переживают как испытания, данные свыше. Есть ещё одна категория счастливых людей — это те, кто считает себя такими от рождения и кому по наследству передалась генетическая предрасположенность к счастью.

Другие пытаются сделать себя счастливыми, используя наркотики или алкоголь. Однако эти средства, разрушая организм, счастья не приносят. Человек может обходиться и без них, поскольку у него есть собственные гормоны счастья — эндорфины. Сегодня учёные пришли к выводу, что эндорфины вырабатываются в результате действий, приносящих радость, в том числе от физических упражнений, пеших прогулок, занятий аэробикой.

В процессе исследований было установлено, что ощущение счастья и удачно прожитой жизни может быть у каждого из нас. Для этого надо научиться стойко переносить тяжёлые удары судьбы, эмоциональные травмы и кризисы. Иными словами, путь к счастью — в реалистическом отношении к миру и в постоянстве жизненных устремлений. Эти качества даже важнее для эмоционального здоровья, чем творческие способности, умение нравиться и профессиональные достижения.

ЗАДАНИЕ 12.

1

Во времена Иисуса Христа люди ели намного меньше. Это доказали исследователи из Миланского университета после того, как внимательно рассмотрели знаменитую картину Леонардо да Винчи «Тайная вечеря». Тарелки и блюда, стоявшие на столе, были очень маленькие с точки зрения современного человека. После этого специалисты изучили ещё пятьдесят две картины с аналогичным сюжетом, которые были написаны разными художниками с первого по восемнадцатый век. Сравнив между собой размеры тарелок, учёные увидели, что их диаметр увеличивался из года в год. За несколько веков размер тарелки вырос на 66 %, а количество еды на ней — на 69 %. Это исследование стало доказательством того, что объём потребляемой человечеством пищи постоянно растёт.

2

В своей новой книге известный спортсмен и писатель Юрий Власов написал, что возможность быть здоровым заложена в каждом человеке. Надо только ею воспользоваться. Здоровый образ жизни — это не просто сбалансированное питание и отсутствие вредных привычек. Автор отмечает, что прежде всего следует заниматься любым видом спорта и держать себя в тонусе. Необходимо также уметь ценить жизнь и пользоваться её красотой. И наконец, доброта души. Подмечено, что злые люди болеют чаще, чем доброжелательные.

3

Психологи нашли связь между упорством и физическим здоровьем человека. Чрезмерная настойчивость в жизни может мешать выполнению основных функций организма. К такому выводу пришли специалисты из американской Ассоциации психологической науки. Учёные утверждают, что люди, упрямо идущие к достижению своей цели, более подвержены диабету и сердечным болезням, которые могут стать хроническими. Рекомендуется беречь свои нервы и проявлять благоразумие в трудных ситуациях. Это является залогом сохранения хорошего самочувствия и крепкого здоровья.

ЗАДАНИЕ 13.

1

Врачи-кардиологи называют болезнь сердца болезнью цивилизации. Кроме нехватки движения и излишнего комфорта её также провоцирует высококалорийное питание. Количество сердечных заболеваний выше в тех регионах мира, где население питается преимущественно пищей животного происхождения. А там, где едят больше растительных или морских продуктов, например в странах Средиземноморья, в Японии, Китае и на Кубе, — эти данные намного ниже.

2

Учёные Калифорнийского университета провели интересный эксперимент: люди в возрасте от пятидесяти пяти до семидесяти восьми лет активно работали в Интернете в течение месяца. Специалисты убедились, что работа в Сети способствует предотвращению возрастных изменений. Во время занятий в Интернете человек вынужден выполнять несколько задач одновременно, в результате чего активизируются отделы головного мозга, отвечающие за речь, чтение, память и зрение. Поэтому для задержки старения исследователи рекомендуют пожилым людям проводить в Интернете как минимум по часу в день.

3

О лечебных свойствах смеха известно со времён Гиппократа. Однако учёные и врачи-практики продолжают выявлять новые целебные свойства смеха. Например, израильские медики установили, что смех существенно увеличивает шансы на успех искусственного оплодотворения. В одной из клиник двести женщин смешил клоун, другая группа пациенток была лишена такого развлечения. Этот эксперимент показал, что процент благополучного зачатия был выше в первой группе. Исследователи считают, что в этом нет ничего удивительного, ведь известно, что смех успокаивающе действует на психику и укрепляет иммунную систему.

ЗАДАНИЕ 14.

Медицинский центр здоровья «Живём без лекарств» предлагает пройти комплексное очищение организма натуральными средствами. Курс лечения — три недели. За это время можно очистить печень, желудок, кишечник, почки, кожу, органы дыхания. В распоряжении клиентов сауна, русская баня, бассейн, библиотека, кинозал. Предусмотрено проживание в комфортабельных двухместных номерах в гостинице центра и трёхразовое питание. Стоимость курса — тридцать восемь тысяч рублей. Желающие сбросить лишний вес могут за отдельную плату получить консультацию врача-диетолога, который назначит индивидуальную диету. Для всех пациентов центра предусмотрены занятия лечебной физкультурой. Занятия проводят квалифицированные медицинские работники в группах, состоящих из пяти человек. Для иногородних пациентов предусмотрена двадцатипроцентная скидка. Адрес центра: Ростовская область, г. Белая Калитва, ул. Цветочная, 90; тел.: (86383) 2-55-33; тел./факс: (86383) 4-12-44.

ЗАДАНИЕ 15.

Для тех, кто хочет провести свой отпуск в столице XXII зимней Олимпиады — городе Сочи, предлагаем поселиться в гостинице «Приморская». Адрес гостиницы: Морской бульвар, 28. Стоимость проживания — две тысячи рублей за одного человека в сутки. Недалеко от гостиницы расположен парк «Ривьера», где вы можете выпить минеральную воду, предварительно посоветовавшись с работающим в парке врачом. В киосках продаются декоративные подушечки, наполненные почками душистого сочинского можжевельника, аромат которого обеспечивает спокойный и глубокий сон. В пяти минутах ходьбы от гостиницы расположен городской пляж. Там можно сделать полный медицинский массаж, заплатив восемьсот рублей за сеанс. Для любителей экзотики имеется необычная процедура — рыбный массаж. Если опустить ноги в аквариум, то сотни маленьких рыбок сделают микромассаж и пилинг. Его стоимость — двести пятьдесят рублей за пятнадцать минут.

§ 4

ЗАДАНИЕ 3.

1

Понятие «искусство» имеет несколько значений. Во-первых, это творческое воспроизведение действительности в художественных образах. Во-вторых, отрасль творческой художественной деятельности: литература, скульптура, изобразительное и сценическое искусство, музыка. В-третьих, какая-либо часть практической деятельности со своими методами и приёмами: военное искусство, искусство речи, искусство воспитания. И наконец, последнее — высокая степень мастерства в любой сфере человеческой деятельности: искусство игры на гитаре, искусство оригами или каллиграфии.

2

Самая распространенная классификация видов искусства берёт за основу пространственно-временны́е отношения и делит все искусства на пространственные, временны́е и пространственно-временны́е. К пространственным относятся архитектура, скульптура, живопись. В состав временны́х входят литература и музыка. Пространственно-временны́ми являются балет, театр, кино и телевидение. Есть и другая классификация, которая разделяет искусства на изобразительные и выразительные. Изобразительные виды воспроизводят преимущественно реальные, зримые предметы и явления. Это скульптура, живопись, графика, художественная фотография. Большинство современных учёных относят сюда и литературу, поскольку в художественном слове жизнь отражается так же наглядно, как в живописи. Выразительные искусства — это музыка и хореография, которые обозначают сферу душевных переживаний человека. Театр, кино, телевидение являются синтетическими видами искусства.

3

Ни одно из перечисленных искусств не универсально по своим изобразительным и выразительным возможностям. Каждому из них доступно в большей или в меньшей степени отражение различных сторон действительности. Например, живопись способна выразить красоту природы, литература — тончайшие нюансы психологии, музыка — движение чувств и настроений, которые испытывает человек. Однако каждый вид искусства умеет преодолевать свою ограниченность.

ЗАДАНИЕ 6.

СВЯТЫНИ МОСКОВСКОГО КРЕМЛЯ

Московский Кремль находится в самом сердце России. Первое упоминание о нём можно найти в летописи 1147 года — этот год считается датой основания самой Москвы. История Кремля описана в трудах многих учёных, но и сегодня открываются его тайны. В мае 2010 года были обнаружены иконы, расположенные над Спасскими и Никольскими воротами Кремля. Они считались утраченными после революции 1917 года. Как обычно, накануне Дня Победы в Кремле проводились реставрационные работы. Когда реставраторы взялись за дело, то под толстым слоем штукатурки неожиданно увидели две огромные фрески — около трёх метров каждая! На них были написаны лики Иисуса Христа и Николая Чудотворца. Обе иконы связаны с важными историческими событиями. Первая была создана после победы над ханом Гиреем в 1521 году, а вторая — после победы над Наполеоном в 1812 году. Однако у современных специалистов не было никаких сведений об этих реликвиях: на башнях Кремля вместо икон белели огромные прямоугольники. Но на самом деле фрески не исчезли: советские художники на свой страх и риск сохранили древние святыни. Они закрыли их металлической сеткой, сетку покрыли штукатуркой, а сверху побелили. Эти художники-реставраторы предпочли остаться неизвестными. Но работники музеев Кремля мечтают отыскать имена этих смелых людей. На сегодняшний день иконы уже отреставрированы и вновь сияют всеми красками над главными воротами Кремля.

ЗАДАНИЕ 9.

Лев Толстой назвал дозвуковой кинематограф «великим немым». Однако глубоким заблуждением было бы считать, что кино заговорило только с получением звука. Звук и язык не одно и то же.

Человеческая культура разговаривает с нами, то есть передаёт нам информацию, различными языками. Одни из них имеют только звуковую форму. Таков, например, распространённый в Африке «язык тамтамов», при помощи которого передаётся сложная и разнообразная информация. Другие — только зрительную, такова, например, система уличной сигнализации.

Наконец, есть языки, имеющие и ту и другую форму. Таковы естественные языки, например, эстонский, русский, чешский, французский. Они, как правило, имеют и звуковую, и графическую формы. Мы читаем книги и газеты, получая информацию без помощи звуков, прямо из письменного текста. Да, наконец, и немые разговаривают, используя для обмена информацией язык жестов. Следовательно, «немой» и «не имеющий языка» — понятия совсем не идентичные.

ЗАДАНИЕ 11.

ПИСАТЕЛЬ ОБ ИСКУССТВЕ

Писательство не ремесло и не занятие. Писательство — это призвание. Человека никогда не призывают к ремесленничеству, его призывают только к выполнению долга.

Что же ведёт писателя к его подчас мучительному, но прекрасному труду? Прежде всего, голос собственного сердца, который чаще всего мы слышим в юности. Однако писателем человек становится не только по зову сердца. Проходят годы, и мы явственно ощущаем новый мощный зов — это зов своего времени, своего народа и человечества.

По велению призвания человек может совершать чудеса и выносить тяжёлые испытания. Писатели не могут ни на минуту сдаться перед невзгодами и отступить перед преградами. Чтобы ни случилось, писатели должны непрерывно делать своё дело, завещанное им предшественниками и доверенное современниками. В этом им помогают все виды искусства, например живопись.

Трудно найти образец большего отречения от себя во имя искусства, чем жизнь голландского художника Винсента Ван Гога. Ван Гог считал, что дело художника — рождать радость. И он создавал её теми средствами, какими владел лучше всего. Художник подарил человечеству лучшее, чем обладал — свою способность жить на земле, сияющей всеми возможными цветами. Так и писатель должен говорить людям что-то новое, значительное и интересное, то, что другие не замечают. Он должен наполнить себя жизнью до самых краёв.

ЗАДАНИЕ 12.

1

Британские психологи решили выяснить, какой из известных способов снять стресс работает лучше всего. В результате экспериментов было обнаружено, что от стресса быстрее освобождались те люди, которые погружались в чтение книг. Их физические характеристики приходили в стопроцентную норму за шесть минут. За это же время прослушивание классической или джазовой музыки улучшало здоровье на 61 %, чашка чая или кофе — на 54 %, а прогулка на свежем воздухе — на 42 %. Хуже всего успокаивали видеоигры — всего на 21 %. Они снимали мышечное напряжение, но не замедляли пульс, то есть от стресса фактически не избавляли.

2

В Санкт-Петербурге открылась новая художественная галерея. В ней представлены работы мастеров из династии знаменитого ювелира Карла Фаберже, который жил и работал в России до 1917 года. На открытие выставки приехала правнучка мастера Сарра Фаберже. Она привезла ювелирные творения своего отца, созданные в честь трёхсотлетия Санкт-Петербурга. Специалисты отмечают высокую технику этих ювелирных произведений и их культурную ценность, однако считают, что повторить великого Карла Фаберже невозможно.

3

На Красной площади в Москве прошёл очередной Международный военно-музыкальный фестиваль «Спасская башня», который проводится в столице России с 2007 года. На этом красочном зрелище всегда присутствует много зрителей из разных стран. На праздник приехали военные оркестры со всего мира. Американские участники маршировали под регтайм, шотландские — под аккомпанемент волынок, а российские — на лошадях и в форме начала XIX века. Устроителям фестиваля каждый год приходится решать неожиданные вопросы, связанные с национальными особенностями гостей. Например, музыканты из Индии обычно придерживаются вегетарианства, поэтому для них в ресторане гостиницы составляется особое меню. Зато с монахами из Шаолиня не бывает никаких проблем: они неприхотливы как спартанцы и готовы репетировать круглые сутки.

ЗАДАНИЕ 13.

1

Японские и европейские археологи нашли самые первые рисунки, написанные масляной краской. Они находятся в пещерах, расположенных на территории Афганистана. Эти находки убедили исследователей, что родоначальниками масляной живописи являются не европейцы, а жители Азии. В Европе первые масляные картины и фрески появились в XV веке. Рисунки из афганских пещер были сделаны гораздо раньше, в V–IX веках нашей эры. Эти наскальные изображения, скорее всего, результат работы художников, которые путешествовали по Шёлковому пути из Китая в Европу через Азию, и в том числе и через Афганистан.

2

Обнаружена неизвестная работа Леонардо да Винчи — портрет девушки. Впервые он появился на аукционе «Кристис» в 1998 году и был продан как произведение неизвестного автора. В 2007 году портрет приобрёл коллекционер, у которого сразу возникла мысль, что создатель этого шедевра — Леонардо да Винчи. Полотно отправили на исследование в Институт физики частиц в Цюрихе. Учёные определили время создания рисунка — вторая половина XV века, именно тогда жил художник Леонардо да Винчи. Затем в парижской лаборатории провели исследования, в результате которых в левом верхнем углу картины был обнаружен отпечаток пальца. Он совпал с отпечатком пальца великого Леонардо, который художник оставил на полотне «Святой Иероним».

3

Ежегодно в конце лета в Лондоне проводится знаменитый карибский карнавал. Принять участие в нём может любой человек независимо от цвета кожи, языка и национальности. Праздник длится с раннего утра и до позднего вечера. По улицам британской столицы бесконечным потоком движется толпа танцующих. Их костюмы поражают воображение. За ними идут музыканты, играющие на национальных инструментах, а следом на платформах едут артисты, которые разыгрывают сцены из спектаклей и весёлые шоу. Но больше всего зрителей привлекают сделанные из пустых бочек барабаны, которые подражают звучанию целого оркестра. Посмотреть на это зрелище в Лондон каждый год приезжает до миллиона туристов со всех концов земли.

ЗАДАНИЕ 14.

Астраханский центр народных промыслов «Досуг» с двадцать первого сентября проводит набор на курсы карвинга — искусства вырезания картин и фигур из арбузов, дынь, фруктов и овощей. Курс рассчитан на три недели. Обучение ведётся по методу известного японского дизайнера Такаши Ито. В группах не более десяти человек. В программе обучения два направления: обычный дизайн и изысканный. Стоимость первого направления — четыре тысячи рублей, второго — шесть тысяч рублей. Учебный материал (ягоды, фрукты и овощи) входит в стоимость обучения. Количество мест ограниченно. Бахчеводам и садоводам предоставляется десятипроцентная скидка. Лучшие работы будут выставлены на городской осенней ярмарке. Наш адрес: г. Астрахань, ул. Космонавтов, 48, тел. 273-48-145.

ЗАДАНИЕ 15.

Московская «Школа акварели» начинает набор взрослых и детей от шести до двенадцати лет. Дети обучаются бесплатно; стоимость обучения для взрослых составляет пять тысяч рублей в месяц. При поступлении детям необходимо представить три работы, сделанные в любой технике. Взрослым предлагается предъявить натюрморт и пейзаж акварелью. Количество участников в группе — не более восьми человек. Занятия ведут квалифицированные педагоги — преподаватели Академии художеств. Учебный год начинается с четырнадцатого октября и заканчивается четырнадцатого апреля. С пятнадцатого апреля и по пятнадцатое июня для слушателей курсов проводятся выездные мастер-классы в Подмосковье. В школе изучаются следующие предметы: «Изобразительное искусство», «История изобразительного искусства», «Наброски». Адрес школы: Москва, ул. Академика Королёва, 12, тел. 457-29-30.

Глава 3

§ 1

ЗАДАНИЕ 8.

МОЛОДЁЖНЫЕ СУБКУЛЬТУРЫ

В социологии субкультура означает «часть культуры общества, которая отличается от основной культуры». В это понятие также входят социальные группы носителей этой культуры. Примером могут служить молодёжные субкультуры, которые основаны на особых системах ценностей молодых людей: изменение мира, отказ от социальных канонов, утверждение своей альтернативной, порой враждебной обществу взрослых, позиции. Молодёжные субкультуры — это форма самовыражения и самовысказывания молодых.

Публикации о молодёжной культуре появились ещё в тридцатые годы XX века, однако всплеск интереса к этому феномену связан с протестными движениями конца 1950–1960-х гг., когда молодёжь была осознана как источник социальных проблем в странах Запада.

Самыми яркими общностями молодёжи в этот период являются группы, связанные с определёнными жанрами музыки. Одной из первых музыкально-молодёжных субкультур современности было движение хиппи — пацифистов и поклонников рок-музыки. Хиппи бросили вызов излишествам и комфорту буржуазной жизни. Они не разделяли стремления к накопительству и потребительским ценностям взрослых. Именно поэтому многие дети богатых родителей США оставили свои благоустроенные дома и, думая, что обрели свободу, отправились на поиск смысла жизни.

Многое из их имиджа (в частности, длинные волосы и джинсы), а также их мировоззрение перекочевало в другие субкультуры. В семидесятые — восьмидесятые годы прошлого века вслед за новыми жанрами в рок-музыке сформировались движения металлистов и панков. Первые культивировали личностную свободу и независимость. Вторые обладали ярко выраженной политической позицией. Так, например, девизом панк-рока была и остаётся идеализированная анархия. С появлением готик-рока в конце двадцатого века возникла готическая субкультура. Её характерные черты — мрачность, культ меланхолии, эстетика фильмов ужасов и готических романов. В Нью-Йорке, благодаря эмигрантам с Ямайки, появилась хип-хоп культура со своей музыкой, имиджем и образом жизни. На рубеже XX–XXI веков наибольшее влияние на молодёжные субкультуры оказали компьютерные игры, увлечения музыкой и другими видами искусства. Например, интерес к японской анимации развился в субкультуру, которая получила название отаку.

Следует отметить, что молодёжные субкультуры носят временный характер, так как, взрослея, их члены меняют свои взгляды. Примером этому может служить то, что многие хиппи, покинув движение, надели деловые костюмы и заняли видные посты в государстве и частном бизнесе.

ЗАДАНИЕ 10.

МОЛОДЁЖНАЯ МОДА В РОССИИ

Утро. Трамвай. Людей практически нет. Передо мной сидят две пожилые женщины. На остановке заходит несколько молодых людей. Женщины начинают делиться впечатлениями.

— Ты посмотри, какая у него обувь. Оранжевые шнурки и какой-то «лапоть» на ноге. — Куда родители смотрят?

Пару лет назад пожилые женщины точно так же относились к рваным джинсам. Но время идёт, мир меняется, а угнаться за ним может лишь молодёжь. Ведь им всё удаётся быстрее: и понять новинки компьютерной техники, и освоиться в мире моды. Недаром молодёжь и мода — это почти синонимы в наше время.

— А ты видела его волосы?

— И смотреть страшно.

Ну вот, заговорили о причёске. Да, большинство молодых людей красят волосы. Но это только смена имиджа, молодёжные эксперименты. Я не могу сказать, что цвет волос как-то портит человека. Хотя, посмотрев на волосы красного или кислотного цвета, можно и поразмышлять, о чём же думал подросток, когда перекрашивался.

Чтобы написать продолжение и найти примеры разных молодёжных стилей, я несколько дней ходила по городу. Спускаюсь в метро. На перроне стоят две девушки. Одна в толстых кроссовках и коротенькой юбке, на ногах сетчатые розовые чулки, волосы чёрные с малиновой прядью, крашеные. Вторая девушка выглядит иначе. Обута в туфельки, которым может позавидовать даже Золушка; чёрного цвета колготки, плавно переходящие в модные сейчас женские шорты. Волосы русые — это, скорее всего, натуральный цвет — спускаются на белую блузку с чёрным жилетом. Вот я и нашла противоположные стили в молодёжной моде. Вторая девушка понравилась мне с первого взгляда. Но и о первой не хочу говорить плохо. Ведь все модные фишки со временем канут в Лету: от ярко накрашенных глаз останутся нежные контуры приятных оттенков, а от толстых кроссовок — элегантные туфли, которые придадут женственность. Да, время и мода меняются, но люди остаются людьми независимо от того, как они выглядят и во что одеты.

Не стоит винить молодёжь в том, что она одевается, как ей заблагорассудится: молодость пройдёт так же, как и мода, которая скоротечна.

§ 2

ЗАДАНИЕ 9.

УЧЁБА В ЧИСТОМ ПОЛЕ

В Тверской области уже несколько лет подряд работает летняя школа «Исследователь». Это большой образовательный проект, в котором принимают участие школьники, студенты и преподаватели из разных городов России и из-за рубежа. Они приезжают сюда на месяц во время своих законных каникул и отпусков.

Здесь все учат и учатся. Прослушав лекцию, студенты сами становятся преподавателями на следующей паре. А опытные специалисты, прочитав курс лекций, оказываются в числе участников мастер-класса. Летняя школа — это не столько теория, сколько практика.

У человека со стороны такого рода проекты вызывают закономерный вопрос: что заставляет перегруженных учёбой и работой людей отказаться от безмятежного отдыха? Можно долго рассуждать на эту тему. Но лучше почитать выдержки из дневников участников летней школы.

«Здесь легко дышать. Среди своих вообще дышится легко. Легко живётся, учится, спорится, да что угодно! Школа даёт стимул к самообразованию. Я видел, как уже состоявшийся репортёр записывал в блокнот названия фильмов и книжек, о которых услышал именно здесь» (Ян Тяжлов, Белгород).

«В лагерь приехал новый гость, и нас попросили показать ему дорогу к реке. Пока шли, знакомились. Пётр Александрович Ореховский — профессор нескольких крупных российских вузов, экономист, учёный. В моём городе сложно увидеть специалиста такого уровня, тем более так запросто поговорить. Личности такого масштаба встречаются на занятиях в летней школе очень часто» (Анастасия Якорева, Саратов).

«Пока ехала домой, думала, как это я за обычные четыре дня столько всего успела. Может, дело в том, что в школе нет посторонних и у каждого свои обязанности? В следующем году хочу приехать на всю смену» (Надежда Боровик, Москва).

«Перелистывал конспекты, скопившиеся, пока учился. Почти вся тетрадь исписана. Много мыслей, много встреч, много информации. Вернусь домой — долго ещё буду всё это переваривать» (Максим Олейников, Ростов-на-Дону).

§ 3

ЗАДАНИЕ 7.

ХИДЖАБ ДЛЯ МАРИИ

В сегодняшней России причина некоторого напряжения в межнациональных отношениях кроется не в том, что в страну приезжают иностранные рабочие из бывших республик СССР. Без помощи приезжих не обойтись, так как низкая рождаемость в стране не позволяет надеяться, что проблема рассосётся сама по себе. Кроме того, в России отмечается высокая смертность, и страна просто вынуждена принимать мигрантов. К тому же россияне привыкли к многообразному национальному окружению. Даже после распада СССР в России живёт сто восемьдесят народностей, которые составляют двадцать процентов населения. Следовательно, титульная нация составляет восемьдесят процентов. Для сравнения: в США численность расовых меньшинств превышает тридцать пять процентов и через двадцать лет может достичь сорока пяти процентов. Тем не менее в качестве примера «плавильной печи», где представители различных народов превращаются в американских граждан, приводятся именно США.

Следует отметить, что основной причиной межнациональных трений в России является то, что в русских городах и регионах появляются компактные национальные анклавы. Из-за отсутствия образования и профессиональной подготовки их жители неспособны к адаптации, люди в таких анклавах даже и не пытаются приспособиться к местным нравам. Им нет необходимости изучать русский язык, воспринимать русскую культуру и обычаи. Они остаются и будут оставаться чужими. Специалисты считают, что ситуация обостряется, когда процент мигрантов на узком пространстве превышает тридцать процентов. При таком соотношении приезжие считают себя национальной крепостью. А у местных возникает соблазн эту крепость разрушить.

Альтернатива такому развитию — включение иммигрантов в русскую жизнь и культуру. Но интеграция и тем более ассимиляция возможны лишь тогда, когда приезжие составляют незначительную часть населения на узком миграционном пространстве.

Серьёзным предостережением для России в этом случае служит опыт Западной Европы. Так, в силу большой концентрации мусульман в ряде крупных британских городов почти половина исламской молодёжи (даже те, кто родился в Англии) хочет жить по законам шариата. Трое из четырёх настаивают, чтобы их жёны носили паранджу, а дети учились в религиозных школах. Подобная ситуация ведёт к росту протестных настроений не только в Англии, но и во Франции, Бельгии, Австрии, Германии, Италии. И это уже сказывается на раскладе политических сил: спросом начинают пользоваться политики национал-социалистического разлива. Не пришлось бы и России лет через двадцать оказаться в таком же положении, в какое сегодня попала Западная Европа, поскольку последовательной иммиграционной политики в стране пока нет.

§ 4

ЗАДАНИЕ 4.

ПОРА ПОКОНЧИТЬ С ЭКОЛОГИЧЕСКИМ НИГИЛИЗМОМ

На заседании президиума Госсовета по охране окружающей среды президент России потребовал ужесточить наказание за вред, наносимый экологии. Подобные совещания в последнее время проводятся регулярно. Так как природоохранная деятельность в России сегодня регулируется множеством законов, президент призвал разработать единые правила в этой области.

«Ситуация требует от нас чётких, решительных мер. Пора покончить с экологическим нигилизмом!» — подчеркнул президент. Действовать он предложил так: переход предприятий на современные технологии поощрять, в том числе и рублём, а ответственность за экологические нарушения усиливать, вводя большие штрафы.

Однако рубить сплеча в Кремле пока не предлагают. На переходном этапе важно, чтобы бизнес не опасался немедленного наказания и не скрывал данные о реальном загрязнении окружающей среды. Но по окончании этого периода последует обращение к санкциям.

Президент поручил разработать механизмы возмещения вреда окружающей среде. Он сказал: «У всех перед глазами картина Мексиканского залива, последствия загрязнения которого предвидеть не может никто». При этом президент РФ подчеркнул, что Россия осознаёт свою ответственность и делает всё, чтобы работы, проводимые ею в Арктике, в Каспийском и Охотском морях, шли в строгом соответствии с экологическими стандартами. «Сегодня экологическая ответственность такова, — отметил президент, — что может разорить кого угодно, не только крупную компанию — страну может на колени поставить. А последствия будут такими непредсказуемыми. Поэтому работу нужно начинать, безусловно, уже вчера!»

ЗАДАНИЕ 18.

КОНТРОЛЬ НАД АНТРОПОГЕННЫМ ВОЗДЕЙСТВИЕМ

В последние годы много говорят и пишут о новом направлении в науке, получившем название «глобалистика». Это направление разрабатывает модели научно управляемого и духовно организованного мира. Цель этого направления — сохранение земной цивилизации.

Предысторию попыток организовать мир можно найти в далёкой античности. В своей знаменитой книге «Республика» Платон изложил концепцию идеального общества и, в частности, писал, что число семейств должно регулироваться правительством. Аристотель пошёл дальше и предложил определять число детей для каждой семьи. В XIX веке английский богослов Томас Мальтус вывел закон, в котором говорилось о постоянном стремлении живых существ размножаться быстрее, чем это допускается количеством пищи. И эти выводы Мальтуса снова сделали актуальными вопросы взаимодействия человека и природы в обществе того времени.

Всемирное распространение идеи контроля антропогенного воздействия на природу относят к 60-м годам XX столетия. Толчком послужила книга Р. Карсона «Безмолвная весна», в которой говорилось об экологических последствиях применения пестицида ДДТ. Его синтезировал швейцарский химик Пауль Герман Мюллер, получивший за эту работу в 1948 г. Нобелевскую премию. Позднее выяснилось, что ДДТ накапливается в живых тканях, в том числе и в человеческом организме, и губительно на них действует. Это вещество распространилось по всей планете, оно было обнаружено даже в печени пингвинов Антарктиды. Данное событие подтолкнуло мировое сообщество к созданию экологического мониторинга биосферы.

Следующий шаг был осуществлён в 1972 году, когда впервые учёные-математики исследовали на глобальном уровне модель взаимодействия общества и природы. Эта модель наглядно показала, что ждёт человечество в будущем, если не принять экстренные меры. Новый шаг мир сделал в 1992 году в Рио-де-Жанейро на Международной конференции по окружающей среде и развитию. Именно там главы почти двухсот государств приняли согласованную стратегию, в основе которой лежит концепция устойчивого развития планеты. С этого времени человечество предпринимает усилия, чтобы исправить ошибки, сделанные в прошлом, и не допустить новых.

164   Учебно-тренировочные тесты. Выпуск 4. Аудирование. Говорение

Приложение 4

КИНОФИЛЬМЫ

Раздел II

Глава 1

§ 3

ЗАДАНИЕ 3. Фрагмент фильма «Ирония судьбы, или С лёгким паром».

§ 4

ЗАДАНИЕ 2. Фрагмент фильма «Подруга особого назначения».
ЗАДАНИЕ 4. Фрагмент фильма «Служебный роман».
ЗАДАНИЕ 5. Фрагмент фильма «Ещё один шанс».

§ 5

ЗАДАНИЕ 1. Фрагмент фильма «Мне не больно».
ЗАДАНИЕ 3. Фрагмент фильма «Анна Каренина» и фрагмент экранизации одноимённого балета.
ЗАДАНИЕ 4. Фрагмент фильма «Зимняя вишня».
ЗАДАНИЕ 5. Фрагмент фильма «Собачье сердце».
ЗАДАНИЕ 6. Фрагмент фильма «Москва слезам не верит».
ЗАДАНИЕ 7. Фрагмент фильма «Ещё раз про любовь».
ЗАДАНИЕ 8. Фрагмент фильма «Ребро Адама».
ЗАДАНИЕ 9. Фрагмент фильма «Как я провёл этим летом».

Глава 3

§ 2

ЗАДАНИЕ 14. Фрагмент фильма «Операция "Ы" и другие приключения Шурика».

ВИДЕОСЮЖЕТЫ

Раздел I

Глава 2

§ 3

ЗАДАНИЕ 11. Видеосюжет «Дмитрий Медведев прибыл с официальным визитом в Южную Корею».

ЗАДАНИЕ 12. Видеосюжет «В Индии пройдут переговоры премьер-министра РФ Владимира Путина с первыми лицами государства».

Раздел II

Глава 3

§ 1

ЗАДАНИЕ 7. Видеосюжет «Саркози не намерен отказываться от пенсионной реформы».

§ 2

ЗАДАНИЕ 3. Видеосюжет «Для чего современная молодёжь поступает в вузы».

ЗАДАНИЕ 7. Видеосюжет «Физики Гейм и Новосёлов продолжают получать поздравления».

§ 3

ЗАДАНИЕ 6. Видеосюжет «Цыгане в Финляндии».

ЗАДАНИЕ 9. Видеосюжет «Закон о парандже».

§ 4

ЗАДАНИЕ 8. Видеосюжет «Южно-Камчатский заповедник».

ЗАДАНИЕ 12. Видеосюжет «Человек и климат».

ЗАДАНИЕ 16. Видеосюжет «Часть планеты затоплена».

ЗАДАНИЕ 17. Видеосюжет «Птицы предсказывают погоду».

ЛИТЕРАТУРА И ИСТОЧНИКИ

Словари

1. *Александрова З.Е.* Словарь синонимов русского языка. 2-е изд., стереотип. М., 1969.

2. *Ахманова О.С.* Словарь омонимов русского языка. М., 1986.

3. *Балыхина Т.М.* Словарь терминов и понятий тестологии. М., 2000.

4. Большой толковый словарь русских глаголов / Под ред. Л.Г. Бабенко. М., 2008.

5. Большой толковый словарь русских существительных: Идеографическое описание. Синонимы. Антонимы / Под ред. Л.Г. Бабенко. М., 2005.

6. Большой толковый словарь синонимов русской речи / Под ред. Л.Г. Бабенко. М., 2009.

7. Большой фразеологический словарь русского языка. Значение. Употребление. Культурологический комментарий / Отв. ред. В.Н. Телия. М., 2009.

8. *Букчина Б.З.* Орфографический словарь русского языка / Б.З. Букчина, И.К. Сазонова, Л.К. Чельцова. 4-е изд., испр. М., 2010.

9. *Вишнякова О.В.* Словарь паронимов русского языка. М., 1984.

10. *Ефремова Т.Ф.* Новый словарь русского языка. Толково-словообразовательный. М., 2000. Т. 1: А–О, т. 2: П–Я.

11. *Зализняк А.А.* Грамматический словарь русского языка: словоизменение: Ок. 110 000 слов. 5-е изд., испр. М., 2009.

12. *Лопатин В.В.* Русский орфографический словарь. М., 2010.

13. *Львов М.Р.* Словарь антонимов русского языка / Под ред. Л.А. Новикова. 9-е изд., стереотип. М., 2008.

14. *Ожегов С.И.* Толковый словарь русского языка. М., 2010.

15. *Попова Т.В.* Морфемно-словообразовательный словарь русского языка / Т.В. Попова, Е.С. Зайкова. М., 2009.

16. *Резниченко И.Л.* Словарь ударений русского языка. М., 2008.

17. *Розенталь Д.Э., Теленкова М.А.* Словарь-справочник лингвистических терминов. 2-е изд., испр. и доп. М., 1976.

18. Россия. Большой лингвострановедческий словарь / Под общ. ред. Ю.Е. Прохорова. М., 2008.

19. Русский язык: Энциклопедия / Под ред. Ю.Н. Караулова. М., 2003.

20. Краткий словарь по эстетике: Кн. для учителя / Под ред. М.Ф. Овсянникова. М.: Просвещение, 1983.

21. Словарь русского языка: В 4 т. / Ин-т рус. яз.: под ред. А.П. Евгеньевой. 2-е изд., испр. М., 1981–1988.

22. Словарь-тезаурус синонимов русской речи / Под общ. ред. проф. Л.Г. Бабенко. М., 2008.

23. Словарь фразеологических синонимов русского языка / А.К. Бирих, В.Н. Мокиенко, Л.И. Степанова; под ред. В.Н. Мокиенко. М., 2009.

Стандарты

1. Государственный образовательный стандарт по русскому языку как иностранному. Второй уровень. Общее владение / Т.А. Иванова и др. М.; СПб., 1999.

2. Государственный образовательный стандарт по русскому языку как иностранному. Третий уровень. Общее владение / Т.А. Иванова и др. М.; СПб., 1999.

Учебники, пособия

1. *Акишина А.А.* Речевой этикет русского телефонного разговора. М., 2000.

2. *Брызгунова Е.А.* Звуки и интонация русской речи. М., 1981.

3. *Брызгунова Е.А.* Эмоционально-стилистические различия русской звучащей речи. М., 1984.

4. *Вагапова Д.Х.* Риторика в интеллектуальных играх и тренингах. М., 1999.

5. *Введенская Л.А., Павлова Л.Г., Кашаева Е.Ю.* Русский язык и культура речи. Ростов-на-Дону, 2002.

6. *Верещагин Е.М., Костомаров В.Г.* Язык и культура. М., 1981. С. 187–190.

7. *Гойхман О.Я., Надеина Т.М.* Речевая коммуникация: Учебник. М., 2004.

8. *Жижин К.С., Станько А.И., Фурдей О.Н.* Журналистика вчера, сегодня, завтра. Ростов-на-Дону, 2009.

9. *Кулькова В.А.* Я хочу тебя спросить... Беседы и дискуссии на русском языке. М., 2005.

10. Культура русской речи. Учебник для вузов / Под ред. Л.К. Граудиной, Е.Н. Ширяева. М., 1999.

11. Лексикология: Учеб. пос. для иностранцев, изучающих русский язык / Под ред. Е.И. Зиновьевой. М., 2006.

12. Лингводидактическое тестирование. Методика проведения и подготовки: II сертификационный уровень. Субтест «Говорение». СПб., 2008.

13. Лингводидактическое тестирование. Методика проведения и подготовки: III сертификационный уровень. Субтест «Говорение». СПб., 2008.

14. Лингводидактическое тестирование. Методика проведения и подготовки: III сертификационный уровень. Субтест «Аудирование». СПб., 2008.

15. *Маслыко Е.А.* и др. Настольная книга преподавателя русского языка. Минск, 1998.

16. *Михальская А.К.* Основы риторики. Мысль и слово. М., 1996.

17. *Попова Т.И., Юрков Е.Е.* Поговорим? Пособие по разговорной практике. Продвинутый этап. СПб., 1999.

18. Русский язык в его функционировании: уровни языка / РАН, Ин-т рус. яз. М., 1996.

19. *Селедец В.П., Коженкова С.И.* Социальная экология. Владивосток, 2006.

20. *Фомина М.И.* Современный русский язык. Лексикология. 3-е изд., испр. и доп. М., 1990.

21. *Щукин А.Н.* Методика преподавания русского языка как иностранного. Учебное пособие для вузов / А.Н. Щукин. М., 2003.

При подготовке некоторых заданий использованы следующие источники:

Аверченко А. Избранные рассказы. М., 1985.

Устинова Т.В. Колодец забытых желаний. М., 2007.

Устинова Т.В. Первое правило королевы. М., 2009.

Хантингтон С. Столкновение цивилизаций. М., 2003.

Шедевры русской живописи: Альбом. М., 2005.

Вестник международных организаций. 2009. № 1 (23).

Гранд Авиа. 2004. № 6. С. 50–52.

Держу удар // Российская газета. 2009. № 170.

Предупреждение. 2009, 2010.

http://www.uprav.biz/materials/education/view/3356.html?next=8

http://www.mlfond.ru/articles/563/906

http://www.tvkultura.ru/news_print.html?id=472374&cid=1126

http://www.tvkultura.ru/news.html?id=142758

http://www.iu.ru/biblio/archive/lifshic_iskusstvo/03.aspx

http://www.inmaster.ucoz.ru/publ/271021

http://www.fontanka.ru/2007/01/29/116

http://www.oracletoday.ru

http://manorama.ru/articles/view/id/6

http://www.privatelife.ru

http://www.mirn.ourt.ru

http://otherreferats.allbest.ru/medicine/u00010379.html

http://www.santeyphoto.ru

http://zdorovie.dlj

http://www.rg.ru

http://www.redactor@antennatv.ru

http://casualinfo.ru/moda/wardrobe/detail.php

http://technomag.edu.ru/dok73189.htmt

http: //www.iu.ru/biblio/archive/polat_otrsovm

http://ru.wikipedia.org/wiki

ttp://www.specialist.ru/eLearning

http://www.izvestia.ru/world/article40899

http://www.ecoculture.ru/dates/september.php

http://pogoda.mail.ru/article.html?id=44743

otherreferats.allbest.ru/sociology/00038283_0.html

http://www.ilinskiy.ru/publications/stat/molrazv.php

http://www.truemoral.ru/cultures.php

http://www.bestreferat.ru/referat90397.html; http://pochemy.net/?n=1080

http://www.bibliotekar.ru/encAuto/2.htm

http://www.yabloko.ru/Themes/History/sakharov_nobel_lec.html

http://www.rostangeles.ru/company/vash_kapitaljug_zhurnal_redakcija.htm

http://www.womenclub.ru/womenworld/1368.htm

http://revolution.allbest.ru/political/00001429_0.html

При подготовке аудиоприложения использованы источники:

Лотман Ю.М. Семиотика кино и проблемы киноэстетики. Таллин, 1973.
Паустовский К.Г. Золотая роза. М., 1972.
Селедец В.П., Коженкова С.И. Социальная экология. Владивосток, 2006.
Комсомольская правда. 2010. 28 мая (№ 76). С. 2.
Российская газета. 2006. № 116.
Русский репортёр. 2010. 19–26 авг. С. 80–81.
Словарь русского языка: В 4 т. / Инт рус. яз.: под ред. А.П. Евгеньевой. 2-е изд., испр. М., 1981–1988. Т. 1.
http://www.oracletoday.ru
http://www.privatelife.ru
www.rg.ru
http://zdorovie.dlj
redactor@antennatv.ru
http://www.mirn.ourt.ru
http://www.skbkontur.ru/edu/training
http://www.skbkontur.ru/edu/training
http://viperson.ru/wind.php?ID=444818&soch=1
http://ru.wikipedia.org/wiki/Субкультура
http://5ballov.ru/referats/preview/73390/1
http://www.aif.ru/society/article/30731
http://www.ruterra.ru/flist/335; http://primahtari.narod.ru/sea.htm

При подготовке видеоприложения использованы материалы:

Программы «Вести», «Вести-24» (телеканал «Россия»).
Программа «Новости» (Первый канал).
Программа «Сейчас» (Пятый канал, г. Санкт-Петербург).
http://www.1tv.ru/news/polit/164625
http://www.1tv.ru/news/polit/150175
http://www.1tv.ru/news/techno/162481
http://www.newstube.ru/media/sarkozii-ne-nameren-otkazyvat-sya-ot-pensionnoj-reformy
http://www.newstube.ru/tag/vuz
http://video.yandex.ru/#search?text=%D0%A4%D0%B8%D0%BD%D0%BB%D1%8F%D0%BD%D0%B4%D0%B8%D1%8F%20%D1%82%D0%BE%D0%B6%D0%B5%20%D0%B2%D0%B7%D1%8F%D0%BB%D0%B0%D1%81%D1%8C%20%D0%B7%D0%B0%20%D1%86%D1%8B%D0%B3%D0%B0%D0%BD%20%D0%B2%D0%B8%D0%B4%D0%B5%D0%BE%D1%81%D1%8E%D0%B6%D0%B5%D1%82&where=all&id=80700831-00
http://video.yandex.ru/search.xml?text=video.avi
http://www.vesti.ru/videos?vid=296388&cid=6
http://www.5-tv.ru/news/31686/
http://pogoda.mail.ru/videonews.html?id=1900
http://pogoda. mail.ru/videonews.html?id=2198
http://kinofilms.tv/film/eshhyo-odin-shans-tv/15373/
http://kinofilms.tv/film/anna-kar... .18..7 '27950;
http://video.mail.ru/mail/lydial/14964/17844.html
http://www.kinopoisk.ru/level/1/film/42443/